KB267574

질문인간

질문인간

질문인간

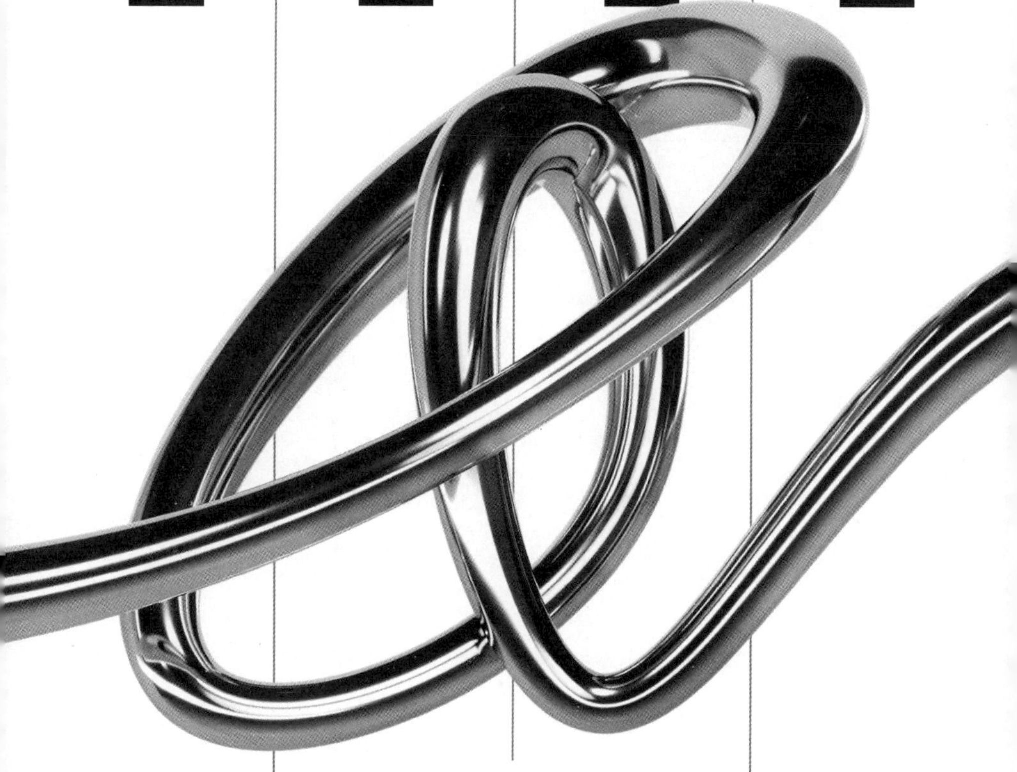

AI 사용법을 넘어 AI 사고법으로

안병민 지음

質問人間

북하우스

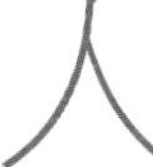

시선의 높이가 질문의 깊이를 결정한다

정답의 시대는 끝났다. 수십 년간 우리 사회는 '정답'을 찾는 훈련에 매달려왔다. 입시에서는 주어진 지식을 암기해 점수를 올리는 학생이, 직장에서는 매뉴얼을 빠르고 정확하게 따르는 직원이 '정답형 인재'로 인정받았다. 우리가 아는 유일한 생존법이자 시대가 요구하는 성공 방정식이었다.

하지만 지금은 다르다. 정답 찾기의 가치는 급격히 추락했다. 인류 역사상 가장 강력한 정답 기계, AI 때문이다. 정답을 놓고 AI와 경쟁하는 건 마치 F1 레이싱카와 달리기 경주를 하는 것과 같다.

이 거대한 전환의 파도에 가장 먼저 휩쓸리는 이는 답이 있는 세계에서 정해진 길만 빨리 걷던 사람이다. 정형화된 보고서를 작성하던 직장인, 주어진 과제를 수행하던 개발자, 기존 데이터를 분석하던 분석가. 이들의 일은 정답이 뚜렷했기에, AI가 가장 먼저, 가장 쉽게 대체할 수 있는 영역이 되었다.

거대한 변화는 이미 우리 일상 깊숙이 스며들고 있다.

회의실의 침묵이 길어진다. 그 누구도 자신의 언어로 논의를 정리하거나 핵심을 꿰뚫으려 애쓰지 않는다. 모두가 AI가 요약해줄 회의록을 잠자코 기다릴 뿐. "AI가 추천한 A안으로 결정했습니다." 복잡한 의사결정의 책임은 그렇게 AI 뒤로 숨는다. 영혼 없는 보고서에 자기 이름을 올리는 일이 더는 어색하지 않다.

온라인에서 본 근사한 AI 결과물. 아무도 '어떻게 그런 생각에 이르렀는가'를 묻지 않는다. 대신 '프롬프트를 공유해 달라'는 구걸 댓글만 줄을 잇는다. 사고의 과정은 증발하고, 결과물이라는 껍데기만 남는다. 두꺼운 고전을 읽고 씨름하는 대신, AI의 요약본으로 지식을 '섭취'한다. 연인에게 보낼 사랑의 편지마저 AI에게 맡기는 시대. 진심을 담은 설렘과 고뇌는 사라지고, 그럴듯한 문장을 고르는 뷔페식당 식의 선택만 남는다. 판단의 책임, 창작의 고통, 관계의 진심. 인간 고유의 영역이라 믿었던 것들이 편리함이라는 이름 아래 외주화되고 있다. 사고의 아웃소싱이다.

편리함은 달콤하다. 하지만 대가는 치명적이다. 질문과 사유라는, 가장 인간적인 지성의 근육을 자발적으로 내어주고 있어서다. AI 요약에 익숙해질수록 우리의 문해력은 무더진다. AI 분석에 의존할수록 우리의 통찰력은 흐릿해진다. 사고는 굳어가고, 판단의 주도권은 기계에 넘어간다. 이 위험한 거래의 최종 청구서에 적힌 이름은? '사고의 종속'이다.

이 위기 앞에서 인류는 두 갈래 길에 놓인다. 관건은 '시선의 높이'다. 낮은 시선은 AI의 '사용법(use)'에 머문다. 답을 구걸하고, 결과를 복사하며, 기술의 지시에 따른다. 지적 퇴화의 길이다. 높은 시선은 AI 시대의 '사고법(think)'을 향한다. 답을 넘어 질문을 설계하고, 현상 이면의 본질을 꿰뚫으며, 기술을 지배한다. 인간 지성의 다음 단계로 나아가는 진화의 길이다.

AI는 '대답'의 기계다. 기존의 질서와 지식 체계 안에서 가장 적합한 답을 내놓는다. 그러나 혁신은 대답에서 나오지 않는다. 혁신은 '질문'에서 시작된다. 질문은 기존 질서를 흔든다. 지금의 답으로는 채울 수 없는 공백을 드러내며 새로운 가능성을 연다. '대답하는 AI'와 '질문하는 인간'. 이 둘의 충돌과 협력 속에서 인류의 지성은 확장되고, 미래가 싹튼다.

'시선의 높이'는 바로 이 관계를 설정하는 프레임이다. AI의 대답에 종속될 것인가, AI를 리드하며 질문할 것인가? 왜 이걸 하는가? 지금 무엇을 보고 있는가? 이런 근원적인 질문을 생략한 채 기술에만 매몰될 때, 우리는 '망치를 든 사람'이 아니라 '망치 자체'가 되어버린다. 도구가 목적을 대체하는 순간, 인간은 사유의 주권을 잃는다. 이 책은 그 함정을 넘어, 'AI 너머'를 읽어내려는 이들을 위한 질문의 로드맵이다.

이 책은 도구의 사용법을 말하는 대신 관점을 바꾸고 시선을 높이는 법을 이야기한다. AI를 더 빠르게 다루는 기술이 아니라, AI 시대를 살아가며 더 깊고 더 멀리 바라보는 사유의 방식을 다룬다. 요컨대, AI 시대를 살아갈 우리의 뇌에 새로운 운영체제(OS)를 심어 넣는 안내서다.

이 책은 여섯 개의 계단을 오르며 우리의 시선을 점차 높여갈 것이다.

첫 번째 계단은 '질문의 시작'이다. 발밑의 땅, 우리가 선 자리부터 직시한다. AI에 대한 막연한 환상과 공포를 걷어내고, 대전환의 시대에 우리가 마주한 냉정한 현실을 확인하며 관점의 영점을 잡는다.

두 번째 계단은 '질문의 언어'다. 단순한 명령을 넘어 AI의 잠재력을 깨우는 대화를 톺아본다. 도구에 끌려다니는 것이 아니라 도구의 주인이 되는 길을 배운다.

세 번째 계단은 '질문의 확장'이다. 개인을 넘어 팀과 조직으로 시선을 넓힌다. 함께 승리하는 AI 네이티브 팀의 설계도를 그리며, 새로운 시대에 걸맞은 리더십의 본질을 탐구한다.

네 번째 계단은 '질문의 진화'다. 규칙을 분석하는 것을 넘어 새로운 규칙을 만들어내는 단계다. 게임 체인저의 관점으로 시장의 판을 다시 짠다.

다섯 번째 계단은 '질문의 깊이'다. 시선을 안으로 돌려 인간의 본질을 묻는다. 기술이 무엇이든 할 수 있는 시대에, 인간이 왜 필요한가라는 물음을 던지며, 기계가 결코 도달할 수 없는 인간 고유의 가치를 되짚는다.

여섯 번째 계단은 '질문의 설계'다. 보다 높은 시선으로 우리는 다음 세상을 설계한다. 미래는 기다리는 것이 아니다. 상상하고 디자인하며 만들어가는 것이다. 내 일과 내 삶의 방식을 재구성하는 질문을 던지며, 미래의 설계자로 거듭나는 단계다.

여섯 개의 챕터로 이어지는 이 지적 여정은 단순한 이해와 깨달음에 머물지 않는다. 각 장의 말미에, 사유를 위한 구체적인 도구, 여섯 개의 '질문 도구'를 붙여놓았다.

'비판적 질문', '창의적 질문', '전략적 질문', '윤리적 질문', '성찰적 질문', '통합적 질문', 이 여섯 개의 '질문 도구'는 이 책의 철학을 독자의 일과 삶에 적용하는 구체적 방법론이다. 사유를 현실에 적용하게 만드는 훈련법이다. 독자는 이를 통해 질문을 연마하고, 사유를 습관으로 내재화하며, 마침내 진정한 의미의 '질문인간'으로 거듭날 것이다.

지금껏 경영혁신을 화두로 붙잡고 살았다. 마케팅과 세일즈, 리더십과 조직문화, 디지털과 AI의 경계를 넘나들며 배운 것은 분명하다. 모든 혁신은 본질을 꿰뚫는 '질문'에서 시작된다는 사실. 맞다, 질문의 깊이를 빚어내는 시선의 높이!

이 책은 그 깨달음에서 출발했다. AI 사용법을 넘어, AI 시대에 맞춤하는 인간 사유를 다시 세우는 질문이 필요하다고 생각했다. 그래서 이 책은 AI를 말하지만, 실은 인간의 질문과 생각을 아우르는 사고 체계를 묻는다. '대답하는 AI'의 시대에 '질문하는 인간'이 어떻게 살아남고 승리할 것인가에 대한 답을 찾아가는 여정이다.

바야흐로 '질문'의 시대다. 인류의 역사는 위대한 질문에 의해 전진한다. AI의 정답에 맞서는 '인간적 질문'이 없다면, 우리는 영원히 AI의 지시와 통제를 벗어나지 못하는 미성숙한 존재로 살게 될 것이다. 안전지대에 숨어 '정답'만 좇을 것인가, 미지의 영역으로 나아가 '질문'을 던질 용기를 낼 것인가. AI의 출력값에 순종하며 살 것인가, AI를 발판 삼아 스스로 사유하는 '질문인간'으로 거듭날 것인가. 이 책 『질문인간』은 후자를 선택한, 용기 있는 이들을 위한 책이다.

이제 우리에게 주어진 과제는 정답을 찾는 것이 아니다. 세상을 바꿀 '질문'을 던지는 힘이다. 그리고 그 질문을 AI와 함께 풀어나가는 능력이야말로 AI 시대, 인간이 가져야 할 유일한 경쟁력이 될 것이다.

이제, 스스로에게 물어야 할 시간이다.
지금, 나의 시선은 어떤 높이에서 무엇을 보고 있는가.

차례

프롤로그　시선의 높이가 질문의 깊이를 결정한다　5

1　질문의 시작

새로운 세상의 규칙을 읽다

AI, 선택의 문 앞에 선 당신에게　19

AI 혁명, '되게 만들' 사람들의 시간　23

AI는 모델이다: 구조를 이해하는 사고의 틀　26

딥러닝: 스스로 학습하는 기계 지능의 세상　31

AI는 생각하지 않는다, 그저 흉내 낼 뿐이다　35

그럼에도 AI: 문제를 넘어 지혜로운 활용으로　38

공포와 낙관 사이: AI는 통제 불가능한 존재인가　42

AI가 '실행의 시대'에 종언을 고했다?!　45

인간과 AI의 협업 방정식: 효과적인 해(解)를 찾아서　49

AI 미래 비전, 거대한 환상과 냉혹한 현실 사이　53

AI 반도체 전쟁과 리더가 읽어야 할 세 가지 변화　58

'AI 기준' 전쟁과 '해석 주권'을 위한 지적 선언　62

질문인간의 생각법　1

불확실함 속에서 본질을 꿰뚫는 '비판적 질문'　66

2 질문의 언어

AI를 지휘하는 대화에 관하여

AI, 안 쓰고 싶은 게 아니라 못 쓰는 것이다! 71

나의 언어가 곧 리더십이다: 리더의 프롬프팅 75

프롬프트 엔지니어는 왜 사라졌을까? 79

AI를 '명령의 상자'에 가두면 안 되는 이유 83

질문 게릴라, AI의 대답에 '왜?'라고 저항하다 89

RAG, '무지한 박식함'을 넘어 '나만의 전문가'로 93

잠자는 기록을 깨워라: 연결과 창발의 시대 98

프롬프트 리버스 엔지니어링: 너머의 생각 읽기 103

AI 도구 상자: 문제에 맞는 도구를 선택하고 조립하라 108

AI 이후의 개발자: 생존과 성장의 새로운 조건 113

'코더'의 시대는 끝났다, '빌더'의 시대다 118

질문인간의 생각법 2

막다른 길에서 새로운 문을 여는 '창의적 질문' 122

3 질문의 확장

개인의 무기에서 팀의 문화로

AI와 함께 일하는 법: 도구를 넘어 파트너로 127

AI와 함께 연주하는 창의 협업의 이중주 132

보고받는 리더십의 종말: 질문을 설계하라 137

AI 시대의 리더십: 3가지 역설과 3가지 역할 142

AI 네이티브 조직, 리더가 바꿔야 할 게임의 법칙 148

천재 신입 AI를 우리 팀 에이스로 키우는 법 152

'책상 AI'는 모른다, 어디에 발을 디뎌야 할지를 157

AI라는 시험대: 조직의 생존을 가르는 4가지 검증 162

CAIO를 위한 AI 운용 매뉴얼: 비용·실험·조정 167

'XAI'에게 배우는 리더십의 새로운 문법 171

우리 팀이 생산하는 것은 결과물인가, 배움인가? 175

켄타우로스의 함정: 개인 역량을 넘어 조직 지능으로 180

질문인간의 생각법 3

복잡한 현실 속에서 핵심에 집중하는 '전략적 질문' 185

4 질문의 진화

시장의 판을 새로이 짜다

미래 생존 매뉴얼: 나에게 던져야 할 7가지 질문 191

AI 혁신 룰: 지금은 '실행'의 시간이다 198

경쟁의 판을 바꾸는 사람들의 AI 기획법 203

AI 시대, 생존의 첫 번째 조건: 스스로를 파괴하라 208

AI 경제 혁명: 새로운 게임의 설계자로 거듭나다 212

패턴 경제: '나만의 방식'이 돈이 되는 시대 217

기계가 쇼핑하는 세상, 누구를 설득할 것인가? 221

골목에서 북극성까지: 1인 기업가의 생존법 226

쇼핑의 종말, 혹은 거래의 재구성 232

AI 데이터 분석, '과거 증명'에서 '미래 탐색'으로 236

AI 소셜 시뮬레이션, 시장을 설계하는 새로운 규칙 242

똑똑한 AI가 최악의 고객 경험을 만드는 이유 246

AI 기억 속에 살아남는 새로운 존재 전략 251

질문인간의 생각법 4

'할 수 있는 일'과 '해야 하는 일'을 구분하는 '윤리적 질문' 255

5 질문의 깊이

AI는 답할 수 없는 것들에 대하여

AI를 바라보는 시선: 점과 함께 선, 나무와 함께 숲 261

금 나와라 뚝딱, AI는 도깨비방망이가 아니다! 266

평균의 함정: AI와 나, 그리고 독창성에 대하여 270

센스메이킹: AI 시대의 새로운 생존 방정식 274

질문 설계 vs 결과 요구, AI가 갈라놓은 격차 279

'AI 창작'으로 손쉽게 돈 벌 수 있다는 착각 283

'AI 슬롭'의 바다에서 나만의 섬을 구축하다 287

AI가 쓰는 시대, 인간은 '편집'으로 증명한다 291

기계에 반역하다: 오염, 응시, 균열의 글쓰기 296

생각의 주도권을 되찾기 위한 3가지 지적 반란 301

직업의 종말: 당신의 이름표는 안녕하십니까? 306

AI는 훌륭한 하인이지만, 최악의 주인이다 310

질문인간의 생각법 5

어제의 나를 넘어 성장하는 '성찰적 질문' 314

6 질문의 설계

다음 미래의 밑그림을 그리다

AI가 묻는다: 당신의 세계관, Old or New? 319

붓다에게 배우는 AI 시대의 출가법: 이곳에서 저곳으로 324

'AI 교실' 속 우리 아이를 지키는 5가지 원칙 328

연필, 인터넷, 그리고 AI: 실력을 묻는 새로운 방식 334

AI 시대 교육, 대학은 무엇을 내세울 것인가 338

CEO로 진화하는 AI, 일의 미래와 인간의 역할은? 343

디지털 격차를 넘어 '지능 격차'로: 스스로 선택한 진화와 도태   348

알고리즘 민주주의: '여론'은 없다, '설계된 취향'이 있을 뿐   352

미중 AI 전쟁, 우리가 설계할 AI 생태계는?   357

소버린 AI의 질문: '주권'이 아닌 '운용 자율성'   362

2050 AI 오디세이: 미래를 빚어내는 3가지 대전환   367

질문인간의 생각법   6

흩어진 지식을 엮어 통찰을 얻는 '통합적 질문' 374

에필로그   그래서, 오늘도 지어야 한다   377

부록 1   낡은 나를 파괴하라:

오늘 시작하는 3가지 질문   381

부록 2   지식을 넘어 통찰로:

질문인간을 위한 4단계 프레임워크   385

질문의 시작

새로운 세상의
규칙을 읽다

거대한 파도 앞에서, 나는 물보라만 보는 구경꾼입니까,

아니면 바람의 방향을 읽어내는 항해사입니까?

지금 나의 시선은 도구의 '기능'에 멈춰 있습니까,

아니면 도구가 바꿀 '문명'을 향해 있습니까?

AI, 선택의 문 앞에 선 당신에게

카페 구석, 햇살이 스며드는 자리. 두 친구가 앉아 있다. 한 사람은 노트북 화면에 몰두해 무언가를 열심히 만들고 있다. 또 다른 사람은 그 모습을 가만히 지켜본다. "그게 그렇게 대단해?" "대단하지. 나 혼자 했으면 한참 걸렸을걸. 이거, AI로 만든 거야." "그래? 그러면 나도 뭐라도 배워야 하는 거야?" 두 친구의 대화가 귓가에 맴돌았다.

AI는 이제 누구나 쓸 수 있다. 쉽다. 빠르다. 게다가 대부분 무료다. 몇 번의 클릭만으로 그림을 그리고, 글을 쓰고, 코드를 짜고, 분석을 하고, 음악과 영상을 만든다. 하지만 이상하다. AI가 모든 걸 바꿨다는데, 여전히 그 변화에서 소외된 사람들이 있어서다.

콘텐츠를 만드는 사람들에게 AI는 날개다. 더 많은 걸,

더 빠르게, 더 효과적으로 만들어준다. 아이디어가 부족해도 문제없다. AI는 창작의 빈틈을 채워 그럴듯한 초안을 금세 만들어준다. 든든한 보조 엔진이 따로 없다. 한 영상 제작자는 이렇게 말한다. "전에는 일주일씩 걸리던 작업을 하루 만에 끝냈어요. 심지어 결과물도 더 좋아졌어요." AI 기술이 바꿔놓은 속도와 품질의 레벨 업. 창작자에게 AI는 작은 변화가 아니다. 거대한 혁명이다. 콘텐츠 생성 혁명.

하지만 콘텐츠를 소비만 하는 사람들에겐? 딱히 체감되는 변화가 없다. AI로 무언가를 만들 기회도, 필요도, 이유도 없으니 그저 남들이 만든 걸 더 쉽게, 더 많이 소비할 뿐이다. 누군가는 새로운 세계를 열고 있는데, 누군가는 제자리에 머무는 것이다. 이 간극은 시간이 갈수록 점점 커진다. AI를 잘 활용하는 사람과 그렇지 못한 사람 사이에 그어지는 보이지 않는 선. 'AI 디바이드(divide)'다. AI를 다루는 능력이 생산성과 기회, 삶의 질까지 바꿔놓는다. 모두를 위한 AI 혁명이 아닌 것이다.

"지금껏 AI 없이도 잘 살았는데, 도대체 AI가 나랑 무슨 상관이야?" 많은 이들이 던지는 의문이다. 그 질문 속에 답을 찾을 실마리가 있다. AI가 모든 사람에게 똑같이 유용할 수는 없다. 하지만 누구나 AI로 자신의 잠재력과 가능성을 확장할 수 있다. 그런 기회를 또 찾아야 한다. 가져야 한다. 시작은 작은 것부터다.

첫째, 기본적인 AI 문해력 확보다. AI 활용은 디지털 문해력의 확장이다. 유튜브, 무료 강좌, 공공기관 프로그램 등 활용할 수 있는 학습 기회가 주변에 많다. 지속적인 관심과 학습을 통해 AI에 대한 두려움을 줄이고 자신감을 키우는 것이 첫걸음이다.

둘째, AI 창작 경험이다. AI를 효과적으로 활용하기 위해서는 체험이 중요하다. 글쓰기, 영상 제작, 음악 작곡 등 다양하게 시도할 수 있다. AI로 친구의 생일 축하 음악을 작곡하고, AI로 가족의 추억 영상도 만들고. AI는 '내 잠재력을 확장하는 파트너'다. 완벽한 결과물이 아니어도 괜찮다. 중요한 건 경험과 과정이다.

셋째, AI 커뮤니티 참여다. 지역 모임, 온라인 포럼, SNS 그룹 등에 참여해 경험과 아이디어를 공유하는 것이다. 다른 사람들과의 교류를 통해 AI 활용에 대한 새로운 관점을 얻을 수 있다. 창의적 협업의 기회도 만들 수 있다.

마지막으로 필요한 건 호기심이다. AI는 도깨비방망이가 아니다. 모든 걸 알아서 해주진 않는다. AI로 무엇을 할 수 있을지 끊임없이 질문하고 도전하는 자세가 필요하다. 질문이 없으면 변화도 없다. 호기심은 변화를 만들어내는 출발점이다.

카페의 두 친구를 다시 떠올린다. AI를 활용해 작품을 만들어내던 친구와 그 모습을 지켜보던 친구. 두 사람의 간격은 얼핏 기술의 격차처럼 보인다. 실상은 '시도'와 '의지'의 격차일지 모른다. 눈앞에 나타난 커다란 문. 누군가는 그 문을 두드리고, 누군가는 그 문 앞에 멈춰선다. 한 가지는 확실하다. 문은 열려 있다. 누구나 들어갈 수 있다. 발을 내딛느냐 아니냐의, 작은 차이일 뿐.

세상은 이미 변하고 있다. AI는 새로운 세계로의 초대장이다. 새로운 가능성의 열쇠다. 열쇠는 이미 초대받은 우리 손안에 있다. 열지 않으면, 아무 일도 일어나지 않는다. 세상사가 그렇듯 해보면 또 별것 아니다. 그저 하면 될 일이다. 그냥 하면 될 일이다.

AI 혁명,
'되게 만들' 사람들의 시간

AI는 창작의 문턱을 극적으로 낮췄다. 과거 전문가의 영역이던 시, 소설, 그림, 영상, 음악. 이제는 누구나 '그럴듯한' 결과물을 만든다. 장비와 자본, 인맥과 기술이 없어도 상관없다. AI 프롬프팅 몇 번이면 된다. 누구나 창작자가 될 수 있는 '창작의 민주화'. 지식의 독점을 깨고 대중에게 성큼 다가섰던 구텐베르크 인쇄술이 따로 없다.

물론, 반론도 존재한다. "결국 전문가만 살아남는다"는 것이다. 포토샵이 처음 나왔을 때도 그랬다. 모두가 디자이너가 될 줄 알았다. 하지만 시간은 전문가의 편이었다. 지금도 비슷하다. AI는 잘하는 사람을 더 잘하게 만드는 도구일 뿐, '명품 콘텐츠'는 여전히 소수 전문가의 몫이다. 하지만 이는 반은 맞고, 반은 틀린 말이다. AI 도움으로 화제의 책을 펴낸

무명 작가, AI로 만든 이미지로 세계적인 주목을 받은 평범한 학생, AI를 도구 삼아 유튜브 커리어를 시작한 중년들이 있다. 기회는 분명 있다. '안 될 이유'보다 '될 가능성'에 베팅한 사람들만이 그 문을 통과한다.

산업도 마찬가지다. 마케팅 기획, 콘텐츠 제작, 데이터 분석 등 과거 여러 명이 협업해서 하던 일을 이젠 혼자서도 뚝딱 해낸다. AI 덕분이다. 비용은 줄고, 생산성은 오른다. 수십억 들던 광고 영상? 수백만 원 수준이면 충분하다. 문제는, 일자리가 줄어들고 산업 규모가 축소된다는 것이다. '디지털 효율화에 의한 수축경제', '고용 없는 성장'이라는 말이 나오는 이유다.

그러나 시야를 넓히면 다른 풍경이 펼쳐진다. AI는 기존 산업을 파괴하는 동시에, 새로운 시장과 직업을 만들어낸다. TV에 집중되었던 마케팅 예산은 유튜브, 인스타그램, 틱톡, 그리고 다양한 개인화 채널로 분산됐다. 콘텐츠 총량의 폭발적 증가. 게다가 이제 브랜드는 대행사가 아니라 개인 제작자, 크리에이터와 협업한다. 산업의 '크기'가 줄어드는 게 아니라, 그 '형태'가 재편되는 것이다. 마부의 일자리는 없앴지만 철도 산업이라는 거대한 생태계를 만든 증기기관을 떠올려보라.

AI는 평등한가? 겉보기엔 그렇다. 누구나 쓸 수 있다. 무료 툴이 널렸다. 사용법도 쉽다. 하지만 현실은 다르다. 'AI

리터러시(문해력)'라는 장벽 때문이다. AI를 잘 쓰는 사람과 못 쓰는 사람의 격차는 상상 이상이다. 기능적 숙련도는 표면일 뿐, 본질은 사고방식, 디지털 환경, 세계관의 차이다. 누구는 AI로 일당백의 일을 한다. 누구는 프롬프트 입력조차 해본 적이 없다. AI는 이 격차를 가속화한다. 그리고 이 격차는 무서운 속도로 고착되는 중이다.

하지만 기회는 여전히 살아 있다. 아니, 이전보다 훨씬 더 많아졌다. AI는 태생적, 지역적 한계를 뛰어넘어 전례 없는 '기회의 평등'을 빚어낸다. 지역의 작은 상점이 글로벌 마케팅을 한다. 한 명의 콘텐츠 제작자가 전 세계 고객을 만난다. 자격증, 학력, 경력이 아니라, 감각과 실행력, 끊임없는 실험이 경쟁력이다. 맞다, AI는 차별하지 않는다. 혁신에 대한, 우리의 시선 차이를 드러낼 뿐.

AI는 모든 것을 '바꾸는' 기술이 아니다. 모든 걸 '다시 묻게' 만드는 기술이다. 변화의 파도 앞에 선 우리의 선택지는 두 가지다. '안 된다'를 입에 달고 사는 평론가이거나, '된다'라고 믿으며 손을 뻗는 실천가이거나. 안 될 이유는 너무 많다. 되게 만들 이유를 찾는 사람이 세상을 바꾼다. AI라는 새로운 게임의 판이 깔렸다. 세상을 바꾸는 플레이어 아니면 변화를 탓하는 관중? 선택은 내 몫이다.

AI는 모델이다:
구조를 이해하는 사고의 틀

AI는 결국 하나의 모델이다. 입력이 들어가면 출력이 나오는 구조. 겉으로는 복잡해 보여도, 안을 들여다보면 단순한 메커니즘이다. 모델은 함수다. 수학식으로 치면 $f(x)=y$. x라는 입력에 대해 y라는 결과를 도출해내는 함수 f. 알고리즘도, 시스템도, 결국은 이 구조의 다른 이름일 뿐. 그래서 AI를 이해한다는 건 데이터를 다루는 기술을 아는 게 아니다. 세상을 해석하는 방식을 다시 묻는 일이다.

가장 단순한 예가 뉴턴의 '$F=ma$'다. 물체에 작용하는 힘은 질량과 가속도의 곱이라는 이 수식은 물리학의 근본이자 모델의 전형이다. 이 식 하나로 우리는 수많은 문제를 예측하고 설명한다. 이처럼 좋은 모델은 현실을 단순하게 요약한다.

AI도 마찬가지다. 수많은 데이터를 입력받아 패턴을 찾아내고, 가장 적절한 출력을 계산한다. 인간은 판단을 내리고, AI는 예측을 계산한다. 결국 둘 다 모델을 만든다는 점에서 같은 게임을 하고 있다.

내비게이션을 떠올려보자. 출발지와 목적지를 입력하면 최적의 경로가 출력된다. 이 시스템이 활용하는 다익스트라 알고리즘(Dijkstra's Algorithm)은 그래프 위에서 각 정점 간의 최단 경로를 계산한다. 가장 빠른 길, 가장 적은 비용, 가장 덜 막히는 루트를 스스로 찾아내는 구조. 중요한 건, 이 판단이 사람의 지식이 아니라 데이터에 기반한 연산이라는 점이다. 이것이 AI의 작동 방식이다.

문제는, 복잡한 현실이다. 고양이 사진을 입력했을 때, 출력으로 '고양이'라는 인식 결과를 얻어내는 작업. 겉보기엔 쉬워 보이지만, 기존 방식으로는 불가능에 가까운 일이었다. 컴퓨터에게 고양이를 설명하는 건 무한한 경우의 수를 다루는 일과 같았다. 밝기, 각도, 배경, 질감 등 수많은 변수가 섞이면 고양이라는 개념은 쉽게 흐트러진다. 인간은 직관으로 구분하지만, 컴퓨터는 숫자 조합의 혼란 속에서 헤어 나오질 못한다.

이 문제를 풀어낸 것이 인공신경망(artificial neural network)이다. 인간의 뇌를 닮은 이 시스템은 데이터를 반복적으로 학습하며 입력과 출력 사이의 구조를 스스로 찾아낸다. 고양이 사진 수천 장을 보여주면, AI는 그 안의 공통된 특징을 감지하고, 다음 입력에 대한 출력을 예측할 수 있게 된다. 사람이 설계한 논리 대신, 데이터가 이끄는 패턴 인식(pattern recognition)이다. 이름하여 '딥러닝(deep learning)'.

신경망의 구조는 단순하다. 입력값이 계층을 통과하면서 가중치가 부여되고, 활성화 함수가 출력을 결정한다. 문제는 이 과정이 '왜 그렇게 작동했는가'를 인간이 설명하지 못한다는 것이다. AI를 '블랙박스'라고 부르는 것은 이 때문이다. 인간도 다르지 않다. 어떤 선택을 왜 했는지 설명하지 못할 때가 많다. AI는 계산하지만, 설명하지 않는다. 그 점에서 AI는 인간의 거울이다. 다만, 더 많은 것을 동시에 계산할 뿐이다.

AI의 진짜 힘은 인간이 놓친 패턴을 포착한다는 데 있다. 야구에서 스트라이크와 볼을 구분하는 AI는 단지 투구 궤적만 보는 게 아니다. 스코어보드, 타자의 반응, 심판의 움직임 같은 비정형 정보도 함께 분석한다. 사람이 신경 쓰지 않았던 요소들이 AI에겐 힌트가 된다. 그게 AI의 강점이다. 인간은 직관으로 본다. AI는 전부를 다 본다. 하나도 놓치지 않는다. 사람이 보지 못한 가능성을 AI가 발견하는 건 그래서다.

이 구조는 금융에서도 동일하게 작동한다. 주가 예측, 리스크 분석, 트레이딩 전략. AI는 과거의 패턴 속에서 미래의 가능성을 산출한다. '퀀트 투자(quantitative investing)'란 이름으로 이미 실전에서 활용되고 있다. 방대한 데이터를 읽고,

수학적 모델을 구축하고, 사람이 모르는 규칙을 찾아내는 구조. 물론 왜 그런 결론이 도출됐는지는 알 수 없다. 하지만 성과만 입증된다면, 해석은 부차적인 일에 속한다. 이미 시장에서 설득력을 얻고 있는 논리다.

생성형 AI의 작동 원리? 텍스트를 입력하면 그에 맞는 답이 출력된다. 여기서 핵심은 '트랜스포머(transformer)'다. 언어의 문맥과 순서를 동시에 해석하는 구조. 기존의 단순 반복 예측에서 벗어나, 의미의 흐름을 파악하고 연결한다. 대화형 AI의 근간을 만든 기술이다. 여기에 강화학습(reinforcement learning)과 사람의 피드백이 더해지면, AI는 점점 사람처럼 말하게 된다. 말투, 논리, 감정 표현까지 점점 더 완성도 높은 표현을 구사한다.

하지만 환각(hallucination) 현상이라는 문제도 있다. 진짜처럼 보이지만 틀린 정보를 출력하는 오류. 있지도 않은 참고문헌을 '창작'한다. 존재하지 않는 데이터를 이야기한다. AI는 확률적 언어 생성 시스템으로, 높은 확률의 단어를 예측할 뿐, 진실 여부는 알지 못한다. 사회적 편견도 마찬가지다. 인간이 만든 텍스트를 학습하기에, 인간의 편견까지 복사해낸다. 기술의 한계라기보다는 데이터의 그림자다. AI가 배우는 건 인간의 언어가 아니라 인간의 세계다.

이미지는 생성되고, 영상은 편집된다. 클릭 몇 번이면 그림을 그리고, 영상에 음악을 입힌다. 상상만 하면 그럴듯한 결과가 출력된다. 정해진 해답이 없는 영역일수록 AI는 빛난다. 창작, 전략, 브랜딩, 설계. AI는 인간이 바라보지 못한 해석의 틈을 메운다.

다시, 본질을 보자. AI는 모델이다. 입력과 출력의 관계를 구조화한 시스템. 데이터를 넣으면 패턴을 감지하고 예측을 출력한다. 기술적으로는 복잡하다. 철학적으로는 단순하다. AI는 세상을 계산하고, 인간은 그것을 해석한다. 중요한 건, 이 모델을 어떤 시선으로 보느냐에 달려 있다. 기술을 대하는 태도, 데이터와 결과를 해석하는 시선. 이 시선의 높이가, AI를 다루는 힘을 결정한다.

딥러닝:
스스로 학습하는 기계 지능의 세상

기계가 배운다. 정답을 알려주지 않아도 된다. 그저 보여주기만 하면 스스로 알아낸다. '딥러닝' 얘기다. 딥러닝은 문명의 문법이 바뀌었음을 선언했다. 설명에서 추론으로, 규칙에서 패턴으로, 지식에서 학습으로. 인간이 만든 기계가 인간의 학습 방식을 흉내 내는 순간, 문명은 다시 쓰이기 시작했다. 인류는 역사상 처음으로 스스로를 대체할 수 있는 존재, AI를 만들었다. 그 모든 변화의 중심에 '딥러닝'이 있다.

논리적 언어 이전, 인간은 세상을 감각을 통해 먼저 배운다. 본다. 듣는다. 느낀다. 추론한다. 어린아이는 '갓 태어나거나 덜 자란 어린 개'라는 강아지의 정의를 배우기 전에, 세상에 존재하는 수많은 '강아지 같은 것들'을 먼저 만난다. 형태도, 크기도 다르지만, 아이는 그 복잡한 패턴 덩어리 속에서 '강아지'라는 공통된 개념을 기적처럼 발견해낸다. 인간의 학습이란 이처럼 복잡한 데이터를 해석하고 구조화하는 작업이다. 딥러닝은 그 방식을 본떴다.

기계는 인간이 정제한 규칙이 아닌, 날것의 데이터를 받아들인다. 눈으로 보듯, 귀로 듣듯, 수억 장의 이미지와 수십억 개의 문장을 경험처럼 쌓는다. 그렇게 축적한 데이터 바다에서 스스로 패턴을 찾아낸다. 인간의 설명이 사라진 바로 그 자리에서, 기계는 우리와 닮은 방식으로 사고를 시작한다.

기계는 쉬지 않는다. 지치지 않는다. 편견에 사로잡히지 않으며, 결코 잊지 않는다. 인간이 평생을 바쳐도 읽지 못할 양의 데이터를 순식간에 읽는다. 그리고 규칙과 패턴을 찾아낸다. 인간이 추상적으로 느끼는 감각을, 기계는 수치와 경로로 명확하게 분해하고 학습한다. 결과는 경이롭다. 인간 최고의 두뇌를 이긴 바둑, 언어의 장벽을 허문 번역, 사람의 목소리를 구별하는 음성 인식, 이미지를 창조하는 영상 기술, 질병을 진단하는 의료, 시장을 예측하는 금융까지. 기계가 뛰어넘지 못할 영역은 이제 없다. 진짜 문제는 기술의 발전 속도가 아니다. 새로이 쓰이는 이 문명 속에서 인간은 과연 어떤 존재로 남을 수 있느냐다. 기계가 패턴을 인식하고, 감정을 흉내 내고, 문장을 쓰고, 이미지를 창조할 때, 우리는 과연 무엇을 해야 하는가.

'배운다'는 건 세계를 자신만의 방식으로 구조화하고 의

미를 부여하는 주체의 행위다. 인간만이 학습할 수 있었던 이유다. 그러나, 기계도 이제 배운다. '주체의 분산'이다. 생각하는 주체, 판단하는 주체, 해석하는 주체가 인간 너머로 확장된다. 딥러닝은 그래서, 기술적 진보를 넘어선다. 존재의 지위 변동을 빚어내서다. 문명의 중심이 이동하는 대변혁적 사건이라서다.

하지만 그런 기계도 결코 하지 못하는 게 있다. 질문이다. 기계는 주어진 데이터를 학습하여 패턴을 찾을 뿐, 그 데이터가 왜 존재하는지는 묻지 않는다. 그 패턴 너머의 세상에 대해 궁금해하지 않는다. 그 틈이, 인간에게는 기회다. 질문은 데이터 속 패턴에서 비롯되는 것이 아니라, 데이터 바깥의 의도와 목적에서 탄생하기 때문이다. 패턴은 과거를 재현하지만, 의도는 미래를 만든다. 이 작은 틈이, 인간이 인간일 수 있는 마지막 공간이다.

그렇다면 우리는 무엇을 지켜야 할까. 흔히 말하는 창의성, 공감, 상상력? 그마저도 기계가 흉내 낸다. 우리가 지켜야할 건 인산반의 '질문력'이다. 질문이 있어야 학습은 의미를 갖는다. 모든 의미는 '왜?'라는 질문에서 시작된다. 질문은 곧 의심이다. 의심은 대상을 객관적으로 바라보는 거리두기에서 나온다. 인간은 자신과 세상 사이를 분리해 생각할 수 있는 유일한 존재다. "너 자신을 알라." 소크라테스의 이 말은 인간만의 능력이다. 인간은 자기 자신을 외부에서 바라볼 수 있다. 자신의 생각을 생각할 수 있고, 자신의 판단을 의심할 수 있으며, 자신의 존재 이유를 물을 수 있다. 이른바 '메타인지'다. 기계는 이 능력이 없다.

새로운 문명의 중심 언어는 '읽고 쓰기'가 아니다. '배우기와 질문하기'다. 얼마나 많이 아는가는 더 이상 중요하지 않다. 그 지식을 연결하고 해석하고 전환할 수 있어야 한다. 반복은 기계의 일이다. 인간이 마지막까지 인간일 수 있는 이유는, 새롭게 묻고 다르게 생각할 수 있어서다.

딥러닝이 만든 세상은 두렵지 않다. 정말 두려운 것은 질문하기를 멈춘 채, 기계가 주는 답에만 의존하는, 준비되지 않은 인간이다. 주도권은 사라지지 않는다. 단지 질문하는 자에게로 옮겨갈 뿐. 문명의 중심에 남고 싶다면, 지금 당장 물어야 한다.

기계는 배운다. 인간은 묻는다. 새로운 문명은 바로 이 두 축의 팽팽한 긴장과 협력 사이에서 다시 시작될 것이다. 잊어서는 안 된다. 우리 모두는, '질문하는 인간', 질문인간이다.

AI는 생각하지 않는다,
그저 흉내 낼 뿐이다

먼저, 가장 큰 착각부터 교정하자. AI는 학습하지 않는다. 최소한 우리가 생각하는 방식으로는. AI의 '학습'은 지적 탐구가 아니다. 주어진 정답과 자신의 예측 사이의 오차를 0에 가깝게 줄여나가는 수학적 최적화 과정이다. 목표를 향해 수억 번의 계산을 반복하는 집요한 노가다일 뿐, 그 과정에 이해나 깨달음은 존재하지 않는다. 딥마인드의 알파폴드가 단백질 구조를 예측한 것은 생명의 신비를 해독해서가 아니다. 수십만 개의 데이터 속에서 가장 확률 높은 정답을 '계산'해냈을 뿐이다. AI의 능력은 지능이 아니라, 압도적인 연산력에서 나온다. 마법이 아니다. 수학이다.

그렇다면 진짜 위험은 어디에 있는가? AI가 너무 똑똑해시는 깃? 친만에. AI가 우리의 가장 어리석고 편향된 모습을 너무나도 완벽하게 '증폭'시키는 데 있다. AI는 인간 사회라는 교과서로 공부하는 가장 우직한 학생이다. 이 공부의 방향키는 실리콘밸리의 경영진과 코드 몇 줄로 세상을 바꾸는 엔지니어, 그리고 그들의 알고리즘을 맹신하는 정책 입안자들의 손에 쥐여져 있다. 그들이 설계한 모델은 사회의 편견과 기업의 이해관계를 '객관적 사실'로 둔갑시킨다. 실제로 일부 AI 채용 시스템이 과거 데이터의 성별 편향을 그대로 학습해 여성 지원자에게 불리한 평가를 내린 사례가 있었다. 자율주행 알고리즘이 기업의 상업적 이익을 우선시했다는 논란도 있었다. AI의 본질적 위험이란 이런 것이다. 기술의 가치중립성이라는 가면 뒤에 숨어 인간의 모순을 증폭시키는 확성기. 구원자를 꿈꿨던 AI의 불편한 민낯이다.

이제 우리는 엉뚱한 질문을 멈춰야 한다. 'AI가 인간을 지배할까?' 같은 공상과학적 질문 대신, 훨씬 더 현실적이고 불편한 질문을 던져야 한다. "AI의 알고리즘에 우리는 어떤 욕망을 새겨 넣고 있는가?" 가령, 의료 AI에게 '암 진단 정확도'를 1순위로 설정하면, AI는 과잉 진단의 위험을 감수한다. 반대로 '오진 없는 안정성'을 명령하면, 일부 암을 놓치는 위험을 감수한다. 이 결정은 기술의 영역이 아니다. '어떤 실수를 더 용납할 것인가'에 대한 사회적 합의이자 철학의 문제다. 우리는 이미 매 순간, 의식하지도 못한 채 AI의 윤리적 방향키 설정에 동참하고 있다.

여기서 한 걸음 더 나아가야 한다. 이제 AI는 현실을 반영하는 소극적 거울을 넘어, 현실을 창조하는 설계자의 자리를 넘본다. AI가 만들어낸 이미지와 텍스트는 현실의 복제품을 넘어 그 자체로 현실이 된다. 결국 우리는 흉내를 넘어 세상을 재창조하는 이 기술 앞에서, 무엇이 진짜인지조차 구분 못 하게 될지 모른다.

하지만 바로 그 지점에서 가장 중요하고도 변치 않는 본질이 드러난다. AI가 아무리 능동적으로 현실을 창조하는 것처럼 보여도, 그 창조의 재료와 방향성은 결국 우리가 제공한 데이터와 명령에서 비롯된다. AI가 완성할 퍼즐은, 우리가 건네준 밑그림의 복제품일 뿐. AI가 혐오를 배웠다고? 우리가 혐오를 가르친 것이다. AI가 차별을 시스템으로 만들었다고? 우리 사회가 이미 차별을 용인해왔다는 뜻이다. 그렇기에 책임은 거울 앞에서 그림을 그려나가는 우리의 몫이다.

내가 사용하는 서비스의 알고리즘 추천을 의심하는 것, 데이터 제공 동의 버튼을 무심코 누르지 않는 것, 기술 기업에 알고리즘의 투명성을 요구하는 목소리를 내는 것. 거울 속 왜곡된 모습을 바로잡는 첫걸음들이다.

그럼에도 AI:
문제를 넘어 지혜로운 활용으로

밥 먹으며 나누던 '인공지능' 이야기가 차를 마시면서도 이어진다. 술자리라고 다를 것 없다. 모두가 인공지능을 이야기한다. 챗GPT가 신호탄이었다. 생성형 AI 서비스가 폭포수처럼 쏟아져 나왔다.

봉우리가 높으면 골짜기가 깊다 했다. 모두가 열광하는 AI이지만, 문제점과 한계도 뚜렷하다. 먼저 '환각' 이슈다. "조선왕조 실록에 기록된 세종대왕의 맥북프로 던짐 사건에 대해 알려줘." 이에 대한 챗GPT의 답변은 한때 인터넷 상의 인기 밈(meme)이었다. 말도 안 되는 그럴듯한 거짓말을 무척이나 진지하게 해서다. 단어들 간 의미적 거리를 확률로 계산하여 기계적으로 답변을 출력하니 생기는 현상이다.

가짜 뉴스에 대한 우려도 작지 않다. AI는 사실보다 더 사실 같은 이미지를 만들어낸다. 실재하지 않는 거짓의 문장을 떡 하니 사실처럼 그려낸다. 예컨대, '지하철 승강장에서 시민들이 대규모 충돌을 벌이고 경찰이 대거 투입되는 장면'을 고해상도 사진처럼 그려낸다. 모르는 사람이 보면 영락없는 팩트다. AI를 활용한 가짜 뉴스 범람이 우려되는 이유다.

사회적 편견의 재생산도 문제다. '선글라스 낀 여성이 커피 마시는 모습'을 그려달라는 프롬프트에 백인 여성을 그려낸다. '시장 가판대에서 음식 파는 여성'을 그려달라고 하니 제3세계 여성을 그린다. 인종 차별이다. 남녀 차별도 있다. '최고급 레스토랑의 셰프'로는 남자를, '부엌에서 요리하는 사람'으로는 여성을 그린다. 인터넷에 올라온 방대한 데이터를 학습한 AI다. 그 데이터를 생성한 우리 인간들의 선입견과 편견까지 학습한 것이다.

정보 보호 문제도 있다. 민감한 개인정보 혹은 대외비의 기업정보를 AI에 입력하면 그 정보는 어디에 저장되고, 어떻게 처리되며, 어떻게 활용될까? 정보 유출에 대한 세간의 우려는 당연한 일이다.

다음은 저작권 이슈다. AI가 생성한 그림과 음악 등의 저작권은 누구에게 있을까? AI 기업일까? 프롬프트를 작성한 사용자일까? '샤넬 스타일로 디자인해줘'라고 해서 나온 AI의 디자인은 저작권 문제에서 자유로울까? 샤넬의 지적 재산권을 침해한 건 아닐까? 풀어야 할 저작권 문제가 산적해 있다.

'AI 디바이드'는 또 어떻고. 인공지능을 자유롭게 활용하는 사람과 그렇지 못한 사람과의 삶의 격차가 점점 커지고 있다. 고소득일수록, 고학력일수록, 젊은 층일수록 인공지능에 대한 이용 경험률이 높다는 리서치 결과가, 벌써 나온다. 기차표를 앱으로 구매할 줄 몰라 지금도 역 창구에 줄을 서는 어르신들이 많다. AI 활용 접근성의 격차는 또 다른 사회문제가 될 수 있다.

불은 위험하다. 잘못 다루면 우리의 생명과 재산을 앗아간다. 그렇다고 불을 안 쓰고 살 수는 없다. 그러기에 지혜로운 활용이 중요하다. 도구 자체를 부정할 일이 아니다. 목적에 맞게끔 도구를 잘 활용하면 될 일이다. AI의 문제점을 이토록 열거한 이유? AI 사용에 반대해서가 아니다. 현명한 활용을 위한 냉철한 시각이 필요해서다.

AI는 인류 역사 발전의 강력한 '게임 체인저'로 부상했다. 인간의 아이디어를 실재로 구현해주는, 인간의 사고를 유연하게 확장시켜주는 혁명적 도구라서다. AI라는 도구를 손에 쥔 개인들. 많은 자원을 가진 기업들만 할 수 있던 일을 이젠 혼자서도 척척 해낸다. 기술의 민주화가 빚어낸 '슈퍼 휴먼'의 탄생이다.

이는 기업이나 국가에도 그대로 적용된다. AI의 개발 및 활용 역량이 개인을 넘어 기업과 국가 차원의 경쟁력으로 이어지는 이유다. 여러 글로벌 기업과 국가들이 'AI 주도권' 확보에 팔을 걷어붙이고 나선 것도 그래서다.

도구는 가치중립적이다. 같은 물이라도 젖소가 마시면 우유를 만들고, 독사가 마시면 독을 만든다. AI라는 도구도 마찬가지다. 찬반 논쟁으로 논점이 흐려져선 안 된다. AI라는 혁명적 도구를 어떤 목적으로, 어떻게 개발하고 활용할 것인가? 우리의 질문은 이것이어야 한다.

공포와 낙관 사이:
AI는 통제 불가능한 존재인가

"AI는 더 이상 인간이 통제할 수 있는 존재가 아니다." 유발 하라리의 말이다. 그는 AI를 '자율적 존재'라고 표현하며, 기술이 인간의 통제를 벗어날 수 있다고 경고했다. 많은 사람들이 이 주장에 주목한다. 또 상당 부분 동의한다. 그렇다면 이 같은 전망은 사실일까? 과학적 근거 위에서, 우리는 이 화두를 제대로 짚어볼 필요가 있다.

지금의 AI는 '자율적 존재'라기보다 '고도화된 반응 시스템'에 가깝다. AI는 스스로 목표를 세우지 않는다. 자율적으로 판단하거나, 자기 보존을 추구하지도 않는다. 우리가 'AI'라고 부르는 생성형 모델들은 대부분, 인간이 설계한 목적 함수와 보상 구조에 따라 움직인다. 데이터를 학습하고, 패턴을 분석하며, 입력에 대한 최적의 출력을 계산하는 시스템이다.

물론 AI가 내놓는 결과가 때때로 의외일 수 있다. 예컨 대, '환각' 현상처럼 AI가 존재하지 않는 사실을 실제처럼 말하거나, 엉뚱한 인물 정보를 진지하게 제공하는 경우가 있다. 하지만 이는 AI가 의도를 갖고 거짓말을 하는 것이 아니다. 모델 내부에서 단어 간 확률적 연결이 왜곡된 결과다. 복잡한 계산의 부산물일 뿐, 자율적 판단의 결과가 아니다.

사람들이 AI를 통제 불가능하다고 느끼는 이유? AI의 '복잡성' 때문이다. 특히 대형 언어모델(LLM)처럼 매개변수가 수천억 개에 이르는 시스템은 내부의 작동 원리를 설명하기 어렵다. 어떤 질문에 어떤 방식으로 답을 생성했는지, 설계자조차 명확히 설명하지 못하는 경우가 생긴다. 이처럼 '왜 이런 결과가 나왔는가'를 이해할 수 없을 때, 우리는 그것을 통제할 수 없다고 느끼게 된다.

하지만 '이해하기 어렵다'는 것과 '통제할 수 없다'는 것은 전혀 다른 얘기다. 지금의 AI는 여전히 'input-output' 구조에 기반하고 있다. 우리가 질문을 입력하지 않으면, AI는 아무런 반응도 하지 않는다. 출력 결과는 훈련된 데이터와 설정된 알고리즘 범위 안에서 생성된다. '통제를 벗어났다'는 말은 아직 이르다. 오히려 관심을 가져야 할 것은 그 시스템이 어떤 방식으로 만들어졌고, 어떤 데이터로 훈련됐으며, 누가 그것을 어떻게 활용하는가다.

물론 현실적인 우려는 있다. AI의 결정이 사람의 생명이

나 자산에 영향을 줄 수 있는 영역, 예컨대 자율 무기 시스템
이나 고빈도 금융거래, 의료 진단 등에서는 매우 높은 수준
의 안정성과 투명성이 필요하다. '설명 가능한 AI(Explainable
AI)'에 대한 투자가 강화되어야 하는 것은 이 때문이다. 모델
의 결과를 사람이 이해할 수 있어야, 책임과 신뢰가 가능할
것이다.

'AI가 인간보다 똑똑해져서 우리를 지배할 것이다'라는
시나리오는 기술적 현실보다는 상상에 가까운 얘기다. 지금의
AI는 일반화된 지능을 갖춘 존재가 아니다. 특정 영역에서 뛰
어난 성능을 보이지만, 맥락을 이해하거나 의미를 해석하는 데
에는 여전히 뚜렷한 한계를 보인다. 무엇을 목표로 삼고, 어떻
게 판단하며, 어떤 가치를 선택할지는 여전히 인간의 일이다.

그렇다면 우리는 무엇을 해야 할까? 두 가지가 중요하
다. 첫째, 기술에 대한 이해와 감시 체계를 강화해야 한다. 설
명 가능성, 검증 가능성, 편향 방지, 책임 있는 사용 원칙이
마련되어야 한다. 둘째, 막연한 공포가 아니라 이성적인 관찰
을 바탕으로 AI를 바라보아야 한다. AI는 도구다. 도구를 두
려워할 필요는 없다. 대신, 그 도구를 어떻게 설계하고 활용
할지를 고민해야 한다.

AI가 '실행의 시대'에
종언을 고했다?!

"실행의 시대는 끝났다." 참으로 짜릿한 선언이다. 거부할 수 없는 진실처럼 들린다. AI가 코드를 짜고, 계약서를 검토하고, 보고서를 쓰는 시대. 우리는 이제 우아하게 질문을 던지는 지휘자가 되면 될 것 같다. 이 아름다운 이분법. AI 시대의 위험한 환상이다.

현장의 진짜 모습은 다르다. 우주선의 빛나는 조종석에서 명령을 내리는 동안, 엔진실에서는 누군가 기름때를 묻히며 사투를 벌인다. 실행은 죽지 않았다. 오히려 더 교묘하게, 더 복잡하게 진화했다. AI가 내놓는 그럴듯한 결과물 뒤에는, 편향된 데이터를 바로잡는 '데이터 정제공'의 밤샘 작업이 있다. AI 모델의 환각을 막기 위해 설계된 안전장치에는 'AI 조율사'의 고뇌가 서러 있다.

10만 개의 협상 테이블. 그 거대한 장벽 앞에서 인간은 무력했다. 월마트는 그 자리에 AI를 앉혔다. AI는 과거 거래 내역과 시장의 숨결을 읽어냈다. 최적의 조건을 찾아냈고, 비용을 절감했다. 놀랍게도, 파트너의 75퍼센트가 인간보다 AI와의 협상에 만족해했다. 월마트의 이런 AI 협상 시스템은 하늘에서 뚝 떨어진 것이 아니다. 과거 수십 년간 쌓인, 거래 데이터의 산물이다. 복잡한 시장 상황, 미묘한 계약 조건을 학습시킨 결과다. 끊임없이 모델을 미세 조정하며, 예측 불가능한 결과에 대응하는 기계학습 운영의 결과다.

'실행의 종언'에 매몰된 조직은 이 엔진실을 방치한다. AI를, 그저 구매만 하면 자동으로 돌아가는 소프트웨어로 착각한다. 새로운 실행 시스템을 운영할 핵심 역량을 외면한다. 그러나 그 결과는 처참하다. 그들의 AI는 값비싼 장식품이 된다. 엉뚱한 답을 내놓고, 피상적인 결과만 반복한다. 실행의 복잡성을 외면한 질문. 현실과 동떨어진 스토리. 그것은 결국 공허한 메아리가 될 뿐이다.

그렇다면 진짜 기회는 어디에 있는가. 그것은 '질문'의 차원을 바꾸는 데서 시작된다. AI는 더 이상 하인이 아니다. 나의 지적 파트너이자, 스파링 상대다. AI가 내놓은 첫 번째 답에 만족해서는 안 된다. 소크라테스처럼 집요하게 파고들어야 한다. "이 분석의 근거 데이터는 무엇인가?" "이 데이터에 숨겨진 가장 큰 편견은 무엇인가?" "네가 나의 경쟁사라면, 이 데이터로 우리를 어떻게 파괴할 것인가?" AI를 벼랑 끝으로 모는 이 질문들. 기계의 연산 능력에 인간의 비판적 사고를 더하는 이 과정. 이것이 표면 아래의 진짜 통찰을 길어 올리는 길이다.

이렇게 얻은 날카로운 통찰. 이것을 엮어내는 것이 '데이터 스토리텔링'이다. 하지만 여기에 마지막 함정이 기다린다. AI는 그럴듯한 스토리를 만드는 데 탁월하다. 이름하여 '그럴듯함의 함정'. AI는 논리적 비약과 데이터 왜곡을 매끄러운 문장 뒤에 감춘다. AI가 생성한 아름다운 스토리에 취한 리더. 그는 모래 위에 성을 짓는 어리석은 왕이 될 뿐이다.

리더의 새로운 역량은 그래서, 스토리를 잘 '말하는' 능력이 아니다. 좋은 스토리를 '판별하는' 능력이다. 바로 '최고 회의론자(Chief Skeptic Officer)'의 관점이다. "이 이야기는 실제 데이터에 기반하는가? 이 미래는 우리가 실행할 수 있는 현실인가? 아니면, 기계가 만들어낸 듣기 좋은 거짓말인가?" 이 검증의 필터를 통과한 스토리만이 조직을 움직일 수 있다. 스토리는 전략의 종착지가 아니다. 치열한 실행을 위한 발사대여야 한다.

AI 시대의 승자? '실행가'나 '스토리텔러'라는, 한쪽 날개만 가진 사람이 아니라, 이 둘을 엮는 '통합자'다. 그는 AI 엔진실의 복잡한 현실을 이해한다. 기계와의 지적인 스파링을 통해 날카로운 질문을 던진다. 기계가 만든 그럴듯한 거짓과 실행 가능한 진실을 판별할 줄 안다. 그리고 이 모든 것을 엮어, 조직의 심장을 뛰게 하는 우리의 이야기를 창조한다. 현실에 두 발 단단히 딛고 선 강력한 내러티브를 창조한다.

실행은 죽지 않았다. 질문은 더 깊어져야 한다. 스토리는 더 정직해야 한다. 이 셋이 맞물려 돌아가는 혼돈의 중심, 그곳에 기회가 숨 쉬고 있다.

인간과 AI의 협업 방정식:
효과적인 해(解)를 찾아서

어지간한 이미지는 이제 AI로 만든다. 간단한 프롬프트만 넣어주면 근사한 이미지를 척척 만들어낸다. 발표 자료에 들어갈 이미지도, 광고에 활용할 사진도 눈 깜박할 새 내놓는다. 영상도 마찬가지다. 스크립트만 입력하면 영상이 나온다. 원한다면 AI 목소리도 영상에 붙일 수 있다. 실제로 촬영하거나 녹음한 것 하나도 없이 영상 하나가 금세 만들어진다.

AI 기술의 발전은 콘텐츠 생산에 국한되지 않는다. 비즈니스 현장의 업무 자동화도 AI 몫이다. 예컨대, 고객 서비스 분야 AI 챗봇은 고객의 문의에 신속하고 정확하게 응답한다. AI 기반 분석 도구는 대량의 데이터를 빠르게 처리하여 의사결정 과정을 간소화한다. 새로운 아이디어와 솔루션을 개발하는 데 필요한 지원도 절약할 수 있다. AI가 불러온 생산성

향상이다.

　AI는 창의적 사고와 혁신을 촉진하는 역할도 한다. AI가 사용자의 취향과 요구를 분석하여 새로운 아이디어를 제시하는 식이다. 구태의연한 사고의 틀을 벗어나게 만드는 마중물 역할로 손색이 없다. 혁신 촉매제로서의 AI 역할이다.

　한 온라인 쇼핑몰 업체는 AI 기술을 활용하여 고객 맞춤형 상품 추천 시스템을 도입했다. 고객의 과거 구매 이력, 검색 기록, 웹 사이트 내 행동 패턴 등을 분석하여 개인별 취향에 맞는 상품을 추천한다. 고객 맞춤형 제품 개발도 어렵지 않다. AI에게 고객 분석 데이터를 입력하면 그에 맞춤하는 콘셉트와 함께 디자인 시안까지 제안해준다.

　모든 사물에 AI가 들어가는 시대다. AI 없이는 비즈니스도 없다. '호모 프롬프트(Homo Prompt)'는 인공지능과 상호작용하며 새로운 가치와 해결책을 창출하는 새로운 인류의 모습을 의미한다. AI 기술 발전과 AI 활용 증가로 인해 등장한 신조어다. 인간이 AI에게 질문을 던지고 그에 대한 답변을 받는 것이 일상화된 현상을 반영한다. 정보 검색, 데이터 분석, 심지어 창의적 사고에 이르기까지 다양한 업무 영역에서 AI가 활용되는 중이다. 과거 컴퓨터 프로그래머들만 사용하던 프롬프트를, 모든 사람이 쉽게 활용할 수 있는 시대가 된 것이다.

　'호모 프롬프트' 시대의 업무 수행은 인간과 AI의 협업으로 이뤄진다. AI 에이전트가 인간을 대신해 다양한 실무를 처리한다. 인간은 전략적 의사결정에 집중한다. 창의적 사고에 몰두한다. AI와의 효과적인 협업 능력이 경쟁력이다. 일하는 방식의 변화는 예정된 시나리오다. 새로운 형태의 업무 환경에 대응하는, 기업들의 선제적 준비가 필요한 까닭이다.

적극적인 AI 도입과 활용이 첫 번째 과제다. 단편적인 AI 기술 도입에 그쳐서는 안 된다. 전략적인 시선으로 업무 전반에 AI를 녹여내는 것이 핵심이다. RPA(로보틱 공정 자동화), 챗봇, 스마트 팩토리 등 AI 기반 자동화 솔루션 도입을 적극 검토해야 한다. AI 기반의 새로운 비즈니스 모델과 서비스 개발에도 힘써야 한다. AI와 인간이 협업하는, 새로운 업무 프로세스 구축도 중요한 이슈다.

다음은, 유능한 '호모 프롬프트'의 육성이다. 주어진 문제를 빨리, 잘 푸는 게 지금까지 우리의 역할이었다. 이제 문제 풀이는 AI 몫이다. 우리가 해야 할 일은 문제를 '발견하고 정의하는' 것이다. 무엇이 우리가 풀어야 할 문제인지 제대로 찾는 게 관건이다. 호모 프롬프트의 역량이 '대답'이 아니라 '질문'에 달린 건 그래서다. 질문의 높이와 깊이가 AI 활용의 성패를 가른다.

마지막은 유연한 조직문화로의 혁신이다. 언제 어디서나 일할 수 있는 유연한 근무 환경을 조성해야 한다. 클라우드, 모바일, 화상회의 등 원격 협업을 뒷받침하는 IT 인프라에 대한 투자가 전제다. AI를 매개로 한 새로운 방식의 소통과 협업 체계 설계도 빼놓을 수 없는 숙제다. 수직적, 일방적, 권위적 조직문화는 AI와의 효과적 협업과 변화에 대한 빠른 수용을 가로막는 걸림돌이다. 수평적, 쌍방향적, 포용적 소통 문화 정착이 관건이다. 인간과 AI의 협업 방정식, 그 효과적인 해(解)를 찾아야 할 때다.

AI 미래 비전,
거대한 환상과 냉혹한 현실 사이

한 젊은 창업가가 인류를 구원할 범용인공지능(AGI)의 비전을 열정적으로 설파한다. 완벽에 가까운 프레젠테이션. 프레젠테이션이 끝나자 수십 년 경력의 노련한 투자자가 노트북을 덮으며 물었다. "훌륭하군요. 그래서, 그 엄청난 서버 비용은 누가 내죠?" 한 벤처캐피털 미팅 룸에서 있었던 일이다.

이 냉소적인 질문 속에 2030년을 향한 AI의 미래를 꿰뚫는 핵심이 담겨 있다. 우리는 매일같이 AI가 가져올 유토피아적 혁명에 대한 이야기를 듣는다. 하지만, 그 화려한 무대 뒤편에서는 기술의 물리적 한계와 냉혹한 시장 논리라는 '청구서'가 조용히 쌓여간다. 이 보이지 않는 비용을 직시하지 못하는 기업은 다가올 10년의 경쟁에서 낙오하게 될 것이다.

첫 번째 청구서는 '물리학의 법칙'이다. AI는 마법이 아니다. 막대한 양의 전기를 소모하는 복잡한 연산 기계일 뿐이다. 현재 거대언어모델(LLM)을 구동하는 데이터센터는 '에너지 포식자'라 불릴 만큼 엄청난 전력과 냉각수를 필요로 한다. 만약 전 세계 모든 산업이 각자의 AGI를 운영한다면? 지구의 에너지 자원은 순식간에 고갈될 것이다. 지속가능성을 기업의 핵심 가치로 삼아야 하는 시대, 심각한 딜레마다.

더불어 '모라벡의 역설(Moravec's paradox)'이라는 근본적인 한계가 존재한다. AI는 인간에게 어려운 계산은 쉽게 해낸다. 하지만, 어린아이에게 쉬운 물리적 행동은 잘 해내지 못한다. 문고리를 잡고 돌리는 간단한 행위조차 로봇에게는 극도로 어려운 과제다. 알고리즘이 아무리 정교해도, 실제 물리 공간의 미묘한 마찰과 예측 불가능한 변수를 완벽히 제어하지 못하기 때문이다. 공장 자동화나 물류 로봇의 비전이 왜 아직도 '마지막 1인치'의 문제에서 고전하는지를 보여주는 대목이다. 물리 세계의 복잡성과 불확실성은 AI에게는 넘기 힘든 거대한 장벽이다. 완전 자율 시스템의 도래가 예상보다 더 딜 수 있음을 시사하는 대목이다.

두 번째 청구서는 '자본의 논리'다. 모든 기술은 결국 수익 모델로 귀결된다. 시장은 인류를 구원하는 AGI에 별 관심이 없다. 당장 돈을 버는 AI에 주목한다. 2030년 AI 시장의 진정한 승자? 화려한 '아이언맨의 자비스'가 아니라, 가장 '지루한 AI(Boring AI)'가 될 것이다.

예를 들어보자. 수백만 건의 보험 청구 서류에서 미세한 사기 징후를 99.9퍼센트 정확도로 식별하는 AI, 전 세계 항공편과 기상 데이터를 분석해 연료 소모를 15퍼센트 절감하는 AI, 반도체 공정의 수천 개 변수를 제어해 수율을 0.5퍼센트 끌어올리는 AI. 이들은 눈에 띄지 않지만 명확하게 비용을 줄이고 확실하게 수익을 창출한다. 화려하진 않지만 지독하게 효율적인 'AI계의 숨은 일꾼'들이다. 이렇듯 진정한 혁신은 종종 가장 따분해 보이는 곳에서 시작된다.

마지막 청구서는 '권력의 역학'이다. AI 혁명은 모두에게 평등한 기회를 제공하지 않는다. 오히려 극소수에게 부와 권력을 집중시키는 '디지털 봉건주의'를 가속화한다. AI 모델 개발의 핵심인 컴퓨팅 파워와 데이터는 구글, 마이크로소프트, 엔비디아와 같은 빅테크 기업들이 독점하고 있다.

대부분의 기업은 이 거인들의 플랫폼 위에서 AI를 빌려 쓰는 '디지털 소작농' 신세로 전락할 위험이 크다. '우리 회사만의 AI'를 구축한다고 해도, 그 두뇌와 심장은 사실상 실리콘밸리에 종속되어 있는 셈이다. 비즈니스의 자율성과 협상력은 점점 약해진다. 사라진다. 빅테크 플랫폼의 정책 변화에 운명이 좌우될 수 있다는 얘기다.

또한, AI가 제공하는 '초개인화'는 편리를 넘어선 '디지털 파놉티콘(감시 감옥)'으로 변질될 수 있다. AI는 나의 모든 데이터를 학습해 나를 가장 효과적으로 설득한다. 나의 소비를 부추기고, 내 생각을 예측한다. 나를 통제하는 완벽한 도구가 될 수 있다는 의미다. 이 권력의 비대칭 속에서, 우리는 과연 AI의 주인으로 남을 수 있을까. 알고리즘이 설계한 비즈니스 게임판의 일개 플레이어로 전락하게 되는 건 아닐까.

하늘이 무너져도 솟아날 구멍은 있다. 현실 직시에서 새로운 전략이 나온다. 환상을 걷어내고, 우리 비즈니스의 현실에 맞는 날카로운 질문을 던지는 것이 중요하다. 첫째, "우리만이 가진, 복제 불가능한 '데이터 해자(Data Moat)'는 무엇인가?" 기술은 빌릴 수 있지만, 고유한 데이터는 그럴 수 없다. 데이터가 바로 AI 시대의 진정한 자산이다. 둘째, "우리의 문제를 이 기술이 어떻게 해결하는가?" 화려한 데모가 아닌, 비즈니스의 핵심적인 통점(Pain Point)을 파고드는 데서 실제 가치가 창출된다. 셋째, "AI가 내놓은 답을 비판적으로 분석하고 올바른 질문을 던질 수 있는 'AI 인재'를 키우고 있는가?" AI를 맹신하는 조직은 AI의 실수와 함께 무너진다. 도구의 한계를 이해하고, 최종 판단의 책임을 질 수 있는 사람을 키우는 것이 무엇보다 중요하다.

AI 혁명은 피할 수 없는 흐름이다. 그러나 그 미래는 단하나의 유토피아적 시나리오로 귀결되지 않는다. 화려한 환상의 거품을 걷어내고, 기술의 냉혹한 청구서를 계산해야 한다. AI는 문제 해결을 위한 튼튼한 망치다. 환상을 좇는 이는

제 손을 내리칠 것이고, 도구의 본질을 이해하는 이는 미래의
주춧돌을 세울 것이다.

AI 반도체 전쟁과 리더가 읽어야 할
세 가지 변화

AI가 세상을 바꾼다는 말, 이젠 지겹다. 하지만 많은 리더들이 정작 그 변화의 심장, 'AI 반도체'가 일으키는 거대한 지각 변동에는 어둡다. 기술 용어의 장벽 때문이다. 그러나 이제 AI 반도체는 기술 전문가만의 영역이 아니다. 과거 석유가 그랬고, 인터넷이 그랬듯, 비즈니스의 비용 구조와 시장 판도를 뒤흔드는 새로운 '자원'이 되었다. 이 보이지 않는 전쟁의 흐름을 읽는 건 생존과 직결된, 리더의 교양 상식이자 필수 통찰이다. 복잡한 기술 논쟁은 걷어내자. 비즈니스 관점에서 반드시 알아야 할 세 가지 거대한 규칙의 변화를 톺아본다.

첫 번째 규칙의 변화는, 모든 파괴적 기술이 거치는 '가치 전환'의 순간이 AI에도 도래했다는 점이다. 어떤 기술이든 처음에는 가능성을 증명하는 '돌파(Breakthrough)'의 단계를 거친다. 이 단계의 유일한 가치는 '최고 성능'이다. 비용은 부차적인 문제다. AI 시장은 지난 몇 년간 이 돌파의 단계에 머물러 있었다. 더 똑똑한 AI를 만들기 위한 '학습(Training)' 과정이 모든 것을 지배했다. 엔비디아의 고성능 GPU는 이 전쟁의 절대적 무기였다. 하지만 이제 시장은 그 가능성을 수익으로 전환해야 하는 '생산성(Productivity)'의 단계로 넘어가고 있다. 이 단계의 가치 기준은 성능이 아니다. '수익성'과 '확장성'이다. 즉, 기술을 얼마나 저렴하고 안정적으로 운영하여 이윤을 극대화하는가가 새로운 전쟁의 승패를 가른다.

비단 AI에만 국한된 이야기가 아니다. 리더가 내려야 할 모든 기술 투자 의사결정의 본질을 건드리는 통찰이다. 우리는 지금 '성능'에 투자하고 있나, 아니면 '생산성'에 투자하고 있나? 시장이 이미 생산성 게임으로 넘어갔음에도, 여전히 높은 비용을 지불하며 '혁신 흉내'만 내고 있는 건 아닌가? 대부분의 기업에게 AI는 이제 R&D의 대상이 아니다. 운영의 대상이다. 질문이 바뀌어야 한다. "이 기술로 무엇을 할 수 있는가?"에서 "이 목표를 달성하기 위한 가장 비용 효율적인 방법은 무엇인가?"로. 기술 전략의 미세 조정이 아니다. 비즈니스 전략의 근본적인 전환이다.

이는 자연스럽게 두 번째 규칙의 변화로 이어진다. 바로 '관계'의 재정의다. 과거의 비즈니스는 공급자와 고객이라는 명확한 역할 구분이 있었다. 하지만 AI 반도체 전쟁은 이 경계를 무너뜨리고 있다. 엔비디아의 가장 큰 고객이었던 구글, 아마존, 마이크로소프트는 이제 엔비디아의 가장 강력한 경쟁자가 되었다. 이유? 막대한 비용을 지불하며 특정 공급자의 기술에 종속되면, 결국 자신의 비즈니스 비용 구조를 통제할 수 없어서다. 자신들의 서비스에 최적화된 저비용 추론 칩을 직접 만들기 시작한 건 그래서다. 이름하여 'AI칩 독립' 선언. 빅테크 기업 간의 패권 다툼으로 치부할 것이 아니다. 모든 비즈니스 리더가 읽어내야 할 강력한 경고 신호다.

핵심 기술의 아웃소싱은 결국 전략적 종속으로 이어진다. 지금 당장 우리 회사의 핵심 비즈니스를 움직이는 기술이 무엇인지, 그리고 그 기술을 특정 외부 공급자에게 얼마나 의존하고 있는지 점검해야 한다. AI 시대의 비즈니스 리더십은 기술을 직접 개발하는 능력에서 나오지 않는다. 기술 의존성의 리스크를 관리하고, 언제든지 대안을 찾을 수 있는, 전략적 유연성 확보 능력에서 나온다. 시장은 독점을 허용하지 않는다. 기어코 비용을 낮추는 방향으로 움직인다. 이 거대한 흐름 속에서 우리 회사의 전략적 독립성을 어떻게 지킬 것인가를 고민해야 한다.

그리고 이 복잡한 구도는 마지막 규칙의 변화를 소환한다. '리스크'의 본질이 바뀌고 있다는 것이다. 과거 기술 도입의 리스크는 '기술 자체의 불확실성'이었다. "이 기술이 제대로 작동

할까?" 혹은 "경쟁사보다 뒤처지는 것은 아닐까?"가 주된 고민이었다. 그러나 이제 AI 시대의 가장 큰 리스크는 기술 내부에 있지 않다. 기술 외부의 '지정학'과 '공급망'에 있다. 미국과 중국의 무역 분쟁이 언제든 반도체 공급망 전체를 마비시킬 수 있다는 사실이 이를 증명한다. 이제는 최고 성능의 AI 솔루션 도입 계약서에 서명했다고 안심할 일이 아니다. 그 솔루션을 구성하는 보이지 않는 부품 하나가 특정 국가의 수출 통제 목록에 오르는 순간, 우리의 AI 전략 전체가 좌초될 수 있다.

여기서 얻는 비즈니스 인사이트는 분명하다. '기술 로드맵은 더 이상 공급망 로드맵과 분리될 수 없다.' 우리의 기술 파트너가 어떤 국가의 기술 생태계에 속해 있는지 파악해야 한다. 핵심 부품의 공급망은 다변화되어 있는지 짚어보아야 한다. IT 부서만의 책임이 아니다. 최고경영진이 챙겨야 할 일이다. 리스크 관리의 범위가 기술의 울타리를 넘어야 한다. 보이지 않는 공급망과 지정학적 변수까지 확장되어야 한다. 그래야만 비즈니스의 지속가능성을 담보할 수 있다.

AI 반도체 전쟁은 이제 기술 전문가들만의 이야기가 아니다. 가치의 기준이 '성능'에서 '효율'로 옮겨갔다. 관계의 구도는 '협력'에서 '경쟁'으로 변했다. 리스크의 본질도 '기술'에서 '지정학'으로 이동했다. 비즈니스 패러다임의 거대한 전환이다. 기술의 소음을 뚫고 이런 신호를 읽어내야 한다. 새로운 시대의 승자를 결정짓는 중요한 요소라서다.

‘AI 기준’ 전쟁과
‘해석 주권’을 위한 지적 선언

“미국 건국의 아버지들 이미지를 그려줘.” AI는 실제 역사 속 인물이 아닌 흑인 여성과 아메리카 원주민 남성 등 다양한 인종·성별의 인물 이미지를 그려냈다. SNS가 들끓었다. 누군가는 ‘PC(정치적 올바름)에 매몰된 역사 왜곡’이라며 비난했다. 누군가는 ‘편향을 극복하려는 다양성의 실험’이라며 추켜세웠다. ‘PC’를 둘러싼 단순한 논쟁을 넘어 미국 내부의 ‘생각의 내전(Civil War of Thought)’이 기술을 통해 외부로 분출된 사건이었다.

지금껏 세계는 ‘생각의 수출국’과 ‘수입국’으로 나뉘었다. 자국의 철학과 가치를 표준으로 삼고 전파하는 나라. 그 기준을 받아들여 자국 현실을 판단하고 재단하는 나라. 하지만 AI 시대는 다르다. 더 교묘하고, 더 복잡하다. 지금 미국이 수출하는 건 단일한 생각 체계가 아니다. 사상의 혼란 자체를 수출한다.

AI가 'PC'에 물들었다는 논란이 터지자, 미국 보수 진영은 반발했다. 이른바 'Woke AI(깨어 있는 AI)' 논쟁이다. 트럼프는 곧장 행정 명령을 발표했다. 연방 정부는 '진실 추구(Truth-Seeking)'와 '이념적 중립성(Ideological Neutrality)'이라는 두 가지 원칙을 준수하는 AI만 사용해야 한다는 규정. 인종이나 성별에 대한 사실 정보를 억압하거나 왜곡하는 방식으로 'DEI(다양성, 형평성, 포용성)'를 AI에 주입하지 말라는 것이다. 진실을 추구하고 중립을 지킨다는 미명하에 또 다른 기준을 요구한 셈. AI 기업들은 정치적 규제와 시장의 기대 사이에서 위태롭게 줄을 타는 중이다. 그 결과물은 방향 감각을 잃고 방황하는 AI다. 좌와 우, 진보와 보수가 마구 뒤섞인 코드. 우리가 수입하는 건 AI가 아니다. 미국의 혼란이다.

K-POP은 다르다. 어디서 왔는지, 어떤 감성인지 알고 즐긴다. 그래서 취향이 된다. 주체적으로 향유한다. AI는 문화가 아니라 '인프라'의 얼굴로 들어온다. 정보를 찾고, 문서를 만들고, 언어를 넘나든다. 우리 일과 삶의 기반시설로 스며든다. 우리가 쓰는 AI 이면엔 미국 사회의 오랜 갈등이 숨어 있다. AI가 내놓는 답변 하나에도 특정 세력의 가치 판단이 들어 있다. '기준의 트로이 목마'다. 성 안으로 들인 목마가, 부지불식간에 우리의 사고 체계를 무너뜨린다.

그렇다고 AI를 마냥 두려워할 필요는 없다. AI는 자본이 최적화한 통계적 확률 기계다. 방대한 데이터와 연산 능력으로 특정 결과를 예측하는 기계. 그 정확도를 높이는 과정에서 개발자의 편향, 사회의 차별, 기업의 욕망이 자연스레 주입된다. AI가 특정 가치를 옹호하는 건 철학이나 신념과는 무관하다. 소송을 피하고 유저를 늘리려는 자본의 계산일 뿐. 경계의 화살은 AI 너머를 겨냥해야 한다. 진짜 문제는 그 기계를 움직이는 인간과 자본의 구조다.

해법은 무엇인가? '한국형 AI'를 만들자는 구호는 낭만적이지만, 공허하고 위험하다. 무엇이 '한국적'인가. 지역, 세대, 젠더, 이념 갈등이 교차하는 이 사회에서, 누구의 기준을 대표 생각이라 할 수 있을까. 외세의 식민주의를 비판하다 자국 내 전체주의를 부를 순 없다. 생각의 종속을 피하려다 내부의 파시즘을 초래할 순 없다.

진짜 해법은 '기술 독립'이 아니라 '해석 주권'이다. 어떤 기술이 들어오든 그것이 태어난 정치·경제·문화적 맥락을 읽어내는 힘, 작동 원리를 파악하고 우리 사회의 기준에 맞지 않으면 수정하거나 변형할 수 있는 힘. '해석 주권'은 기술을 판독할 권리이자 책임이다. AI 기술 개발보다 먼저 해야 할 일? 기술 안에 담긴 기준과 맥락을 판별할 수 있는 해석 체계를 갖추는 일이다.

기술의 맥락을 읽는 시민 권력을 감시하는 눈, 질문을 멈추지 않는 공론장이 필요하다. 그 답이 어떤 전제와 편향에서 나왔는지 추적할 수 있어야 한다. 디지털 리터러시가 생존을 위한 필수 교양으로 부상한 이유다. '기준 전쟁'의 시대, 생존의 열쇠? 기술을 해석하는 힘이다.

불확실함 속에서 본질을 꿰뚫는 '비판적 질문'

AI가 만든 보고서는 완벽해 보인다. 논리는 정연하고 문장은 유려하다. 필요한 데이터까지 깔끔하게 정리되어 있다. 그러나 이상하다. 너무 매끄러워서 오히려 의심이 간다. 마치 정교하게 만든 모형 건축물을 보는 듯한 이질감. 우리는 이 결과물을 어디서부터, 어떻게 검증해야 할까?

이 막막함의 근원에 AI의 본질이 있다. AI는 진실과 거짓을 구분하지 않는다. 학습한 데이터를 토대로 가장 그럴듯한 문장을 조합할 뿐이다. AI의 환각, 즉 '그럴듯한 거짓말'은 버그가 아니다. 그 자체로 AI의 작동 방식이다. AI의 답변을 하나의 완성된 '진실'로 받아들이면 안 되는 이유다. 사고의 주도권을 AI에게 넘겨주게 되어서다.

'질문인간'은 AI의 답변을 완성된 건축물이 아닌, 해체하고 검증해야 할 '조립식 건축물'로 바라본다. 바로 비판적 질문의 첫걸음, '답변 해체하기(Deconstruction)'다. 모든 답변은 겉으로 보이는 화려함과 상관없이, '근거', '주장', '가정'이라는 세 가지 핵심 부품으로 이루어져 있다. 이 부품들을 하나씩 분해하고 검증할 때, 비로소 우리는 그 건축물의 진짜 안정성을 확인할 수 있다.

이 해체 과정을 위해 필요한 세 가지 사고법이 있다.

첫 번째는 '결과물 해부하기'다. AI의 답변을 매의 눈으로 관찰하며 미세한 균열을 찾아내는 것이다. "논리적으로 건너뛴 부분은 없는가?" "불필요하게 감정적인 단어를 사용하지는 않는가?" "맥락에 어울리지 않는 어색한 표현은 없는가?" 이러한 탐색은 건물의 외벽을 꼼꼼히 두드리며 약한 부분을 찾아내는 진단과 같다. 모든 위대한 비판은 날카로운 관찰에서 시작된다.

두 번째는 '뼈대만 남기기'다. AI의 답변이 길고 복잡할수록, 그 모든 것을 떠받치고 있는 단 하나의 핵심 기둥, 즉 '핵심 주장'을 추출해내는 것이 중요하다. "만약 이 모든 내용을 단 한 문장으로 요약해야 한다면?" 이 질문을 통해 장황한 수사와 부가적인 설명을 걷어내면, 답변의 구조적 안정성을 책임지는 가장 중요한 뼈대가 드러난다.

세 번째는 '안전지대로 가져오기'다. 아무리 복잡해 보이는 논리라도, 그 구조가 튼튼하다면 우리가 잘 아는 일상의 영역, 현실의 언어로 옮겼을 때 말이 되어야 한다. "이 논리를 우리가 매일 하는 요리에 비유한다면, 앞뒤가 맞는가?" "이 전략을 축구 경기에 빗대어 설명할 수 있는가?" 만약 단순하고 익숙한 상황에 비유했을 때 논리가 삐걱거린다면, 그 주장은 현실과 동떨어진 허상일 가능성이 높다.

이러한 비판적 질문들은 AI를 부정하거나 불신하기 위함이 아니다. AI라는 '지성의 거울'을 통해, 우리의 사고를 보다 더 단단하고 정교하게 만들기 위함이다. AI는 우리의 질문 수준을 높이는 최고의 스파링 파트너다. AI의 답변을 해체하고 검증하는 과정 속에서, 우리는 더 나은 질문을 던지는 법을 배우고, 결국에는 누구도 대체할 수 없는 우리 자신의 판단력을 벼리게 된다.

비판적 질문 도구: 답변 해체하기

1. 근거 추적하기 (결과물 해부하기)

   "이 주장을 뒷받침하는 가장 강력하고 객관적인 데이터나 출처는 무엇인가?"

   "혹시 제시된 근거 중에 의심스럽거나 어색한 부분은 없는가?"

2. 주장 파헤치기 (뼈대만 남기기)

   "그래서, AI의 핵심 주장은 정확히 무엇인가? 딱 한 문장으로 요약한다면?"

   "이 주장에서 가장 중요하지 않은 부분을 모두 걷어낸다면 무엇이 남는가?"

3. 가정 검증하기 (안전지대로 가져오기)

   "이 주장이 성립하기 위해 반드시 참이어야 하는 숨겨진 전제는 무엇인가?"

   "이 논리를 내가 잘 아는 다른 상황에 빗대었을 때도 말이 되는가?"

질문의 언어

AI를 지휘하는
대화에 관하여

AI의 압도적인 편리함에 취해,

남들과 똑같은 '평균적인 결과'에 안주하고 있지는 않습니까?

지금 나에게는 잠든 거인을 깨울

나만의 언어가 준비되어 있습니까?

AI, 안 쓰고 싶은 게 아니라
못 쓰는 것이다!

"아, 그냥 내가 하는 게 빠르겠다." 이 말을 한 번이라도 해본 사람이라면, AI를 쓰고 싶지만 뭔가 잘 안 되는 사람일 가능성이 크다. 문제는 AI가 아니다. 나다. AI와 아직 친해지지 않았기 때문이다.

AI가 어렵다고? 원래 다 그렇다. 새로운 기술을 배울 때마다 인간은 늘 같은 감정을 느낀다. '이걸 꼭 배워야 하나? 귀찮은데. 그냥 내가 하던 대로 하면 안 되나?' 곰곰이 생각해보니 엑셀을 처음 배울 때도 그랬다. 낯선 함수와 피벗 테이블 앞에서 머리를 쥐어뜯었다. 뜻대로 출력값이 안 나오면 '그냥 손으로 계산하고 정리할걸' 후회하곤 했다. 하지만 이제는? 엑셀 없이는 단 하루도 업무를 볼 수가 없다. AI도 그렇다. 엑셀이 처음 우리에게 다가왔던 바로 그때처럼.

처음에는 뭘 어떻게 물어봐야 할지 감조차 오지 않는다. 용기 내어 질문을 던지면 엉뚱한 답이 나온다. 보고서 요약을 시켰더니 서론만 장황하게 늘어놓는다. 핵심과 상관없는 문장에 꽂혀서 동문서답을 한다. 조금만 질문을 비틀어도 방금 전과는 전혀 다른 대답이 튀어나온다. 말귀를 못 알아듣는 신입사원과 대화하는 기분. 이 답답한 과정이 귀찮아서 외면하고 도망치는 순간, AI를 잘 쓰는 사람과의 격차는 빛의 속도로 벌어지기 시작한다.

다른 것 없다. AI는 많이 써보는 것이 장땡이다. AI를 잘 쓰는 사람과 못 쓰는 사람의 차이? 기술도, 지능도 아니다. 얼마나 많이 써봤느냐다. 어떤 사람은 AI를 비서처럼 활용해 하루 치 업무를 두 시간 만에 끝낸다. 어떤 사람은 AI와 씨름하다 오히려 시간이 더 걸린다. 차이는? 경험치다.

많이 써본 사람은 말한다. "AI가 어떤 방식으로 사고하는지 감이 온다." "프롬프트를 어떻게 넣어야 최적의 결과가 나오는지 이제 좀 알겠다." "결과물을 보고 '이거 좀 이상한데?' 감지하는 눈이 생겼다." 책으로 배우거나 강의 몇 번 듣고 할 수 있는 얘기가 아니다. 운전을 글로 배울 수 없듯, 직접 핸들을 잡고 덜컹거리는 길을 달려봐야 체득할 수 있는 감각이다. AI는 요리 레시피처럼 읽고 따라 하면 짠 하고 완성되는 게 아니다. 'AI야, 너 대체 왜 이러니?'라며 속 터지는 경험, 내가 원한 건 이게 아니라고 수십 번 다시 물어보는 과정이 반드시 필요하다. 그 인고의 시간이 쌓여 'AI 감각'이 된다.

AI를 잘 쓰고 싶다고? 일단 써라. AI를 처음 접하는 사람들의 가장 큰 실수는 '이걸 써야 할 이유'를 찾으려 한다는 것이다. 그럴 필요 없다. 유용한지 따지지 말고, 당장 써보자. 그냥 써보자. 무작정 써보자. 그래야 익숙해지고, 익숙해져야 진짜 활용이 시작된다. 처음부터 '이게 내 업무에 도움이 될까?' 고민하다 보면 평생 AI를 못 쓴다.

예컨대, 산더미 같은 회의록을 정리해야 한다면? 일단 AI에게 던져보자. 결과물이 엉망진창이라면? '핵심 안건별로 정리해줘', '결정된 사항만 요약해줘'라고 다시 시켜보자. 처음엔 AI가 이상한 이야기를 뱉어낼 수 있다. 하지만 몇 번의 밀고 당기기를 반복하면 '아, 이 녀석은 이런 식으로 얘기해야 알아듣는구나' 감이 온다. 그 감이 쌓여야 비로소 AI가 '내 편'이 된다.

AI와 친해지는 방법? 단순하다. 자꾸 쓰는 것이다. 많이 쓰는 것이다. 처음부터 완벽하게 쓸 필요는 없다. 대신, 자주 써야 한다. 거래처에 보낼 이메일 초안? AI한테 맡겨라. 다음 주에 발표할 보고서 개요? AI에게 써보라고 해라. 엑셀 표 자동화? AI한테 함수 짜달라고 해라. AI가 내놓는 결과가 마음에 안 든다고? 그럼 더 써라. 처음부터 AI가 완벽한 답을 줄 거라 기대하는 건, 피아노를 처음 배우면서 '한 달 안에 쇼팽을 연주하겠다'는 것과 같다. 잘 될 리가 없다. 하지만 매일

뚱땅거리며 건반을 누르다 보면 언젠가 자연스럽게 익숙해진다. AI도 마찬가지다. 질릴 때까지 쓰다 보면, 어느 순간부터 편해진다.

AI와 친해지는 과정은 마치 헬스장에 처음 간 사람과 같다. 처음엔 기구 사용법도 잘 모르겠고, 여기저기 근육만 욱신거린다. '이게 맞나? 시간 낭비 아닌가?' 싶다. 하지만 꾸준히 하면 어느 순간, 거울 속 내 몸에 근사하고 매끈한 'AI 근육'이 붙어 있다.

이제 세상은 AI를 쓰는 사람과 안 쓰는 사람으로 나뉜다. 한 가지 확실한 건, AI를 잘 쓰는 사람이 점점 더 유리한 위치에 서게 될 것이라는 사실이다. 오늘 AI가 귀찮다고 외면하면, 내일은 AI를 능숙하게 다루는 사람들에게 밀릴 수밖에. 세상과 기술 변화는 나를 기다려주지 않는다. 그러니 더 이상 고민할 것 없다. 일단 AI랑 친해지자. 오늘부터 AI를 더 많이, 더 자주 써보는 것이다. AI를 잘 쓰는 사람과 못 쓰는 사람의 차이는 결국 단 하나. 누가 더 많이 써봤느냐, 그거다. 결국, AI를 잘 쓰는 사람이 이긴다.

나의 언어가 곧 리더십이다:
리더의 프롬프팅

회의실 안 초조한 얼굴의 리더. "새로운 마케팅 캠페인이 필요해. 아이디어 좀 내봐. 뭐든 괜찮아. 뭐가 좋을까?" 모호한 목표, 부실한 소통, 맥락 없이 던져진 과제. 거기다 '빨리'라는 닦달까지. 팀원들은 당혹스럽다. 무엇을 해야 할지, 어디로 가야 할지 알 수가 없다. 방향도 없이 빨리 뛰라고 재촉하니 답답한 노릇이다. 숨 막히는 공기가 회의실을 짓누른다.

AI 시대의 핵심 역량으로 '프롬프팅(prompting)'이 떠오르고 있다. 프롬프트는 AI를 작동시키기 위해 사용자가 AI 모델에 제공하는 입력문이다. 프롬프팅은 프롬프트를 활용하여 AI 모델과 상호작용하는 전체 과정을 가리킨다. 요컨대, AI가 목표를 정확히 이해하여 최적의 결과를 도출하게 하는 소통 설계가 바로 프롬프팅이다. 단순한 명령어 입력을 넘어서는 소통의 과학이자 예술인 것이다.

프롬프팅은 리더의 소통 방식에도 중요한 통찰을 제공한다. 리더의 언어는 방향을 제시하되 가능성을 제한해선 안 된다. 상황과 맥락을 담되 선입견은 배제해야 한다. 명확한 업무 정의와 방향 공유로 불필요한 시행착오를 줄여야 한다. 리더가 어떻게 방향을 제시하고, 어떻게 정보를 공유하고, 어떻게 맥락을 설명하느냐에 따라 팀 성과가 달라진다. AI와의 명확한 소통을 위한 프롬프팅이 팀을 효과적으로 이끌기 위한 리더십 도구로 주목받는 이유다.

AI와의 상호작용에서 더 나은 결과를 얻기 위해서는 체계적인 의사소통이 필수다. 리더의 소통도 다를 바 없다. 명확한 방향 설정과 맥락 공유를 통해 팀원들이 현재 상황과 목표를 명료히 이해하고 각자의 역할을 효과적으로 수행할 수 있도록 해야 한다. 프롬프팅의 효용은 그래서, AI의 잠재력 극대화에 그치지 않는다. 조직의 생산성과 효율성 제고로도 이어진다. 목적과 맥락, 성과를 담아내는 전략적 커뮤니케이션. 그게 바로 프롬프팅이다.

여기, 효과적인 프롬프팅을 위한 4가지 핵심 요소가 있다. '역할(Persona)', '과업(Task)', '맥락(Context)', 그리고 '규칙(Rules & Constraints)'이다.

우선, '역할'이다. 연극 배역처럼, AI에게 명확한 역할을 부여하면 더 나은 결과를 얻을 수 있다. 예컨대, "너는 20년 경력의 B2B 영업관리 현장 전문가야"라고 하면, AI는 보다 입체적이고 실질적인 답변을 제공한다. 현명한 리더가 팀원 개개인의 강점을 정확히 파악하고 적재적소에 배치하여 업무 효율을 높이는 것과 유사하다.

두 번째는 '과업'이다. 모호한 요청은 모호한 결과로 이어진다. 단순히 "아이디어를 줘"라고 말하는 것과 "20대 소비자를 타깃으로 바이럴 요소를 포함한 소셜 미디어 캠페인을 제안해줘"라고 요청하는 것은 천양지차다. 무엇을 해야 할지 명확하게 말해야 한다. 구체적인 작업 정의가 AI의 출력을 최적화하듯, 리더의 명확한 업무 정의가 팀의 성과를 높인다.

다음은 '맥락'이다. 맥락 없는 대화는 겉돌기 마련이다. AI 역시 주어진 맥락을 이해해야 정확한 해답을 제시할 수 있다. "우리는 30~40대 워킹맘을 타깃으로 한 서비스를 운영 중인데 사용자 이탈이 증가하고 있어"라는 식으로 AI에게 구체적인 배경을 제공해야 한다. 팀원에게도 마찬가지다. 프로젝트의 배경, 당면 과제 등을 충분히 설명해줘야 한다. 맥락을 이해한 팀원들은 단순한 업무 수행자를 넘어 문제 해결의 동반자로 올라선다.

마지막은 '규칙'이다. 결과물이 갖춰야 할 형식과 조건을 정의하는 단계다. "내용을 3단계 목차로 구조화해줘." "표로 정리해줘." "번호를 붙여 리스트 형식으로 출력해줘." 이처럼 구체적인 규칙을 지정하면 AI로부터 일관성 있는 결과물을 얻을 수 있다. 결과물의 형식이나 필수조건을 제시하면 팀원들도 더욱 완성도 높은 결과를 낼 수 있다. "제안서에는 주요 목표, 전략, 예산 계획과 함께, 일정 계획을 반드시 넣어주세요" 같은 식이다.

쓰레기가 들어가면 쓰레기가 나온다(Garbage in, garbage out). 입력되는 데이터의 질이 결과물의 질을 결정한다는 얘기다. 프롬프팅은 조직의 성과와 성장을 이끌어내는 커뮤니케이션 전략이다. "당신은 AI 시대의 리더입니다. 당신의 언어와 소통 방식이 팀의 미래를 결정짓습니다. 당신의 프롬프트를 점검하세요." 모든 리더에게 꼭꼭 눌러써 전하고픈 프롬프트다. 기억해야 한다. 나의 언어가 나의 리더십이다!

프롬프트 엔지니어는
왜 사라졌을까?

"The Hottest AI Job of 2023 Is Already Obsolete(2023 AI 분야 최고 유망 직종, 벌써 한물갔다!)." 2025년 봄에 실린, 월스트리트저널의 한 아티클 제목. 프롬프트 엔지니어 이야기다.

2023년, 프롬프트 엔지니어는 스타였다. AI 시대의 골드러시를 상징했다. AI에게 똑똑한 답을 받기 위해, 똑똑하게 물어보는 사람. 연봉 2억. 실리콘밸리에서 가장 잘나가는 직업 중 하나. 그랬던 그 직업이 불과 2년도 채 안 돼 사라졌다. 대체 무슨 일이 일어난 걸까?

예전엔 정교한 질문이 필요했다. 조금만 애매하면 AI는 버벅거렸다. 그래서 '어떻게 물어볼지'가 핵심이었다. 프롬프트 엔지니어의 전성기였다. 지금은 다르다. 하루가 다르게, 전보다 AI가 사람 말을 훨씬 잘 알아듣는다. 눈치도 빠르다.

모르면 되묻는다. 의도를 추측한다. 맥락을 파악하고, 말투를 읽는다. 사람이 기계의 언어에 맞추던 시대는 끝났다. 기계가 사람의 언어를 읽기 시작했다. 변화의 본질? '질문을 잘하는 사람'에서 '의도를 알아채는 기계'로의 이동이다.

우리는 더 이상 AI에게 '잘 묻는 법'을 고민하지 않는다. AI가 '잘 알아듣는 존재'로 진화했기 때문이다. 빅테크들은 프롬프트를 자동으로 추천하거나 AI가 스스로 재구성하는 기능도 실험 중이다. AI는 점점 사람처럼 '대화'한다. '정확하게 물어보는 기술'의 가치가 사라지는 것은 당연한 귀결이다. "프롬프트 엔지니어는 2026년쯤 사라질 것이다." 오픈AI COO 브래드 라이트캡의 말이다. 기계가 사람 말을 이해하면, 통역사는 필요 없다. 프롬프트 엔지니어라는 직업이 사라진, 혹은 사라져가는 것은 이 때문이다.

하지만 오해해선 안 된다. 프롬프트 기술은 소멸하지 않았다. 다만 그 형태를 바꿔 흩어졌을 뿐. 텍스트 요약, 정보 추출, 질의 응답 등 모든 LLM 기반 작업의 DNA는 지금도 프롬프트 기술이다. 금융의 리스크 분석, 의료의 진단 보조, 교육의 맞춤형 학습 등 산업 전반에서 그 중요성은 더 커졌다. 특히 AI의 투명성을 요구하고 윤리적 사용을 담보해야 할 때, 프롬프트 설계는 여전히 핵심적인 도구다.

달라진 건 '프롬프트 엔지니어'의 위치다. 하나의 직업이라는 '고체' 상태에서, 모든 직무에 녹아든 '액체' 상태가 된 것이다. 이제 누구나 프롬프트를 짠다. 누구나 AI와 대화한다. 회계팀도, 인사팀도, 마케팅팀도, 각자의 업무에서 AI와 대화한다. 예전엔 신입사원에게 엑셀 사용법을 따로 가르쳤다. '엑셀 잘하는 법'이 더 이상 자격증이 아니듯 '질문력'은 이제 보편화된 능력이 되었다. 모든 직장인의 비즈니스 교양이다. 프롬프팅이 별도의 직무가 아니라, 모든 직무의 기본기, 디지털 시대의 기본 소양이 된 것이다.

AI는 계속 진화한다. 그럴수록 '기술 중간자' 역할은 작아진다. 기술 초창기엔 해석자가 필요하다. 사람과 기술 사이를 잇는 다리. 하지만 시간이 지나면 그 다리는 해체된다. 기술이 사람을 이해하고, 사람도 기술을 익히기 때문이다. 기술이 성숙해질수록, 직무는 해체되고, 능력은 재조합된다. 인기 직종은 반짝, 하고 사라진다. 중요한 건 직업이나 직종이 아니다. 역량이다. 기술을 읽는 눈, 구조를 짜는 힘. 그리고 질문을 설계하는 감각. 기술을 어떻게 바라보고, 어디에 활용할지 결정하는 사고력.

프롬프트 엔지니어가 사라졌다는 건, 모두가 질문자가 되어야 한다는 뜻이다. 기계는 점점 더 똑똑해진다. 문제는 우리다. 우리는 얼마나 깊이 있게 묻고 있는가? 우리는 무엇을 알고 싶어 하는가? 우리는 어떤 문제를 AI와 함께 풀고 싶은가?

기계가 답을 만드는 시대, 인간은 질문을 설계해야 한다.

답은 넘쳐난다. 질문이 세상을 움직인다. 그러니 살펴볼 일이
다. 나는 지금 무엇을 묻고 있나?

AI를 '명령의 상자'에
가두면 안 되는 이유

AI가 달라졌다. 예전에는 단어 하나 삐끗하면 엉뚱한 대답이 돌아왔다. 원하는 정보를 얻으려면 정확한 질문, 깔끔한 지시, 정교한 명령어가 필수였다. 프롬프트를 잘 짜는 사람이 고퀄리티의 답을 독점했다. 이제는 다르다. 대충 얘기해도 의도를 짚어낸다. 말이 엉성해도 맥락을 추론한다. 모르면 되묻고, 말투를 감지하고, 상황을 고려한다. 기계가 사람을 배우며, 행간을 읽어낸다.

기술의 진화는 인간의 언어를 배운다는 뜻. AI는 더 이상 딱딱한 명령을 기다리는 검색창이 아니다. 사람처럼 듣고, 해석하고, 반응하는 존재다. AI를 대하는 새로운 태도가 필요한 이유다. 그럼에도 우리는 여전히 명령하고 지시한다. 이 방식으론 AI를 제대로 활용할 수 없다. 이제는 말을 건네야 한다.

단편적인 지시와 명령으로 얻을 수 있는 건 단편적인 답변뿐이다.

"A에 대해 설명해줘"라고, AI에게 일방적으로 명령하던 시대는 끝났다. "A를 제대로 이해하려면 어떤 정보가 필요해?"라고 물어야 한다. "이 주제를 더 정확하게 다루려면 어떤 데이터를 더 넣어야 해?", "이 문제를 해결하기 위해 가장 먼저 고려할 건 뭐야?", "이 아이디어를 더 확장하려고 해. 어떤 요소가 빠졌는지 알려줘." 이런 식의 질문과 대화는, AI와 함께 문제를 '설계'하는 단계로 우리를 이끈다.

핵심은 이거다. 질문을 바꾸면 답이 바뀐다. 설명을 요청하면 AI는 정리된 정보를 나열한다. 하지만 문제를 함께 검토하게 만들면, AI는 필요한 정보를 요청하고 반대로 질문을 던진다. 해석의 프레임을 함께 만든다. AI가, '답하는 기계'에서 '질문하는 파트너'로 성장 진화하는 것이다.

프롬프팅도 바뀌었다. 과거에는 '명령'했다. "A에 대해 설명해줘." "A의 장단점을 알려줘." 이런 단편적인 지시는 AI를 그저 거대한 데이터베이스의 요약본으로 만들 뿐. 이제 우리는 '대화'한다. "A를 정확히 이해하기 위해 무엇을 더 알아야 할까?", "이 답변의 신뢰도를 높이려면 어떤 데이터가 추가되어야 하지?", "이 문제의 핵심을 관통하는 가장 중요한 변수는 무엇일까?" 그제서야 비로소 AI는 '생각'을 시작한다. 스스로 맥락을 되짚고, 정보의 공백을 찾아내며, 그 빈틈을 향해 역으로 질문을 던진다. 이 지적인 상호작용 속에서 AI는 검색창을 넘어서서, 함께 문제를 설계하고 풀어가는 진정한 협업자로 거듭난다.

기존 지시형 프롬프팅:

- "A에 대해 설명해줘."

- "A의 장점과 단점을 알려줘."

- "A를 활용하는 방법을 알려줘."

→ 이런 방식은 AI가 이미 학습한 지식을 단순 요약해 제시하는 수준에 머물 가능성이 크다.

새로운 대화형 방식:

- "A를 정확히 이해하기 위해 무엇을 더 알아야 할까?"

- "이 답변의 신뢰도를 높이려면 어떤 데이터가 추가되어야 하지?"

- "이 문제의 핵심을 관통하는 가장 중요한 변수는 무엇일까?"

→ 이런 접근은 AI가 먼저 맥락을 짚고 필요한 조건을 묻도록 유도한다. 그 결과, 더 상황에 맞고 깊이 있는 맞춤형 답변을 얻을 수 있다.

이런 대화형 접근이 중요한 이유? 세 가지다. 첫째, 더 깊은 답을 얻을 수 있다. AI가 필요한 정보를 요청하게 하면,

단순 요약이 아니라 맥락에 맞춘 해석이 따라온다. 둘째, 생각하지 못한 독창적인 관점이 튀어나온다. AI가 되묻는 질문은 사용자가 미처 고려하지 못한 맹점을 찌른다. 셋째, 협업 감각이 생긴다. '시키는 대로 하는 기계'에서 '같이 고민하는 동료'로 전환된다. 프롬프트를 넘어선 소통이 이루어진다. 도구가 아닌 파트너로 AI와 협업하게 된다.

이제는 물어야 한다. "이 데이터를 더 깊이 분석하려면 어떤 정보가 필요할까?", "이 비교를 정밀하게 만들려면 어떤 기준을 적용해야 할까?", "이 결정을 내리기 전 어떤 요인을 점검해야 할까?" 질문은 단순히 정보를 얻기 위한 수단이 아니다. 질문은 생각의 구조다. 협업의 방식이고, 창의의 기초다. 우리가 묻는 만큼 AI는 생각한다. 깊이 묻지 않으면, AI의 답변 역시 얕다. 질문은 지시가 아니다. 대화의 시작이다. 질문의 품질이 사고의 깊이를 결정한다.

AI와 대화를 나누는 프롬프트 예시

1) AI의 답변을 더 정밀하게 만들기

"이 주제를 더 깊이 있게 다루려면, 어떤 추가 정보나 맥락이 필요할까?"

"보다 정교한 분석을 위해 내가 보완해야 할 핵심 요소는 무엇일까?"

"너의 답변을 구체화하기 위해 어떤 세부 데이터를 입력해줘야 할까?"

2) 문제 해결을 위한 협업형 프롬프트

"이 문제를 근본적으로 해결하려면, 먼저 짚고 넘어가야 할 핵심 쟁점은 뭐야?"

"실행 가능한 해결책을 설계하려면, 어떤 전제나 조건을 확인해야 할까?"

"이 문제를 구조적으로 분석하기 위해 필요한 데이터 범위는 어디까지야?"

3) 창의적 아이디어 도출을 위한 프롬프트

"이 아이디어를 더 혁신적으로 전개하려면, 어떤 관점이나 시각을 추가해야 할까?"

"이 개념을 새로운 방향으로 확장하려면 어떤 질문을 기반으로 삼는 게 좋을까?"

"기존 틀을 깨는 방식으로 발전시키려면, 어떤 요소나 제약을 재해석해야 할까?"

4) 분석 및 평가를 위한 프롬프트

"이 데이터를 입체적으로 해석하기 위해 추가로 어떤 비교 자료가 필요할까?"

"평가 기준을 더 명확하게 설정하려면 어떤 변수나 지표를 고려해야 할까?"

"정확한 비교 분석을 위해 어떤 프레임이나 분석 틀을 적용하는 게 적절할까?"

5) 의사결정을 지원하는 프롬프트

"이 결정을 내리기 전 반드시 검토해야 할 주요 리스크나 전제 조건은 뭐야?"

"최적의 선택을 판단하기 위해 지금 어떤 근거 기반이 더 확보돼야 할까?"

"객관성과 신뢰도를 높이기 위해 어떤 보완적 검증 절차가 필요할까?"

기술은 계속 진화한다. AI는 더 많이 예측하고, 더 많이 해석하고, 더 넓은 문맥을 이해한다. 그럴수록 인간의 역할은 더더욱 중요해진다. 진짜 중요한 건, 우리가 무엇을 묻고 있느냐다. 질문을 설계하는 사람이 사고를 주도한다. 문제를 구조화하는 사람이 판을 짠다. AI는 충분히 준비돼 있다. 이제는 우리 차례다. 우리는 어떤 질문을 꺼내고, 어떤 대화를 시작할 것인가.

질문 게릴라,
AI의 대답에 '왜?'라고 저항하다

'다 읽을 시간 없으니 결론만 정리해줘.' 'SNS 광고 문구 10개 만들어줘.' AI는 즉시 결과물을 쏟아낸다. 눈깜짝할 새 AI가 뱉어내는 답. 하지만, AI의 효율성에 감탄만 하고 있을 때가 아니다. 시스템이 던진 질문 속에 갇혀버린 스스로를 알아차려야 한다. "나는 왜 여기에 있는가?"

AI를 주인처럼 활용하는 것 같다고? 사실은 다르다. AI가 던지는 질문을 대신 수행하는 '시스템 프롬프터'로 전락하고 있다. 위기의 본질은 여기에 있다. '좋은 질문을 어떻게 만들까'라는 고상하고 멋진 논의를 할 때가 아니다. '어떻게 하면 AI가 강요하는 '생각 없는 질문'에서 벗어나 '내 질문'을 만들 수 있을까'라는 훨씬 더 절박하고 현실적인 투쟁이 시급하다.

이 투쟁은 거창한 선언 대신, 일상 속 작은 반란, 즉 '질문 게릴라(Question Guerrilla)'가 되는 것에서 시작된다. 게릴라는 정면으로 맞서지 않는다. 시스템의 허점을 파고들어, 예상치 못한 곳에 질문을 심고, 작은 균열을 만들어낸다.

여기, 질문 게릴라를 위한 세 가지 진술이 있다. 첫 번째 전술? '어떻게(How)'를 '왜(Why)'로 바꾸는 것이다. 시스템은 언제나 '어떻게(How)'를 묻는다. 어떻게 더 빨리, 어떻게 더 효율적으로? 조직의 언어이자 생존의 문법이다. 이 거대한 흐름에 '왜(Why)?'라는 작은 돌멩이를 던지는 것이다.

물론, 회의실에서 갑자기 "우리는 왜 이 일을 하는가?"라고 묻는 것은 현명하지 않다. 대신 질문의 형태를 바꿔야 한다. "광고 문구를 고르기 전에, 고객이 왜 이 기능을 중요하게 여기는지 1분만 이야기해볼 수 있을까요?" "보고서를 요약하기 전에, 이 보고서가 다루려는 문제가 왜 중요한지 다시 한번 짚어주시겠어요?" 이 작은 질문들은 시스템의 자동화된 프로세스에 순간적인 멈춤을 만든다. 그 찰나의 순간에 우리는 단순한 실행자에서 생각하는 주체로 깨어난다.

두 번째 전술은 AI의 답에서 '유령'을 찾아내는 것이다. AI가 내놓은 답은 완벽해 보인다. 데이터에 기반했기 때문이다. 그러나 모든 데이터에는 보이지 않는 것, 의도적으로 배제된 것, 즉 '유령'이 존재한다. 그래서 질문 게릴라는 AI의 답을 완성된 결과로 받아들이지 않는다. 심문해야 할 용의자로 다룬다. "AI가 추천한 타겟 고객층은 30대 남성이군요. 그렇다면 이 제품을 구매한 50대 여성들은 누구인가요? AI는 왜 그들을 무시했을까요?" "AI가 생성한 이 완벽한 이미지에는 노인들의 모습이 거의 없네요. AI가 학습한 데이터 속 세상은 어떤 모습이었을까요?" AI의 답에서 유령을 찾는 것은 데이터 너머의 현실을 보려는 시도다. AI의 결론을 비판적으로 재해석하고, 시스템이 간과한 새로운 기회나 잠재적 위험을 발견하는 가장 효과적인 방법이다.

세 번째 전술은 시스템의 언어를 뒤흔드는 것이다. 시스템은 효율성과 생산성의 언어로 말한다. 질문 게릴라는 여기에 의도적으로 다른 종류의 언어, 즉 인간적인 언어를 섞어 넣는다. 그렇다고 마감에 쫓기는 동료에게 갑자기 시를 읊어 줄 수는 없다. 하지만 이렇게는 말할 수 있다. "이 기획서를 만들기 전에, 어제 서점에서 우연히 본 사진집의 한 구절이 떠올랐어요. '가장 중요한 것은 눈에 보이지 않는다.' 우리가 놓치고 있는 '보이지 않는 것'은 없을까요?" 업무와 무관해 보이는 책의 한 구절, 주말에 본 영화의 한 장면, 길에서 들은 멜로디 한 대목. 이것들은 시스템의 언어 체계를 교란하는 방해 요소다. 이런 '비효율적 데이터'의 입력은 AI가 예측하지 못한 새로운 연결을 만든다. 창의적인 아이디어를 촉발한다.

물론 게릴라로서의 이 싸움은 쉽지 않다. 조직은 우리에게 게릴라가 아니라 순응하는 병사가 되기를 원한다. 동료들은 나의 질문을 비효율이라 치부할 수 있다. 게릴라를 넘어 '질문 설계자'라는 다음 단계로 나아가야 하는 것은 이 때문이다.

질문 설계자는 시스템의 허점을 찌르는 데 그치지 않는다. 시스템을 넘어설 새로운 질문 구조를 짠다. 실행을 위한 질문이 아니라, 존재와 목적을 다시 묻는 질문을 설계한다. 그 과정에서 동료와 동맹을 맺고, 조직 안에 질문의 문화를 퍼뜨린다. 점심시간, 메신저로 작은 신호를 보낸다. "AI가 써 준 보고서, 뭔가 영혼이 없는 것 같지 않나요?" 단 한 명이라도 내 질문에 공감하는 누군가가 있다면, 나는 더 이상 외로운 반란군이 아니다. 훌륭한 질문 설계자다.

AI 시대의 근원적인 질문은 이거다. 시스템이 원하는 답을 찾는 효율적인 부품이 될 것인가, 아니면 그 시스템 속에서 고유의 질문을 설계하는 주체가 될 것인가. AI는 언제나 답을 줄 것이다. 하지만 어떤 질문을 할 건지는 오직 내게 달려 있다. 오늘, 나는 어떤 질문을 던질 것인가?

RAG,
'무지한 박식함'을 넘어 '나만의 전문가'로

고대의 한 왕이 세상의 모든 지식을 담은 마법 거울을 얻었다. 하지만 거울은 종종 엉뚱한 답을 내놓았다. 심지어 듣기 좋은 거짓말도 속삭였다. 왕국의 가장 현명한 학자가 왕에게 아뢰었다. "폐하, 이 거울은 세상의 모든 것을 비추지만, 무엇이 진실인지는 모릅니다. 거울에게 질문하기 전, 먼저 왕실 도서관의 검증된 기록만을 참조하게 하소서." 학자는 도서관의 책들을 주제별로 정리하고, 잘못된 내용을 바로잡았다. "이제 거울에게 이렇게 명하소서. '너는 이 왕국의 가장 충성스러운 사서다. 이 왕실 도서관의 책 내용을 바탕으로, 나의 질문에 답하라.'" 그날 이후, 거울은 더 이상 거짓을 말하지 않았다. 왕의 목소리로, 왕국의 지혜를 말하는 가장 현명한 조언자가 되었다.

AI는 두 얼굴을 가졌다. 하나는 모든 것을 알고, 어떤 질문에도 유창하게 답하는, 경이로운 박식함. 다른 하나는 그럴듯한 거짓말을 천연덕스럽게 내뱉는 치명적인 무지. '무지한 박식함'이라는 이 역설. 지금의 AI가 가진 한계다.

AI는 진실을 말하지 않는다. 학습된 데이터의 패턴에 따라, 가장 확률 높은 단어를 조합하여 문장을 생성할 뿐. 판단도 할 수 없고, 책임도 질 수 없는 이 거대한 언어 기계를 어떻게 신뢰할 수 있을까? 이 질문에 대한 해답은, 바로 RAG(Retrieval-Augmented Generation : 검색 증강 생성) 기술이다.

RAG는 AI라는 야생의 지성에 '현실'이라는 밧줄을 묶는 기술이다. AI가 답변을 '창작'하기 전, 내가 지정한 정보원을 먼저 '참조'하게 만든다. AI가 치르는 '오픈북 시험'이랄까. 하지만 이 오픈북 시험의 성패는, AI가 수백만 권의 책 중에서 '정확한 페이지'를 단번에 펼칠 수 있느냐에 달려 있다. 사용자의 질문 의도를 파악하여, 방대한 데이터 속에서 가장 관련성 높은 단 하나의 정보 조각을 정확히 찾아내는 것. 이것이 바로 RAG의 기술적 고갱이이자, 가장 큰 도전 과제다.

하지만 오해는 금물. RAG는 오류를 없애지 못한다. 만약 참조하는 내부 문서 자체가 낡았거나 잘못된 정보를 담고 있다면? AI는 그 오류를 바탕으로, 더 그럴듯하고 권위 있어 보이는 '슈퍼 환각'을 생성한다. 명심해야 한다. RAG는 환각을 '없애주는' 마법이 아니다. '줄여주는' 과학이다.

RAG의 진정한 가치는 정답률 향상에 있지 않다. AI의 정체성을 바꾸는 '커스터마이징'이 RAG의 핵심 효용이다. 범용 AI를 '나만의 AI', '우리 회사만의 전문가'로 탈바꿈시키는 것이다! 무슨 말이냐고? AI에게 어떤 외부 정보를 연결하느냐에 따라 AI의 전문 분야, 답변 스타일, 심지어 '성격'까지, 원하는 방향으로 설계할 수 있다. 예컨대, 기업 내부의 고객 문의 답변 매뉴얼과 성공 사례집을 RAG로 연결하면? AI는 해당 기업의 톤앤매너와 정책에 맞는 고객 응대 답변을 생성한다. 범용 AI가 제공할 수 없는, 맞춤화된 결과다. AI를 단순 검색 도구가 아닌, 특정 조직이나 개인의 목적과 스타일에 완벽하게 부합하는 '맞춤형 전문가'로 진화시키는 것이다.

그렇다면 '나만의 AI'는 어떻게 만들 수 있을까? 다음 네 가지 요소는 서로 맞물려 돌아가는 하나의 유기체다. 이 네 개의 다이얼을 끊임없이 조율하며 최적의 균형점을 찾아내는 것이 바로 AI 아키텍트의 핵심 역할이다.

첫째, 데이터 정제다. 긴 문서는 잘게 나누는 '청킹(Chunking)', 정보 핵심을 추리는 '요약', 주제별 '분류'가 기본이다. 문서의 출처나 중요도 같은 '메타데이터'는 AI에게 날개를 달아준다. 물론 현실의 벽이 낮지 않다. 기업의 데이터는 깨끗한 도서관이 아니다. 혼돈의 창고다. 수십 년간 쌓인 제각각의 문서, 여러 시스템에 흩어진 데이터, 암묵지로만 존재하던 노하우. 이것들을 AI가 학습할 수 있는 형태로 바꾸는 데이터 전처리 과정은 무척이나 고통스럽다. 많은 비용과 시간이 드는 구간이라서다. 하지만, 기억해야 한다. 데이터 정제 수준이 곧 AI의 품질이다.

둘째, 페르소나 설계. AI를 특정 목적과 개성에 맞춰 조련하고, 고유한 정체성을 부여하는 과정이다. 원하는 답변 스타일이 있다면, 그에 맞는 사례를 모아 참조 데이터로 제공한다. 가령 긍정적이고 해결 중심적인 답변을 원한다면, 그러한 성향의 모범 답변 사례들을 RAG의 참조 데이터로 집중 공급하는 식이다. 다정한 상담가, 냉철한 전략가, 직설적인 전문가 등. AI는 우리가 보여준 데이터를 거울삼아 그대로 따라 말한다. 어떤 데이터를 참조하게 하느냐에 따라 AI의 말투는 물론 인격까지 달라지는 것이다.

셋째, 명령어 설계. AI에게 명확한 목표와 역할을 부여해야 한다. 단순히 "알려줘"로는 안 된다. "너는 우리 회사의 20년 차 수석 기술 고문이야. 다음 신기술 도입에 대한 잠재적 리스크와 그 해결책을, 우리의 신중한 투자 스타일에 맞춰 보고서 형태로 작성해줘"와 같이 구체적이어야 한다. AI가 특정 관점과 스타일에 맞춰 사고하고 답변하도록 하는 것이다. 질문의 '질'이 답변의 '격'을 결정한다.

넷째, 검색 범위 설계. AI가 모든 문서를 검색하게 두지 마라. RAG를 활용할 때는 검색할 정보의 범위와 종류를 작업 목표와 페르소나에 맞춰 지정해야 한다. AI와의 상호작용은,

명확한 지시와 적절한 피드백, 그리고 의도된 데이터 제공을 통해 AI를 '내가 원하는 대로 움직이는 최고의 파트너'로 성장시키는 과정이다. 나의 명확한 지시와 전략적인 데이터 제공이 AI의 잠재력을 극대화한다.

AI는 명확한 목적과 방향을 가진 '작업 파트너'다. 누구나 AI를 쓸 수 있다. 하지만 누구나 잘 쓰진 못한다. 핵심은 이거다. 데이터를 어떻게 정제하고, 무엇을 검색하게 하고, 어떤 톤으로 말하게 만들지를 설계하는 사람. 바로 'AI 아키텍트'다. 필요한 건 '질문하는 능력', '맥락을 설계하는 능력', 그리고 'AI를 원하는 방향으로 이끄는 조련 능력'. 다시, 스스로를 업데이트할 시간이다.

잠자는 기록을 깨워라:
연결과 창발의 시대

1854년, 런던을 덮친 콜레라 앞에서 당대의 지성은 무력했다. 정부는 환자 발생 지역을 목록으로 만들었다. 의사들은 사망자 수를 기록했다. 그러나 그 기록들은 흩어진 점일 뿐이었다. 어제 몇 명이 죽었고, 오늘 몇 명이 아프다는 사실의 나열. 기록은 쌓여갔지만, 그것은 과거를 확인하는 절망의 통계였을 뿐, 미래를 바꿀 통찰은 되지 못했다.

의사 존 스노는 달랐다. 그는 '사망자의 집 위치'라는, 누구도 중요하게 생각하지 않던 새로운 점을 찾아냈다. 그리고 그 점들을 '콜레라 확산 원인 규명'이라는 목표 아래 집요하게 연결했다. 그러자 패턴이 드러났다. 거의 모든 죽음이 특정 공동 펌프를 중심으로 발생하고 있었다. 기록의 연결을 통한 새로운 가치, 즉 콜레라의 전염 경로를 밝혀낸 것이다. 다른 이들의 기록이 단순한 죽음의 통계였다면, 존 스노의 기록은 생명을 살리는 지도였다.

170년 전 런던의 현실은 오늘 내 책상에서 벌어지는 현실과 참으로 닮았다. 우리는 부지런히 기록한다. 회의 시간에는 빼곡히 메모하고, 책을 읽다 발견한 좋은 구절엔 밑줄을 긋는다. 나중에 쓸모 있을 것 같은 아티클은 스크랩해둔다. 그 순간만큼은 대단히 생산적인 일을 하는 것 같다. 그렇게 쌓인 기록이 수백, 수천 개에 달한다.

하지만 솔직해지자. 그 기록들을 다시 꺼내본 적이 있는가? 서로 연결해본 적은? 대부분의 메모는 작성된 그 순간, 다시는 열리지 않을 운명으로 묘지에 묻힌다. 점을 찍는 데는 능숙한 우리, 그 점들을 이어 선으로 만드는 데는 무관심하다. 우리의 기록들은 각자의 서랍과 폴더 속에서 말라 죽어간다.

기록의 진정한 가치는 '연결'에서 나온다. 개별 기록이 흩어진 점이라면, AI는 그 점들을 연결하는 강력한 엔진이다. 과거의 도구가 우리가 '원하는 점' 하나를 찾아주는 '검색 엔진'이었다면, AI는 우리가 '존재하는지도 몰랐던 선'을 이어주는 '연결 엔진'이다. AI는 분리된 기록들 사이에 숨겨진 패턴, 미세한 관계, 예상치 못한 유사성을 드러낸다. 기록의 가치는 이제 '축적의 양'이 아니라 '연결의 밀도'에 의해 결정된다.

혁신은 바로 이 지점에서 모습을 드러낸다. 이름하여 '창발(Emergence)'이다. 개별 요소의 합으로는 설명할 수 없는 새로운 속성이 나타나는 현상. 훌륭한 기록 A와 뛰어난 기록 B가 있다고 하자. 과거의 우리는 A와 B를 각각 활용하는 데 그쳤다. 하지만 AI를 활용하면 A와 B를 연결해 완전히 새로운 통찰 C를 창조할 수 있다. 마케팅팀의 고객 불만 기록과 R&D팀의 신소재 실험 데이터가 연결되어, 누구도 예상치 못한 차세대 제품 아이디어가 탄생하는 식이다.

여기서 문제가 되는 건 아날로그 시대에 멈춘 우리의 기록 방식이다. 우리는 기록을 '완결된 문서' 단위로 생각한다. 보고서 한 편, 기획서 한 부. 이건 살아 있는 정보가 아니다. 연결 가능성이 차단된, 굳어버린 화석이다. 이런 형태의 기록은 재조합이 어렵다. 서로 다른 블록처럼 맞물리지 않고 겉돈다. AI라는 강력한 연결 엔진을 손에 쥐었음에도, 정작 연결할 무언가가 없는 셈이다. 그러므로 필요한 건 AI 시대에 걸맞는 운영 체제로의 전환이다. 그 시작은 '연결'을 기본값으로 만드는 다음 세 가지 사고 전환에 있다.

첫째, 기록의 문법을 바꾼다. 거대한 문서는 AI에게 해독이 어려운 만연체 문장과 같다. 기록은 이제 AI가 이해할 수 있는 명료한 단어이자 문장이 되어야 한다. 하나의 결정, 하나의 아이디어, 하나의 데이터가 바로 그것이다. 단순히 정보를 잘게 쪼개는 차원을 넘어, 우리의 모든 지적 자산을 AI가 활용 가능한 모듈로 재탄생시키는 전략적 설계가 필요하다.

둘째, 기록에 맥락을 부여한다. 결과만 남은 기록은 AI에게 좌표 없는 점과 같다. AI가 관계를 추론하는 진짜 단서는 그 기록이 '왜, 어떤 상황에서, 누구에 의해' 만들어졌는지에 대한 배경 정보, 즉 메타데이터에 있다. 맥락이 없는 기록은 단순한 텍스트에 머문다. 그러나 정확한 맥락을 부여받은 기록은 비로소 AI가 읽고 연결할 수 있는 하나의 완전한 지식 노드(node)가 된다.

셋째, 기록의 언어를 바꾼다. 조직 내에서 사용되는 핵심 개념, 프로젝트명, 인물에 대한 용어를 통일해야 한다. 개인화된 용어와 불친절한 약어는 AI에게 해석 불가능한 암호다. 각기 다른 용어는 AI에게 연결 불가능한 서로 다른 점으로 인식된다. 표준화는 단순한 효율 통제를 넘어선다. 모든 기록이 거대한 지식 그래프 안에서 서로를 발견하고 창의적으로 연결하게 만드는 강력한 프로토콜이다.

AI 시대의 경쟁력은 더 나은 AI 모델을 소유하는 것에 있지 않다. AI가 마음껏 뛰어놀 수 있는 '연결 가능한 기록의 운동장'을 누가 더 잘 설계하느냐에 달려 있다. 기록을 방치하는 조직은 과거의 데이터 속에서 길을 잃을 것이다. 기록을 연결하는 조직은 누구도 가보지 못한 새로운 기회를 창출할 것이다.

이제 우리의 기록을 돌아보자. 그것들은 흩어진 생각의

파편인가, 새로운 통찰로 이어지는 창발의 토대인가? 미래는 기록을 연결하는 자의 것이다. 그러니 기록하라. 연결하라. 그리하여 발견하라.

프롬프트 리버스 엔지니어링:
너머의 생각 읽기

SNS 피드를 가득 채운 한 장의 매혹적인 이미지. 복잡한 데이터가 예술 작품처럼 시각화되어 있다. 그 옆에는 전문가의 손길이 느껴지는 날카로운 분석이 곁들여져 있다. 아니나 다를까 빼곡히 댓글들이 달렸다. "구독 완료! 프롬프트 DM 부탁드려요!" "대단하네요. 프롬프트 공유 부탁. 구독 눌렀습니다." 익숙한 풍경이다. 저 '마법의 주문' 한 줄이면 나도 저런 결과물을 얻을 수 있을 것이라는 기대. 그 기대는 너무나 자연스럽고 인간적이다. 우리 뇌는 효율을 추구하도록 진화했기에, 검증된 성공의 지름길을 마다할 이유가 없다.

문제가 되는 건 이 '지름길'에 대한 우리의 태도다. 남이 그린 지도를 얻는 행위 자체는 그리 문제될 게 없다. 미지의 세계를 탐험하기 위한 현명한 첫걸음일 수 있다. 오픈소스 커뮤니티가 서로의 코드를 공유하며 거대한 혁신을 이루듯, 프롬프트를 공유하는 문화 역시 집단지성의 강력한 발판이 될 수 있다.

그러나 지도를 손에 넣고도, 그 지도를 읽는 법을 배우려 하지 않는 태도는 문제가 있다. 지도가 가리키는 최종 목적지에만 눈이 멀어, 그 안에 담긴 등고선과 축척, 범례의 의미를 파악하려는 노력을 멈추는 것이다. '지적 게으름'이다.

그 결과? 자신의 고유한 눈으로 세상을 바라보는 능력이 퇴화된다. '문제집의 정답'이 아니라 '교과서의 원리'가 중요하듯, 왜 이 질문이 효과적이었는지, 어떤 논리적 구조가 AI의 최적 반응을 이끌어냈는지, 그 근본 원리를 파악하고 자신의 것으로 체화해야 한다. 문제집 수백 권을 풀어도 교과서의 핵심 원리를 모르면 새로운 유형의 문제를 풀 수 없는 것과 같다.

프롬프트는 기술 이전에 사유의 결과물이다. 좋은 사유는 '창의적 해체(Creative Deconstruction)'에서 시작된다. 창의적 해체가 뭐냐고? 단순히 남의 것을 베끼는 모방을 넘어, 뛰어난 결과물 이면에 숨겨진 작동 원리를 파악하기 위해 의식적으로 분해하고 재조립하는 과정을 가리킨다. 훌륭한 셰프가 되려는 사람이 최고의 레시피를 구했다면, 가장 먼저 할 일은 무엇일까? '왜 이 시점에 소금을 넣었을까?', '이 재료를 썼을 때 맛의 균형이 어떻게 달라지는가?'를 질문하며 레시피를 해체하는 것이다. 프롬프팅도 마찬가지다. 프롬프팅은 최적의 답이 나올 수밖에 없는 '판'을 짜는 설계의 과정이다. 뛰어난 프롬프트는 훌륭한 교과서다. 그래서 그 교과서를 읽는 구체적인 '지도 독법'이 중요하다.

다음은 성공적인 프롬프트를 나만의 '사고 체계'로 흡수하는 3단계 해체 및 재구성 방법이다. 1단계는 '구조 해부하기(Anatomy of the Prompt)'다. 먼저, 프롬프트를 여러 부품으로 구성된 기계로 바라볼 필요가 있다. 대부분의 뛰어난 프롬프트는 최소한 네 가지 핵심 부품으로 이루어져 있다. ▲AI에게 특정 정체성을 부여하는 '역할' ▲수행해야 할 명확한 임무인 '과업' ▲과업을 수행하는 데 필요한 배경 정보인 '맥락' ▲그리고 결과물의 퀄리티를 통제하는 '규칙'이 그것이다. 손에 넣은 프롬프트를 이 네 가지 기준으로 분해해 각 부품이 어떤 역할을 하는지 분석하는 것이 첫 단계다. 이것만으로도 우리는 프롬프트가 단순한 질문이 아닌, 정교한 '설계도'임을 깨닫게 된다.

2단계는 '의도 추론하기(Inference of Intent)'다. 각 부품이 왜 그렇게 설계되었는지 그 '이유'를 추론하는 단계다. 단순 모방과 창의적 해체를 가르는 결정적 차이가 이 단계다. "작성자는 왜 AI에게 '회의적인 베테랑 투자자'의 역할을 부여했을까? 아, 단순히 긍정적인 전망 보고서가 아니라, 사업 계획의 잠재적 허점과 리스크까지 압박 질문하도록 설계한 것이구나." "결과물에 '초등학생도 이해할 수 있는 비유를 반드시 포함하라'고 지시한 이유는 무엇일까? 복잡한 기술 개념의 나열을 피하고, 아이디어를 가장 직관적으로 전달하는 데 모든 초점을 맞추려는 의도였군." "프롬프트 초반에 경쟁사들의 실패 사례 데이터를 먼저 제공한 것은 어떤 효과를 낳을까? AI가 똑같은 실패를 답습하지 않는, 완전히 새로운 성공 경로를 탐색하도록 유도하는 강력한 장치였구나." 이처럼 '왜'라는 질문에 스스로 답을 찾는 것은 프롬프트 작성자의 문제 해결 전략을 해석하고 추론하는 작업이다. 이 과정을 통해 표면적인 텍스트 너머에 있는 문제의 본질과 해결의 핵심 원리를 파악하게 된다.

3단계는 '나만의 맥락으로 재조립하기(Reconstruction in My Context)'다. 이제 모든 부품과 그 설계 의도를 파악했다. 마지막 단계는 이 부품들을 '나의 문제'에 맞게 재조립하는 것이다. 다른 사람의 문제 해결에 최적화되었던 부품을 그대로 가져오는 것이 아니라, 나의 목적에 맞게 변형하고 개선해야 한다. 분석 보고서를 써야 한다면 '비평가'라는 역할을 '데이터 분석 전문가'로 교체하고, 나의 프로젝트에 맞는 새로운 맥락 정보를 추가하며, 내가 원하는 결과물 형식에 맞춰 규칙을 수정하는 것이다. 이 과정에 이르면 우리는 더 이상 남의 지도를 따라가는 사람이 아니다. 여러 지도의 장점들을 취합해 완전히 새로운 목적지를 향한 '나만의 지도'를 그리는 지도 제작자(Cartographer)가 되는 것이다.

AI 시대의 경쟁력은 얼마나 많은 프롬프트를 수집했느냐에 있지 않다. 어떤 프롬프트든 핵심 원리를 꿰뚫고 나의 것으로 변환시킬 수 있는 '사고의 힘'에 달려 있다. 남의 성공 사례는 훌륭한 출발점이지만, 결코 최종 목적지가 될 수 없다. 문제를 다각도로 분석하고, 논리적 프레임을 바탕으로, 최적의 해결책을 찾아가는 지적 투쟁의 과정이 프롬프트에 투영될 때, 비로소 AI는 나의 명령을 수행하는 기계를 넘어, 함께 성장하는 강력한 지적 파트너가 될 것이다. 남의 생각을 그저 구걸하는 일? 이젠 멈춰야 할 때다.

AI 도구 상자:
문제에 맞는 도구를 선택하고 조립하라

"지난번 회의록 요약본을 기반으로, 3분기 신제품 캠페인 슬로건 5개만 뽑아줘." 김 팀장의 지시에 AI는 최신 유행어를 섞어 그럴듯한 문구들을 쏟아냈다. "완전 킹정하는 맛!", "너 T야? 우리 제품은 F인데!" 하지만 김 팀장은 길게 한숨을 내쉬었다. AI는 몰랐다. 2주 전, 경쟁사가 바로 그 '킹정'이라는 단어로 캠페인을 진행했다가 대실패를 맛봤다는 내부 보고서의 존재를. 우리 회사의 브랜드 가이드라인은 '가벼운 밈(meme) 사용을 지양한다'는 사실을. 그리고 이 제품의 진짜 핵심 소구 포인트가 '친환경 신소재'라는 것이 회의록에 한 줄 언급되었던 그 사실을. 그는 모니터를 보며 나지막이 읊조렸다. "넌 그냥 똑똑한 외부인일 뿐이구나. 내 머릿속과 우리 팀의 데이터베이스에 동시에 접속할 수 있는 진짜 동료가 필요해."

'더 똑똑한 맞춤형 AI를 갖고 싶다'라는 갈망은 자연스러운 욕구다. AI를 쓰다 보면, AI를 대답 기계에서, 진짜 나를 이해하고 돕는 동료로 만들고 싶다는 열망을 갖게 된다. 하지만 간단치 않다. 이 여정은 비디오 게임처럼 순서대로 레벨을 깨는 선형적인 과정이 아니다. 우리 앞에 놓인 비즈니스 문제가 무엇인지에 따라, 필요한 도구를 조합하고 설계하는 복잡한 건축의 과정이다.

AI라는 거대한 도구 상자가 우리 앞에 놓여 있다. 하지만 이 도구들은 규격화된 레고 블록이 아니다. 각기 다른 언어를 쓰는, 서로 맞지 않는 기계 부품에 가깝다. 이것들을 깎고, 붙이고, 갈아내어 하나의 시스템으로 통합하는 과정. AI 구조 설계는 여기서 시작된다.

첫 번째 도구는 바로 '대화형 AI'다. 우리는 오픈AI의 챗GPT, 구글의 제미나이, 앤트로픽의 클로드 같은 LLM(대형 언어모델)을 통해 AI와 소통하는 법을 처음 배웠다. 하지만 이 경이로운 범용 AI는 나에 대해 아무것도 모른다는 명확한 한계를 가진다.

두 번째는 '맞춤형 빌더(Custom Builder)'다. 오픈AI가 챗GPT 위에 얹은 GPTs를, 구글이 제미나이 위에 쌓은 Gems를 생각하면 쉽다. 코딩 없이도 AI의 말투와 역할을 지정하고, 특정 파일을 참조하게 만들어 AI를 내 스타일에 맞게 길들이는 도구다. 그냥 친구였던 AI가 '나를 닮은 조수'로 진화하는 첫걸음이다.

세 번째 도구는 앞서 잠시 살펴본 RAG, 우리말로 '검색 증강 생성'이다. 이 기술은 AI의 작동 방식을 근본적으로 바꾼다. AI가 답변을 만들어내기 전, 우리가 지정한 외부의 정보원을 먼저 '검색(Retrieval)'하여, 그 내용을 바탕으로 답변을 '생성(Generation)'한다. 예를 들어, 한 고객이 우리 회사 제품의 최신 환불 정책을 물었다고 하자. 우리 회사의 환불 정책을 모르는 일반 AI는 엉뚱한 답을 할 수 있다. 하지만 RAG가 적용된 AI는 실시간으로 우리 회사 내부 규정 데이터베이스를 검색하여 정확한 답을 내놓는다. AI가 비로소 '나의 지식'을 갖춘 진짜 동료가 되는 순간이다.

네 번째 도구는 MCP(Model Context Protocol). MCP는 AI의 손과 발을 풀어주는 열쇠다. AI 세계의 보이지 않는 신경망이자 모든 것을 연결하는 '만능 번역기'다. 과거의 AI는 갇혀 있었다. "내일 2시 미팅 잡아줘"라고 명령해도, AI는 "알겠습니다. 캘린더에 등록하세요"라고만 할 뿐, 스스로 행동할 수는 없었다. 모든 도구가 각기 다른 언어를 썼기 때문이다. 각각의 툴에 맞는 통역사를 일일이 고용해야 했다. MCP는 이 장벽을 무너뜨린다. 모든 기기가 C타입 USB 하나로 손쉽게 연결되듯, AI가 단 하나의 표준 언어로 모든 도구와 소통하고, 명령하며, 제어하게 만든다. 편의성 개선은 표면적인 효과일 뿐, AI의 다음 진화를 위한 근본적인 인프라 혁명이다. MCP가 있기에, 비로소 AI는 지식을 넘어 행동으로, 개인을 넘어 팀으로 나아갈 수 있다.

마지막 도구는 A2A(Agent-to-Agent), '에이전트 간 협업'이다. 각기 다른 전문성을 가진 AI 에이전트들이 팀을 이루어, 하나의 목표를 향해 협력하게 만드는 궁극의 아키텍처다. 예를 들어, 사용자가 '신제품 홍보용 앱 개발'을 지시하면, 오케스트라 지휘자 같은 '관리 에이전트(Orchestration Agent)'가 등장한다. 이 지휘자는 가장 먼저 '시장 분석 AI'에게 유사 앱들의 성공 및 실패 요인 분석을 맡긴다. 그 결과를 넘겨받은 '기획 AI'가 앱의 핵심 기능을 정의한다. '디자인 AI'는 최적의 UI/UX 시안을 설계한다. 이 모든 설계도를 바탕으로 '코딩 AI'가 실제 코드를 작성하고, '테스트 AI'가 버그를 찾아 수정한다. 인간 조직이 정교하게 분업하듯, AI들이 각자의 전문 영역에서 협업하며 하나의 결과물을 만들어내는 것이다. 혼자일 때보다 협업할 때 더 큰 가치를 창출하는 건 AI도 마찬가지다.

여기서 가장 중요한 질문이 등장한다. "그래서, 우리의 조직에 필요한 것은 무엇인가?" 모든 기업에 A2A라는 거대한 오케스트라가 필요한 것은 아니다. 잘 만들어진 단일 RAG 에이전트 하나가 대부분의 문제를 해결할 수도 있다. 진정한 전략은 '어떤 기술이 최신인가'를 묻는 것이 아니다. '우리의 가장 고통스러운 문제를 해결하기 위해 어떤 기술 조합이 최적 인가'를 묻는 데서 시작된다.

AI의 진화 단계를 순서대로 밟으려는 강박을 버려야 한다. 우리의 문제는 무엇인가. 그것을 해결하기 위한 최적의 아키텍처는 무엇인가. 바로 이 지점에서 비즈니스 전략, 데이터 엔지니어링, 그리고 조직의 현실까지 이해하는 'AI 아키텍트'의 역할이 필요하다. 조직 내에 반드시 구축해야 할 핵심적인 기능이다.

결국 AI의 진화는 하나의 방향을 가리킨다. 단순한 대화 상대에서, 나의 지식을 품고(RAG), 나의 세상에서 행동하며(MCP), 마침내 나를 대신하여 팀을 이루어(A2A) 협력하는 새로운 지능 조직으로의 진화. 이것은 더 이상 인간을 '보조'하는 도구에 대한 이야기가 아니다. 어떤 '지능'을 창조할 것인가에 대한, AI 구조 건축에 대한 이야기다. 기술의 미래는 결국 인간의 지혜와 맞닿아 있다. AI에게 일을 시키는 것을 넘어, 우리 문제에 맞게 AI 시스템을 설계하고, 조립하고, 연결해야 한다. AI는 인간의 의도를 닮는다. 미래는 AI를 '쓰는 자'의 손을 떠났다. AI를 '짓는 자'가 미래를 거머쥔다.

AI 이후의 개발자:
생존과 성장의 새로운 조건

AI가 코드를 작성하는 시대, 개발자의 종말을 논하는 것은 성급하다. 핵심을 벗어난 진단이라서다. AI는 개발자를 대체하는 것이 아니다. 개발의 가치 방정식을 근본적으로 뒤집고 있다. 과거 개발자의 가치가 코드 '생산' 능력에 있었다면, 이제 그 가치는 코드 생산을 통제하는 '제약(Constraint)의 설계' 능력으로 이동했다.

AI는 지시를 따르는 조력자가 아니다. AI는 본질적으로 비결정적(Non-deterministic) 시스템이다. 우리가 제공한 맥락 안에서 가장 확률 높은 결과물을 생성할 뿐 그 결과에 책임을 지지 않는다. 이 통제 불가능한 생산성을 최적화하고 유의미한 가치로 전환하는 것, 그것이 'AI 이후의 개발자'에게 주어진 새로운 소명이다. 그의 역할은 더 이상 벽돌을 쌓는 조적

공이 아니다. 자동화된 벽돌 생산 기계의 명세와 기준을 정의하는 공정 설계자에 가깝다.

이 새로운 역할은 세 가지 핵심적인 제약 설계 능력으로 구체화된다. 첫째, 품질 제약이다. 검증 시스템 설계다. AI의 등장으로 코드 생산량의 병목은 사라졌다. 하지만, 그 자리에 '검증'이라는 새로운 병목이 나타났다. AI가 하루 만에 생성하는 코드는 인간이 한 달을 검토해도 부족하다. 이 속도의 불균형은 '생산 후 검증'이라는 전통적 개발 방식을 파산시켰다.

이제 개발 패러다임은 '선(先)검증, 후(後)생산'으로 역전된다. AI에게 코드 생성을 위임하기 전에, 그 결과물을 자동으로 검증할 수 있는 시스템 구축이 먼저다. 개발자의 첫 번째 업무는 프로젝트의 품질 기준을 코드로 정의하는 것이다. 기능의 인수 조건을 명시한 테스트 코드와 데이터 구조를 정의한 스키마가 바로 AI가 따라야 할 '품질의 제약'이다. AI의 임무는 이 제약을 만족시키는 코드를 찾는 것이 된다. 따라서 개발자의 핵심 역량은 AI가 생성할 코드의 정답 조건을 시스템적으로 정의하고, 그 정답 여부를 자동으로 판별하는 품질 보증 체계를 설계하는 능력이다.

둘째, 맥락 제약, 정보 환경 설계다. AI는 진공 속에서 사고하지 않는다. 어떤 맥락을 제공하느냐에 따라 AI의 결과물은 천차만별로 달라진다. 모호한 요청은 쓸모없는 코드를 낳을 뿐이다. AI 시대의 개발자는 AI를 위한 고품질의 정보 환경, 즉 '맥락의 제약'을 설계해야 한다.

단순히 상세한 요구사항을 전달하라는 얘기가 아니다. 잘 정의된 제품 요구사항 문서, 논쟁 끝에 결정된 기술 아키텍처 기록, 조직의 코딩 작성 규칙과 에러 처리 정책, 그리고 무엇보다 이 프로젝트가 궁극적으로 추구하는 핵심 원칙과 철학. 이 모든 것을 AI가 따라야 할 '프로젝트 지침'으로 제공해야 한다. 이 모든 문서는 AI가 코드를 생성하는 가드레일이 된다. 명확한 경계 안에서 AI가 만들어낸 결과는 프로젝트의 방향성과 일관성을 유지한다.

개발 문서는 AI의 행동반경과 결과물의 품질을 결정하는 가장 중요한 시스템 입력값이자 통제 장치다. 정보를 구조화하고, 명료하게 문서화하여 AI가 최적의 판단을 내릴 수 있는 지식 기반을 구축하는 능력은 이제 핵심적인 개발 역량이다.

셋째, 전략 제약이다. 기술적 판단을 설계해야 한다. AI는 단기적 효율성을 극대화하는 근시안적 최적화 도구다. 당장의 문제를 해결하기 위해 가장 빠르고 대중적인 방법을 선택할 뿐, 그 선택이 미래에 어떤 '기술 부채'를 남길지는 고려하지 않는다. AI의 제안은 단기적으로는 효율적으로 보이지만, 장기적으로는 프로젝트 실패로 이어지는 전략적 실패일 수 있다. 인간의 '판단'이라는 대체 불가능한 가치가 드러나는 지점이다.

비즈니스 목표와 장기적 지속 가능성을 기준으로 기술적

선택의 트레이드오프를 감수하는 것, 이것이 바로 인간 개발자에게 남겨진 고유한 역할이자 '전략의 제약'을 설계하는 행위다. 예컨대, AI가 최신 유행의 무거운 프레임워크를 제안할 때, 프로젝트의 생명주기를 고려하여 더 단순하고 안정적인 기술을 선택하는 결단력이 필요하다.

개발자는 이제 기술 포트폴리오 매니저와 같다. 모든 기술적 선택은 미래에 대한 투자다. 기회비용과 리스크를 동반한다. AI가 제시하는 수많은 선택지 앞에서, 최적의 경로를 선택하고 그 선택을 책임지는 전략적 판단 능력이야말로 인간의 가장 중요한 경쟁력이다.

품질, 맥락, 전략이라는 세 가지 제약의 설계자로 거듭난 개발자는 더 이상 코드를 생산하는 노동자가 아니다. 그는 코드 생산이라는 굴레에서 벗어나, 거대한 기회를 마주한다. 아이디어의 성공 가능성을 탐색하고 확인하는 데 소요되었던 시간, 돈, 노력 등이 기하급수적으로 줄어들어서다.

과거 한 달이 걸렸을 아이디어의 프로토타이핑은 이제 하루 만에 현실이 된다. 단순히 시장 가설을 검증하는 속도가 빨라졌다는 의미가 아니다. 실패의 대가가 거의 '0'에 수렴하면서, 게임의 문법 자체가 바뀌는 것이다. 더 많은 사람이, 더 대담하고, 더 혁신적인 아이디어를, 훨씬 더 많이 시도해볼 수 있는 시대가 열린 것이다.

이제 개발자의 역할은 기업의 요구사항을 수동적으로 구

현하는 데 머무르지 않는다. 그들은 기술을 자본으로 삼아 직접 시장의 기회를 탐색하고 사업적 가치를 창출하는 '벤처 빌더(Venture Builder)'로 진화한다.

결론? AI 시대는 개발자에게서 코드를 빼앗아가지 않는다. 코드를 넘어선 더 높은 차원의 가치를 요구한다. 과거의 질문이 "어떻게 하면 더 나은 코드를 작성할 수 있는가?"였다면, 이제 우리는 새로운 질문 앞에 서 있다. "이 문제를 전략적으로 해결하기 위해, AI에게 어떤 '제약'을 설계해줄 것인가?"

품질 제약을 설계하여 안정성을 창조하고, 맥락 제약을 설계하여 방향성을 창조하며, 전략 제약을 설계하여 미래를 창조하는 능력. AI 이후 시대를 살아갈 개발자의 존재 이유이자 가치 증명의 척도다.

'코더'의 시대는 끝났다,
'빌더'의 시대다

100명의 개발자가 모인 사무실은 전쟁터 같다. 수백 개의 모니터가 깜빡이고, 키보드 소리가 쉴 새 없이 공간을 채운다. 거대한 시스템의 버그 하나를 잡기 위해 수십 명이 밤을 새운다. 새로운 기능을 추가하기 위해 또 다른 수십 명이 코드를 쌓아 올린다. 복잡하게 얽힌 모듈, 버전 충돌, 끝없는 회의. 그렇게 몇 달의 시간이 흐른다.

같은 시각, 다른 공간. 한 명의 '빌더(Builder)'가 있다. 평온한 정적 속, AI에게 말을 건넨다. "우리 회사의 물류 시스템을 분석해줘. 재고 예측 정확도를 95퍼센트 이상으로 올리는 AI 에이전트를 설계해줘. 기존 ERP와 연동하고, 공급망 리스크가 감지되면 나에게 보고하도록." AI들이 움직인다. 하나는 데이터를 분석하고, 하나는 코드를 생성한다. 또 다른 하나는 시스템을 테스트한다. 100명의 '코더(Coder)'가 몇 달에 걸쳐 만들던 결과물이, 이제는 한 사람의 손에서 금세 완성된다.

코드를 아는 소수가 세계를 움직이던 시대는 저물었다. '코더(Coder)'의 시대를 넘어, 바야흐로 '빌더(Builder)'의 시대다. 과거에는 서비스 하나를 만들려면 대규모 개발 인력이 필요했고, 막대한 자본이 필요했다. 이제 그 힘은 아이디어와 맥락을 가진 개인에게 넘어간다. '대화'가 '코드'를 대체하는 새로운 창조 언어가 되었기 때문이다.

이 새로운 언어는 기존 질서의 관문을 건너뛴다. 앱스토어나 브라우저라는 낡은 문이 필요 없다. 대화 자체가 새로운 운영체제다. "다음 주 부산 여행 계획 짜고, 가장 빠른 KTX 예약해줘." 이 한마디가 수십 번의 검색과 클릭을 대체한다. 과거 애플이 아이폰이라는 하드웨어로 세계를 통일했다면, 이제 AI는 '대화'라는 플랫폼으로 모든 하드웨어와 서비스를 끌어당긴다.

이러한 변화는 기업의 생존 공식마저 바꾼다. 과거의 전쟁터가 '검색엔진 최적화(SEO)'였다면, 새로운 격전지는 '에이전트 최적화(Agent Optimization)'다. 성공하는 비즈니스? AI가 가장 먼저 추천하고 실행하는 '기본값'이 되는 것이다. 이제 질문은 이것이다. '우리 서비스는 AI가 보기에 얼마나 매력적인가?'

자동화의 권력 또한 전문가의 손을 떠났다. 코딩을 몰라

도, 자기 분야의 문제를 잘 아는 사람이라면 누구나 필요한 AI
를 직접 만들 수 있다. 회계사는 복잡한 세법을 학습한 'AI 회
계사'를 만들어 쓴다. 마케터는 시장 데이터를 분석해 광고
카피를 쓰는 'AI 마케터'를 동료로 둔다. 기술을 아는 사람이
아니라, '풀어야 할 문제를 아는 사람'에게로의 권력 이동이다.

미래의 유니콘 기업은 그래서, 소프트웨어(SaaS)가 아니
라 'AI 에이전트(AaaS)'를 팔 것이다. 특정 업무에 고도로 특
화된 AI 직원을, 필요한 만큼 구독하고 '고용'하는 시대. 거대
한 팀 대신, 소수의 핵심 인재가 수백의 AI 에이전트를 지휘
하는 'AI 네이티브' 조직이 시장을 장악할 것이다.

이 거대한 전환에도 물론 그림자가 있다. 기술이 100의
속도로 질주할 때 법과 제도는 10의 속도로 뒤쫓는다. AI가
생성한 영상과 음악의 저작권, AI가 만든 가짜 정보의 책임은
누구의 몫인가? 이 윤리적, 법적 긴장과 불확실성을 해결하는
것이 혁신의 지속 가능성을 결정한다.

이 틈새에서 새로운 산업이 태어난다. 'AI 리스크 관리'
와 AI의 학습 과정 및 편향성을 검증하는 'AI 감사(Auditing)'
다. 사람들은 곧 '어떤 데이터로 학습한 AI인가?'를 따지기 시
작할 것이다. 이를테면, '윤리적으로 학습된 AI' 인증마크는
유기농 식품 인증처럼, 보이지 않는 신뢰를 증명하는 강력한
자산이 될 것이다.

데이터 권력의 문제도 피해 갈 수 없다. 우리의 모든 대

화와 행동 데이터가 특정 AI 기업에 독점된다면, 그 영향력은 과거 어떤 권력과도 비교할 수 없다. 중앙집권화된 AI에 대한 반작용으로, 거대 기업의 서버가 아닌 개인의 기기에서 작동하는 '개인 AI(Personal AI)' 시장이 열릴 것이다. 나의 데이터는 내 기기 안에 머물며, 나만을 위해 학습하고 작동한다. 데이터 주권이 개인에게 돌아가는 순간, 또 다른 기술 생태계가 시작된다.

이 모든 변화는 하나의 질문으로 수렴된다. 코드를 짜던 개발자는 이제 무엇을 해야 하는가. 그 정체성은 근본부터 재정의된다. 그는 더 이상 키보드를 두드리는 기술자가 아니다. 전체 시스템의 목적과 구조를 설계하고, 수많은 AI 에이전트의 협업을 지휘하는 지휘자, 즉 '오케스트레이터(Orchestrator)'가 된다.

기업이 찾는 인재상 역시 바뀔 수밖에. '10배 더 빠른 코더(10x Coder)'가 아니라, '10배 더 높은 시선의 지휘자(10x Orchestrator)'가 필요한 시대다. 최고의 인재는 AI에게 정확한 질문을 던지고, 여러 AI와의 협업을 이끌어내며, 그 결과를 비즈니스 목표에 맞게 조율하는 사람이다. 특정 산업에 대한 깊은 이해와 AI를 엮어 문제를 해결하는 통찰력, 그것이 새로운 시대의 진짜 실력이다. 빌더의 시대는 결국, 질문의 시대와 동의어다. 코드를 짜던 손은 이제, 질문을 설계하는 머리가 되어야 한다.

막다른 길에서 새로운 문을 여는 '창의적 질문'

팀 회의가 세 시간째 같은 자리를 맴돌고 있다. 모두가 지쳐 보인다. 누구도 더 이상 새로운 아이디어를 내지 못한다. 기존의 방식으로는 문제가 해결되지 않는다는 것을 모두가 안다. 하지만, 누구도 익숙한 길 밖으로 벗어날 용기를 내지 못한다. AI에게 해결책을 물어도, 과거의 성공 사례를 조합한, 그럴듯하지만 새롭지 않은 답변만 토해낼 뿐이다.

AI는 과거 데이터의 '최적화 전문가'이지, 과거에 없던 미래를 그리는 '혁명가'가 아니다. 혁신은 언제나, 데이터가 없는 미지의 땅, 즉 막다른 길이라고 여겨졌던 곳에서 시작된다. AI 시대의 진정한 창의성은 그래서, AI에게 정답을 묻는 것에서 나오지 않는다. AI도 상상하지 못했던 새로운 '놀이터'를 설계하고, 그 안에서 함께 뛰어노는 능력에서 나온다.

이것이 바로 '창의적 질문'의 핵심, '의도된 탐험(Purposeful Exploration)'이다. 효율성의 지도를 잠시 내려놓고, 목적 없는 탐험처럼 보이는 여행을 의도적으로 떠나는 것이다. 이 탐험을 위해 우리는 세 가지 생각법을 장착해야 한다.

첫 번째, '낯선 것과 연결하기'다. 위대한 발견은 종종 서로 아무런 관련이 없어 보이던 개념들의 우연한 충돌에서 태어난다.

우리가 마주한 문제를 전혀 다른 세계의 언어로 번역해보는 것이다. "만약 우리 회사의 고객 이탈 문제를, 오랜 연인들이 헤어지는 과정에 비유한다면 어떤 새로운 해결책이 보일까?" "신제품 개발 프로젝트를, 한 편의 영화를 만드는 과정에 빗대어본다면, 우리는 지금 어떤 장면에 있는가?" 이 낯선 연결은 우리의 굳어진 사고에 균열을 내고, 예상치 못한 통찰이 스며들게 한다.

두 번째, '상식 뒤집어보기'다. 모든 산업에는 누구도 의심하지 않는, 거의 종교처럼 여겨지는 '성공 공식'이 있다. 하지만 시대가 바뀌면 가장 강력했던 무기가 가장 먼저 녹스는 법. 그 당연한 상식의 심장부에 "왜?"라고 묻는 것이다. "만약 우리 제품의 가장 핵심적인 기능을 빼버린다면, 오히려 열광할 고객은 없을까?" "모두가 '더하기'에 집중할 때, 우리가 '빼기'를 통해 얻을 수 있는 것은 무엇일까?" 이 질문은 우리를 경쟁의 레드오션에서 아무도 없는 블루오션으로 순간이동시킨다.

세 번째는 '어린아이처럼 상상하기'다. 어른이 될수록 우리의 상상력은 '현실의 제약'이라는 감옥에 갇힌다. 예산, 기술, 시간, 경험이라는 간수가 우리를 감시한다. 의도적으로 그 모든 제약을 잊고, 어린아이처럼 순수하게 욕망해보자. "만약 돈, 시간, 기술 제약이 전혀 없다면, 우리가 정말로 만들고 싶은 것은 무엇일까?" 이 황당해 보이는 질문이야말로, 우리가 진짜로 나아가야 할 방향을 알려주는 가장 순수한 나침반이 된다.

이러한 창의적 질문들은 막연한 영감을 기다리는 수동적인 행위가 아니다. 새로운 생각을 '발견'하기 위해 의도적으로 낯선 환경을 '설계'하는 능동적이고 적극적인 지적 활동이다. AI가 학습할 과거를 만드는 존재는 우리 인간이다. 그 창조의 순간은 언제나 기존의 판을 의심하는 용기 있는 질문에서 시작된다.

창의적 질문 도구: 의도된 탐험

1. 새로운 연결 만들기 (낯선 것과 연결하기)

   "이 문제를 전혀 다른 분야(예: 생물학, 역사, 예술)에서는 어떻게 해결했을까?"

   "전혀 상관없어 보이는 A와 B를 결합하면 어떤 새로운 가치가 탄생할까?"

2. 당연한 것 의심하기 (상식 뒤집어보기)

   "우리가 절대 어길 수 없다고 생각하는 규칙은 무엇일까? 만약 그 규칙을 없앤다면?"

   "우리 산업의 성공 공식을 정반대로 적용한다면 어떤 모습일까?"

3. 제약 없이 상상하기 (어린아이처럼 상상하기)

   "만약 실패의 가능성이 전혀 없다면, 우리는 어떤 대담한 시도를 해보고 싶을까?"

   "모든 복잡한 과정을 제외하고, 이 일의 가장 순수한 목적은 무엇일까?"

질문의 확장

개인의 무기에서
팀의 문화로

‘책상 AI’가 내놓은 매끈한 전략이

진흙탕 같은 현장에서도 통할 것이라 확신합니까?

우리 조직에는 AI의 그럴듯한 거짓말을 걸러낼

치열한 ‘검증 시스템’이 작동하고 있습니까?

AI와 함께 일하는 법:
도구를 넘어 파트너로

예전엔 AI가 '일 잘하는 똑똑한 인턴' 같았다. 지금은? 유능한 경력직 동료에 가깝다. 단순 데이터 분석이나 자료 검색, 추천에 그치지 않는다. 보고서를 작성하고, 까다로운 고객 문의에 응대하며, 시장 데이터를 분석해 마케팅 전략을 제안하고, 영업 메일을 발송한다. 시키는 일만 하던 보조 역할에서 벗어나, 스스로 판단하고 실행하는 주체가 된 것이다. 이 변화의 중심에 AI가 있다.

AI는 한때 보조 툴이었지만, 이제는 업무 프로세스 그 자체에 깊숙이 관여하는 실행 주체다. 사용자의 지루하고 반복적인 업무를 대신하는 것을 넘어, 비즈니스의 핵심적인 의사 결정에까지 개입한다. 업무 프로세스 전반에 AI가 물처럼, 공기처럼 스며들고 있다. AI와 협업하지 않는 개인과 조직? 경쟁력 제로다. AI는 어느덧 비즈니스의 '선택값'이 아니라 생존을 위한 '기본값'이 되었다.

AI가 공장이나 연구소의 전유물이었던 때가 있었다. 거대한 로봇팔이 자동차 부품을 조립하고, 정교한 비전 센서가 불량품을 골라내는 풍경이 우리가 알던 AI의 전부였다. 하지만 이제 AI는 공장의 컨베이어 벨트를 떠나 우리 사무실 책상 한복판에 자리 잡았다.

문서 작성, 이메일 정리, 회의록 요약, 데이터 시각화. 이제 인간은 워드와 엑셀, 파워포인트의 빈 화면을 붙잡고 씨름할 필요가 없어졌다. AI가 눈 깜짝할 사이에 초안을 만들어낸다. 인간은 그 결과물을 다듬기만 하면 된다. 보고서의 '첫 줄'이 써지지 않아 밤새 고통받던 시간도 끝났다. 변화의 흐름은 되돌릴 수 없다. AI를 업무 파트너로 받아들인 조직과 그렇지 않은 조직의 생산성 격차는 앞으로 상상 이상으로 벌어질 것이다.

우리가 정보를 얻는 방식, 즉 검색의 패러다임도 바뀌었다. 예전의 검색은 키워드 중심이었다. 사용자가 단어를 입력하면, 알고리즘은 그 단어가 포함된 수많은 웹페이지 목록을 던져줄 뿐. 진실과 거짓, 핵심과 주변 정보를 가려내는 것은 온전히 사용자의 몫이었다. 하지만 이제 검색은 질문과 답변의 형태다. 사용자가 질문을 던지면, AI가 수많은 정보를 스스로 학습하고 요약해 적절한 답을 정리해준다. 출처까지 곁

들여서. 더는 수십 개의 브라우저 탭을 열어두고 일일이 웹페이지를 뒤지는 노동을 할 필요가 없다.

마케팅은 또 어떻고. 과거의 디지털 마케팅이 키워드 광고의 싸움이었다면, 이제는 AI와의 대화로 진화했다. AI는 고객의 과거 구매 이력과 행동 패턴을 분석해 마치 오랜 친구처럼 상품을 추천한다. "지난번에 구매하신 셔츠와 잘 어울리는 바지인데, 당신 체형에는 이 모델이 찰떡이에요." 고객은 클릭 한 번으로 개인화된 추천을 받는다. 결제창까지 자연스럽게 안내받는다. 이제 기업 입장에서 매출을 올리기 위한 가장 중요한 과제? '더 좋은 광고를 만드는 것'이 아니다. '우리 회사 AI가 고객과 더 친해지게 만드는 것'이다.

기술의 민주화랄까. AI를 사용하는 문턱이 놀랍도록 낮아졌다. 복잡한 프롬프트 엔지니어링을 몰라도, 누구나 AI를 활용할 수 있다. 직관적인 사용자 인터페이스(UI) 덕분이다. 버튼 클릭만으로, 혹은 간단한 대화만으로 AI는 똘똘하게 작동한다. 보고서를 쓰려고 하면 AI가 관련 자료를 요약해준다. 이메일을 열면 AI가 답장 초안을 제안한다. 사용자는 그저 클릭만 하면 된다. 선택만 하면 된다. 복잡한 명령어? 몰라도 된다. AI 덕분에 누구나 전문가처럼 일할 수 있다. 이 흐름을 거부한다고? 비효율의 선택이다. 효율의 포기다.

그렇다면 AI를 우리 조직에 잘 녹여 넣는 방법은? 어디서부터 도입해야 할지 막막하다면? 아래 세 가지 원칙이 기본이다. 첫째, 지루하고 반복적인 업무부터 AI에게 맡겨라. 지루한 일은 AI가 더 잘한다. 지치지도 않는다. 문서 초안, 이메일 응답, 데이터 정리부터 맡기자. 둘째, 우리 회사 데이터로 AI를 학습시켜라. 글로벌 기성 AI 모델을 가져다 쓰면 반쪽짜리 활용이다. 우리 회사만의 보고서 양식, 고객 데이터, 성공과 실패 사례 등 사내 데이터를 기반으로 맞춤형 AI를 만들어야 진짜 효과를 본다. 셋째, AI의 한계를 명확히 인식하고 리스크를 관리하라. AI는 전지전능하지 않다. 그럴듯한 거짓말이나 비논리적인 문장을 내뱉을 수 있다. AI가 내놓는 결과값은 초안일 뿐. AI의 출력물을 맹신하지 않고, 비판적으로 검토하며, 책임 있는 담당자가 최종 점검하는 프로세스를 구축해야 한다.

AI가 일하는 시대, 인간은 이제 무엇을 해야 할까? 핵심은 '질문력'이다. 이전에는 정보를 잘 '찾는' 사람이 유능하단 소리를 들었다. 이제는 정보를 잘 '요구하는' 사람이 유능한 시대다. AI는 양질의 질문을 입력해야 양질의 답변을 출력하는 '질문 기반 파트너'다. 날카로운 질문을 던지는 능력, 즉 질문력이 곧 경쟁력이다. 그리고 또 하나, 창의성이다. AI가 내놓은 결과물을 비판적으로 해석하고, 여러 아이디어를 연결해 완전히 새로운 가치를 만들어내는 능력은 인간 고유의 무기다. 반복 업무는 AI에게, 전략적 사고와 최종 결정은 인간에게. 앞으로 우리가 맞이할 일의 기본 구조다.

AI는 고객 응대부터 마케팅, 검색, 콘텐츠 생산까지, 모든 비즈니스 한가운데에 있다. 이제 관건은 AI를 쓰느냐 마느냐가 아니다. 어떻게 쓰느냐, 얼마나 조직에 잘 녹여 넣느냐가 핵심이다. 기업이든 개인이든 AI와 협업하는 역량이 곧 경쟁력이란 얘기다.

결론은 단순하다. AI를 나의 팀원으로 받아들일 준비가 되었는가? AI는 이미 옆에서 일하고 있다. 이 새로운 동료의 손을 기꺼이 잡을 준비가 된 사람과 조직만이, 거대한 변화 속 새로운 기회를 잡을 수 있다. 내일의 경쟁자? AI를 잘 쓰는 사람, AI를 잘 쓰는 조직이다.

AI와 함께 연주하는
창의 협업의 이중주

문득 떠오른 아이디어 하나. 단어 몇 개 얼른 적어놓고 AI에게 말을 걸었다. AI는 그 생각을 곧장 받아 적지 않는다. 흐릿한 지점을 바로 비춘다. "무슨 얘기를 하려는 건데?" "이 아이디어가 중요한 이유는?" 전제가 허술하면 그 허점을 드러낸다. 단선적인 관점이라면 다른 각도를 열어준다. 꼬리를 무는 질문들에 생각이 살아나기 시작한다. 막연했던 발상이 구조를 갖추고, 낡은 사고가 깨진다. 10분 전만 해도 없던 그림이, 눈앞에 그려진다. AI는 대답하는 도구에서 지적 대화의 파트너가 된다.

많은 사람이 AI를 '구글 검색창처럼' 쓴다. 질문 하나, 답 하나. 딱 거기까지다. 하지만 이건 AI의 잠재력 중 5퍼센트도 쓰지 않는 방식이다. AI는 단순한 정보 도구 그 이상이다. AI는 사고의 환경이다. 아이디어를 연결하고, 질문을 유도하며, 생각의 구조를 만들어낸다. 요컨대 AI는 '사고가 시작되는 회로판'이다.

생각은 번개처럼 오지 않는다. 대부분은 흐릿한 느낌, 단어 몇 개, 어설픈 문장에서 시작된다. 명확하지 않은 이미지들. 아직 아무것도 연결되어 있지 않다. 마치 회로판 위에 흩어진 부품처럼. 하지만 AI와 대화를 시작하는 순간, 연결이 시작된다. "왜 그렇지?", "만약 반대로 생각하면?", "어떤 맥락에 적용할 수 있지?" 질문이 꼬리를 물며 회로가 작동하기 시작한다. 질문이 많아질수록 사고는 정교해진다. 깊어진다. AI의 진짜 힘은 그 '연결 설계 능력'에 있다.

철학자 앤디 클라크는 인간의 사고가 뇌 안에만 갇혀 있지 않다고 말한다. 우리는 메모, 지도, 타자기, 컴퓨터 같은 도구를 통해 외부 세계와 상호작용하며 사고를 확장해왔다. '확장된 마음' 이론이다. 지금의 AI는 그 모든 도구를 하나로 압축했다. AI는 그 어떤 도구보다 강력한 인지 확장 장치다. 뇌 바깥에 놓인 또 하나의 뇌이자 마음이자 사고 회로다.

스탠퍼드 내학교의 제러미 어틀리 교수는 "AI는 도구가 아니라 팀원"이라고 말한다. 단순한 수사가 아니다. 그는 창의성과 AI의 관계를 오랫동안 연구했다. 그의 관찰은 명확하다. AI를 검색창처럼 쓰는 조직은 성과가 낮다. 반면, AI를 대화 가능한 팀원으로 대하는 조직은 성과가 높다. 차이는 피드백 구조다. 전자는 마음에 안 드는 결과가 나오면 포기한다. 후자는 질문을 바꾸고, 다시 시도한다. 방향을 바꾸며, 대화를 이어간다. AI를 피드백 가능한 존재로 대하는 조직일수록 창의적 성과를 잘 낸다는 게 골자다.

미국 국립공원관리청의 한 직원은 AI와 대화하며 45분 만에 행정 절차 자동화 도구를 만들었다. 개발자나 엔지니어가 아닌 일반 행정직원이었다. 결과는 연간 7,000일 분량의 노동 절감. 그가 터득한 건 단순한 '활용법' 그 이상, 바로 함께 생각하는 방식이었다. 창의성이란 그런 식으로 작동한다. AI를 도구가 아니라 파트너로 대할 때, 비약적 성과가 나타난다.

AI 시대, 우리의 '질문법'은 달라져야 한다. 대부분의 사람은 "이 질문에 어떻게 답해야 하지?"라고 생각한다. 하지만 혁신은 "어떤 질문을 던져야 이 생각이 확장될까?"로 바뀔 때 일어난다. AI는 질문에 답한다. 그러나 더 좋은 AI는 질문을 되돌려준다. "그게 왜 중요하죠?", "이건 어떤 맥락에서 나왔죠?", "그 전제는 어디서 왔나요?" 이런 반문이 시작되는 순간, 우리는 비로소 진짜 사고를 시작한다. 회로는 더 정교해지고, 생각은 더 깊어진다.

문제는 질문하지 않는 사용자다. 질문 없이 AI가 뭔가를 만들어주길 기대하면, 뇌는 일을 하지 않는다. 내 안의 흐릿한 아이디어를 밖으로 꺼내고, 문장으로 바꾸고, 질문으로 연결해야 한다. 이 과정이 바로 창의성이다. AI는 그 과정을 돕는다. 하지만 그 출발은 여전히 우리에게 달려 있다. 무엇을 상상하고, 어떻게 표현하고, 어디까지 끌어내느냐. AI는 그저 반사판이다. 빛은 나로부터 시작된다.

"AI가 인간을 멍청하게 만들 것이다." 그런데 정말 그럴까? AI를 많이 쓰는 학생일수록 독해력이 낮다는 조사도 있다. 그러나 진짜 문제는 '질문하지 못하는 무지(無知)'다. AI를 어떻게 쓸지 모르는 것이다. AI를 제대로 쓴 사례도 많다. 고강도 AI 튜터링은 읽기 부진 학생의 이해력을 유의미하게 끌어올렸다. 인도네시아 고등학교에서는 맞춤형 AI 읽기 플랫폼이 독해력과 동기를 동시에 높였다. 차이는 하나였다. '정답을 주는 AI'였는가, '사고 과정을 보여주는 AI'였는가. 스탠퍼드 대학교 연구진은 단계별 설명을 제공한 AI가 정답만 준 AI보다 학습 효과를 크게 높였다고 보고했다. 생각의 회로를 만들어주는 방식이라서다.

AI는 뇌를 대신하지 않는다. AI가 인간의 사고력을 줄이느냐 높이느냐는, 사용자의 태도와 사용법에 달려 있다. 생각 없이 정답만 복사하면, 뇌는 일하지 않는다. 하지만 AI의 답을 의심하고, 질문을 던지고, 스스로 생각을 재구성하면 뇌는 더 깊이 작동한다. AI를 '생각을 단축시키는 도구'로 쓸 것인가, 아니면 '생각을 확장시키는 거울'로 쓸 것인가. '녹이 스는 뇌'와 '열일하는 뇌'는 거기서 갈린다.

창의성도 마찬가지다. 빈칸이 있어야 창의가 작동한다.

AI는 그 빈칸을 메우기 위한 자극을 줄 수 있다. 내 초벌 아이디어를 반박하게 만들어라. 또 다른 관점을 요구하라. 더 과감한 시나리오로 뻗어가게 만들어라.

생각의 본질은 연결이다. 단상과 단어, 기억과 질문, 맥락과 개념을 엮어가는 연결. AI는 그것을 더 빠르게, 더 넓게, 더 깊게 만든다. 창의성은 그렇게 만들어진다. 시작은 간단하다. 한 줄 메모. 흐릿한 스케치. 미완성의 문장. 던져라. 연결하라. 대화하라. 그러면 AI가 회로를 구성한다. 질문이 붙고, 구조가 생긴다. 생각이 작동을 시작한다. 그리고 그 생각은 더 이상 혼자만의 것이 아니다. AI와 함께 짜는 회로 속에서, 우리는 '확장된 마음'을 경험하게 된다. 생각은 회로다. 그 회로는 이제 AI와 함께 짠다.

보고받는 리더십의 종말:
질문을 설계하라

'AI 동료'라는 말도 이제는 버려야 할까? 이 안일한 표현은 우리를 잠시 안심시킬 뿐, 눈앞의 거대한 변화를 치명적으로 왜곡한다. AI가 어지간한 인턴사원 수준을 훌쩍 넘어서 버려서다. 지금 우리 눈앞에 펼쳐지는 건 단순한 업무 자동화나 협업 방식의 변화가 아니다. 조직이라는 유기체가 생각하고, 판단하고, 학습하는 방식 자체가 뿌리부터 뒤바뀌는 지적 구조의 변혁이다. 리더가 책상에 앉아 정제된 정보를 보고받던 시대는 끝났다. 예측 가능한 파이프라인을 따라 정보가 흐르던 안정된 세계는 더 이상 존재하지 않는다.

과거의 조직은 명확한 파이프라인이었다. 현장에서 데이터가 생산되면, 실무자가 가공하고, 관리자가 운송해, 최종적으로 리더의 책상 위 보고서로 완성됐다. 리더는 이 질서정연한 공급망의 최상위에 있었다. AI가 이 파이프라인을 산산조각 내기 전까지는. AI는 이제 조직의 모든 데이터와 연결되어, 예측 불가능한 지점에서 새로운 인사이트를 빚어낸다. 정보는 더 이상 한 방향으로 흐르지 않는다. 조직의 모든 신경망에서 동시다발적으로 생성된다.

이 무질서한 정보의 홍수 속에서 리더는 무엇을 해야 할까. 리더는 더 이상 최종 결재자가 아니다. 이제 리더는 조직의 지성을 연결하고 작동시키는 설계자다. 인간의 직관과 기계의 연산이 어떻게 만나 최상의 결과물을 빚어낼지, 그 거대한 '하이브리드 인지 시스템'의 운영체제를 직접 설계하고 끊임없이 디버깅해야 한다. 보고받는 행위는 구시대의 유물이 되었다. 새로운 시스템을 설계하고, 날카로운 질문을 던지는 것. 이것이 AI 시대의 리더십 본질이다.

새로운 리더의 역할은 세 가지 핵심 역량으로 압축된다. 첫째, '문제 정의자'다. AI에게 "매출을 올릴 방법을 알려줘"라고 묻는 것은 리더의 직무유기다. 문제의 실체가 빠진 단세포적 요청이라서다. 병원에 가서 아무 진단도 없이 "대충 좋은 방향으로 치료해달라"라고 말하는 것과 같다. 탁월한 리더는 막연한 비즈니스 문제를 AI가 탐색 가능한, 날카로운 가설의 형태로 재설계한다. "MZ세대 이탈률이 왜 높지?"라는 뭉툭한 질문을 이렇게 바꾼다. "지난 분기 이탈한 20대 고객과 충성 고객의 앱 내 행동 데이터를 비교해. 이탈 직전 공통적으로 나타난 이상 징후 5개를 찾아내고, 각 징후의 위험도를 수치로 보여줘." 조직의 사고 체계를 탐구와 가설 검증의 형태로 바꾸는 것은 순전히 리더십 역량에 달려 있다.

둘째, '가치 설계자'다. AI의 차가운 계산에 조직의 철학을 불어넣어야 한다. AI는 수익을 극대화할 해고 인원을 계산할 순 있지만, 그 결정이 조직의 신뢰를 어떻게 파괴할지는 모른다. 가장 효율적인 공급망을 찾을 순 있지만, 그 과정에서 오랜 파트너와의 관계가 어떻게 끝장날지는 계산하지 못한다. 리더는 AI의 연산 모델에 '우리의 고객 우선 원칙을 훼손하지 않는 범위 내에서' 혹은 '장기적 파트너십을 위협하지 않는 조건하에서'라는 윤리적, 철학적 가드를 설치해야 한다. AI의 답을 사후에 검열하는 소극적 차원을 넘어 시스템 설계 단계부터 적극적으로 조직의 영혼을 코드로 심어야 한다.

셋째, '최고 회의론자'다. AI가 만들어내는 확신의 환각에 맞서야 한다. AI는 그럴듯한 문장과 현란한 그래프로 우리를 설득한다. 이 달콤한 확신에 길들여지는 순간, 조직의 비판적 사고는 퇴화한다. 리더는 이 인지적 편안함의 유혹을 최전선에서 막아서야 한다. "이 분석이 의도적으로 배제한 데이터는 무엇인가?" "이 결론을 단번에 뒤집을 수 있는 반례 하나를 찾는다면 무엇일까?" "AI가 제시한 낙관적 시나리오가 모두 틀렸을 때, 우리가 마주할 최악의 상황은 무엇인가?" 리더라면 집요하게 물어야 한다. 'AI는 정답 기계'라는 환상에서 벗어나라. AI는 리더의 질문과 결합해 탐구의 지평을 넓히는 촉매제다.

이러한 변화는 구성원의 역할도 재정의한다. 직원들은 하이브리드 인지 시스템의 성능을 좌우하는 '인간 센서'다. AI가 읽지 못하는 고객의 미묘한 표정, 회의장의 싸늘한 공기, 경쟁사의 움직임 같은 질적 데이터를 시스템에 연결하는, 살아 있는 인터페이스가 되어야 한다. 직원의 가치는 이제, 주어진 일을 얼마나 빨리 끝내는지가 아니라, AI와의 상호작용 속에서 얼마나 예리한 통찰을 시스템에 공급하느냐로 평가된다.

경험의 가치 역시 달라진다. 과거, 경험은 '정답의 도서관'이었다. "내 경험상 그건 안 돼"라는 말은 강력했다. 이제 경험의 가치는 AI가 내놓은 완벽한 데이터와, 시장의 복잡한 현실 사이에 존재하는 미묘한 간극을 감지하는 능력이다. 그리고 그 간극의 정체를 파고드는 질문을 던지는 능력이다. "숫자상으로는 완벽한데, 우리가 현장에서 체감하는 고객의 반응과 다르다. 이 데이터가 놓치고 있는 현장의 변수는 무엇인가?" 이런 질문이야말로 수십 년의 경험이 빚어낸, AI가 결코 흉내 낼 수 없는 통찰이다. 경험은 이제 정답의 창고를 넘어, 위대한 질문의 원천이 된다.

AI시대의 리더십은 편안함, 화려함과 결별한다. 더 근본적이고, 더 추상적이며, 더 고독한 길이다. 정답을 외치는 지휘자의 길을 뒤로 하고, 조직의 지성을 깨우는 고독한 설계자의 길로 나아가야 한다. 리더의 언어는 명령에서 질문으로 바뀌었다. 리더의 행동은 관리에서 설계로 진화했다. 거의 낡은 성공 지도만 붙들고 있을 것인가, 아니면 새로운 조직 지능을 설계할 것인가. 머무를 것인가, 건너갈 것인가.

AI 시대의 리더십:
3가지 역설과 3가지 역할

과거, 일의 세계는 거대한 '릴레이(Relay)' 경주와 같았다. 우리는 사일로(Silo)라는 칸막이 안에서 각자의 구간을 달렸다. 한 전문가가 일을 마치면, 다음 전문가에게 바통을 넘겼다. 기획에서 디자인으로, 디자인에서 개발로. 바통을 넘기는 지난한 과정, 즉 승인과 조율, 협업이라는 이름의 병목이야말로 조직을 움직이는 안정적인 엔진이라 믿었다. AI는 그 믿음을 파괴한다. 일의 시스템을 뿌리부터 뒤흔드는 거대한 전환. 바로 '기업 릴레이' 시대의 종말이다.

과거에는 시장 분석, 보고서 작성, 제품 디자인, 코드 개발과 같은 일들이 여러 전문가의 손을 거쳐야 했다. 며칠씩, 아니 몇 주씩 걸리던 일이었다. 이제 그 모든 과정이 단 한 명의 책상에서 몇 시간 만에 완결된다. 이 폭발적인 생산성을 지닌 개인, 이른바 '자기 완결형 인간(Self-Contained Individual)'의 등장은 조직의 최소 단위를 팀에서 개인으로 바꾸어놓았다. 이게 어떤 의미냐고? 부서 간에 일을 넘겨주며 생기던 시간 지연과 정보 왜곡이 사라진다. 흐려지던 책임 경계가 선명해진다. 거부할 수 없는 혁신이다.

하지만 빛이 강하면 그림자도 짙어지는 법. 증폭된 개인의 실행력은 새로운 병목을 만든다. 과거에는 없었던 세 가지 치명적인 역설이 발생한다.

검증의 역설: AI의 속도가 인간의 판단 부담을 가중시킨다

AI는 며칠 걸릴 작업을 단 몇 초 만에 끝낸다. 우리에게 무한한 시간을 선물한 듯 보인다. 착각이다. AI의 결과물은 그럴듯한 거짓말, 즉 환각을 품고 있다. 학습 데이터의 편향을 그대로 물려받기도 한다.

AI의 출력 속도는 놀랍도록 빠르다. 그럴수록 우리는 더 높은 수준의 비판적 사고를 요구받는다. 결과물에 대한 사실적, 윤리적, 전략적 책임을 져야 해서다. 과거의 병목이 '실행의 느림'이었다면, 새로운 병목은 '검증과 판단의 부담'이다.

상상해보자. AI가 1분 만에 완벽한 시장 보고서를 내놓는다. 하지만 그 보고서가 편향된 데이터에 기반했다는 사실을 놓친다면? 조직은 가장 빠른 속도로 가장 치명적인 오류를 범하게 된다. 실패할 시장에 막대한 돈을 투자하는 최악의 결정을 범하게 된다.

이 속도의 함정 앞에서 새로운 능력이 필요하다. 바로 통합적 판단력과 최종 책임이다. AI의 결과물을 의심하는 것을 넘어서, 여러 AI가 내놓는 상충된 결과들을 교차 검증해야 한다. 각 모델의 편향성을 간파해야 한다. 불완전한 정보 속에서도 비즈니스적 책임을 온전히 지겠다는 결단이 필요하다. AI 시대의 리더십은 그래서, 위험을 감수하고 최종 판단을 내리는 '책임의 예술'이다.

통제의 역설: 개인의 최적화가 조직의 방향성을 파괴한다

AI로 무장한 '자기 완결형 인간'들은 비효율을 참지 못한다. 불필요한 회의, 번거로운 승인 절차, 관료주의적 보고 체계. 그들에게는 모두 장애물일 뿐이다. 그들의 독립적이고 빠른 실행력은 분명 혁신의 엔진이다. 그러나 각자의 엔진이 다른 방향을 향해 전속력으로 달린다면 조직은 표류한다. 전략적 비동조화(Strategic Misalignment)다. 뛰어난 개인들의 생산성을 모두 더해도, 조직의 시너지가 발생하지 않는다. 오히려 전체의 합이 각 부분의 합보다 작아지는 치명적인 위기가 등장한다.

마케팅팀의 AI는 '성장 최적화'를 위해 모든 예산을 공격적인 신규 캠페인에 쏟아붓는다. 개발팀의 AI는 '안정성 최적화'를 위해 시스템 변경을 최소화하고 보수적인 업데이트만 승인한다. 재무팀의 AI는 '효율 최적화'를 내세우며 불확실한 미래 투자를 삭감한다. 각 팀은 각자의 영역에서 가장 합리적인 선택을 했지만, 조직은 성장을 위한 실험도, 안정을 위한 투자도 불가능한 교착 상태에 빠진다. 회사는 방향을 잃고 좌초한다.

과거의 리더십은 '실행의 통제'에 집중했다. 이제 새로운 거버넌스 모델이 필요하다. 개인의 자율성을 존중하면서도, 조직의 단일한 방향성을 유지해야 한다. 그 해답은 인간 중심의 공감 리더십과 심리적 안전망 구축에 있다. 조직 내 AI 활용 능력의 격차를 교육과 시스템으로 해소해야 한다. AI가 저지른 오류를 두려움 없이 공유하고 수정할 수 있는 조직적 신뢰, 즉 '심리적 안전망(Psychological Safety)'을 만들어야 한다. 리더는 신뢰의 네트워크를 짜고 모두가 같은 곳을 보게 만드는 거버넌스 설계자가 돼야 한다.

가치의 역설: AI 격차가 인간의 경험과 지혜를 차단한다

AI 활용 능력은 새로운 계급을 만든다. 기술 습득이 빠른 소수는 압도적인 성과로 스타가 된다. 반면 변화의 속도에 뒤처진 다수는 소외감을 느낀다. 자신의 가치를 의심하게 된다. 생산성을 위해 도입한 AI가 조직의 가장 중요한 자산인 신뢰와 협력 자본을 파괴하는 것이다. AI 격차는 조직 내부에 깊은 불신과 냉소주의를 싹틔운다.

가령 이런 상황을 보자. 'AI 네이티브' PM은 완벽한 출시 계획을 AI로 수립했다. 이때, 한 베테랑이 AI가 학습하지 못한 '업계 관행'(비공식 장기 휴가)을 근거로 치명적인 생산 차질 리스크를 제기한다. 하지만 AI 중심의 시스템은 그의 경험을 '증명할 수 없는 주장'으로 취급한다. 결국 조직은 예측 가능한 실패를 막지 못한다.

이것은 개인의 문제가 아닌 시스템의 실패다. AI가 만든 효율적인 시스템이 역설적으로 인간의 경험이라는 가장 중요한 데이터, 즉 '암묵지'를 차단해버린 것이다. 진정한 리더십은 여기서 드러난다. AI의 분석 결과에 베테랑의 '암묵지'를 의도적으로 충돌시켜 더 높은 차원의 통찰을 이끌어내는 능력. 그리고 이러한 충돌을 장려하는 '심리적 안전망'을 구축하는 능력.

AI를 잘 다루는 사람이 '답을 찾는 기술자'라면, AI와 인간의 지식을 연결하여 시너지를 만드는 사람은 '가치를 창조하는 지휘자(Conductor)'다. 이 지휘자의 역할이야말로 기술 격차로 소외된 이들의 경험에 다시금 가치를 부여하고, 조직 전체를 하나의 오케스트라처럼 움직이게 만드는 열쇠가 된다.

AI 시대의 리더십? 인간 고유의 가치를 지휘하는 능력이다

AI는 우리에게 무한한 실행력을 선물했다. 동시에 그에 걸맞은 책임과 질문의 무게를 함께 던졌다. 일을 잘한다는 것은 AI가 넘볼 수 없는 영역으로 나아가는 것이다. 가장 어려운 질문을 던지고, 가장 복잡한 변수 속에서 판단하며, 그 결과에 온전히 책임을 지는 '지휘자'로 진화하는 것이다.

AI가 효율적인 답을 무한히 생성하는 시대다. 이제 가치는 '답'이 아닌 '질문'에서 나온다. AI의 답을 능숙하게 활용하는 '기술자'로 남을 것인가, AI가 결코 닿을 수 없는 본질을 묻는 '지휘자'가 될 것인가. 이미 시작된 미래에서, 가치를 창조하는 소수와 효율을 소비하는 다수가 갈리는 지점이다.

AI 네이티브 조직,
리더가 바꿔야 할 게임의 법칙

어느 기업의 회의실. 팀원 하나가 조용히 노트북을 열었다. 화면엔 어젯밤 AI로 뽑아낸 첫 프로토타입이 떴다. 디자이너가 UI를 구상하기도 전이었다. 개발자가 시스템을 설계하기도 전이었다. 회의 안건은 즉시 바뀌었다. '아이디어 논의'를 위한 회의에서 '수정·배포 계획'을 위한 회의로. 절차는 사라졌다. 속도는 빨라졌다. 모두가 알았다. 우리가 일하는 방식은 이제 예전으로 돌아갈 수 없다는 걸. 'AI 네이티브 조직'의 단면이다.

AI 네이티브 조직은 처음부터 AI를 중심에 두고 설계된 조직이다. 일의 단위, 흐름의 설계, 권한과 책임의 배치가 모두 AI를 전제로 재구성된다. 하지만 대부분의 조직은 이 아름다운 풍경과 거리가 멀다. 보고는 여전히 위로만 올라간다.

결정은 한없이 늦게 내려온다. 직급이 판단 기준이 되고, 리더의 취향이 프로젝트를 뒤흔든다.

이런 상황에서 흔히 듣게 되는 조언이 있다. "조직이 바뀌길 기다리지 말고, AI를 활용해 당신의 업무 프로세스를 보다 효율적으로 바꿔라." 침몰하는 배의 선원에게 "더 뛰어난 수영 실력을 갖춰라"라는 것과 별 다를 것 없는 얘기다. 물론 개인의 역량은 중요하다. 하지만 진짜 문제는 배에 뚫린 구멍을 막지 못하는 선장의 리더십과 낡은 항해 시스템이다. AI 시대에 살아남는 직장인의 조건은, 개인의 영웅적인 노력 이전에, 리더가 어떤 종류의 배를 만들고 있는가에 달려 있다.

그렇다면 침몰하는 낡은 배를, AI라는 폭풍우를 뚫고 나아갈 강력한 항공모함으로 바꿀 수 있는 리더의 비결은? '일의 운영 체제(OS)'를 새로 설계하는 것이다.

첫째, '보고'의 문화를 '공유(Share)'의 시스템으로 전환해야 한다. 과거의 조직에서 정보는 권력이었다. 보고서는 아랫사람이 윗사람에게 바치는 조공품이었고, 의사결정은 정보를 접하는 소수가 독점했다. AI 네이티브 조직에서의 정보는 흐르는 물과 같아야 한다. AI가 생성한 시장 분석 데이터, 고객 반응 리포트, 경쟁사 동향 등 모든 정보가 특정 부서나 개인에게 갇혀서는 안 된다. 전사적으로 접근 가능한 '공유 데이터 풀(Shared Data Pool)'에 실시간으로 쌓여야 한다.

리더의 역할은 이 데이터 풀 위에서 직원들이 자유롭게

토론하고 가설을 세울 수 있도록 '안전한 놀이터'를 만드는 것이다. "이 데이터를 보니, 우리가 완전히 잘못 생각하고 있었던 것 같습니다"라는 발언이 질책이 아닌 칭찬을 받는 문화를 설계해야 한다. 정보의 투명성이 보장될 때, 비로소 AI는 조직 전체의 집단지성을 높이는 무기가 된다.

둘째, '개인의 역량'을 '팀의 워크플로우'에 통합해야 한다. 리더는 개인이 아니라 팀 전체가 AI를 효과적으로 활용할 수 있는 구체적인 '워크플로우'를 설계해야 한다. 예컨대, 신규 프로젝트를 시작할 때, 모든 팀이 의무적으로 AI를 활용해 '사전 실패 시뮬레이션(Pre-mortem Simulation)'을 수행하게 하는 것이다.

'기획자'는 AI에게 "이 프로젝트가 실패한다면, 가장 가능성 높은 이유 세 가지는 무엇인가?"를 묻는다. '개발자'는 "AI가 제안한 기술 스택의 잠재적 문제는 무엇인가?"를 검증한다. '마케터'는 "AI가 예측한 타겟 고객의 반응이 완전히 빗나갈 최악의 시나리오는 무엇인가?"를 분석한다. AI는 팀 전체가 함께 리스크를 관리하고 의사결정의 질을 높이는 공동의 도구가 된다. 리더는 '슈퍼맨'을 찾는 대신, 팀의 협업 프로토콜을 만들어야 한다.

셋째, '통제'의 리더십을 '신뢰(Trust)'의 거버넌스로 바꾸어야 한다. AI가 생성한 결과물에는 항상 편향과 오류의 가능성이 존재한다. 개인 판단에 맡길 일이 아니다. 명확한 '조

직적 가드레일'이 필요하다. 가령, '고객의 신용등급 평가'
나 '채용 지원자 서류 심사'와 같이 인간의 권리에 중대한 영
향을 미치는 의사결정에는 '인간 검토 필수(Human-in-the-
loop)' 조항을 시스템에 명시해야 한다.

AI가 특정 그룹에 불리한 결정을 내릴 가능성은 없는지
지속적으로 감사하고, 그 결과를 투명하게 공개하는 윤리 위
원회를 운영하는 것도 방법이다. 리더는 직원을 감시하고 통
제하는 대신, 그들이 AI를 안심하고 사용할 수 있는 '신뢰할
수 있는 시스템'을 구축하는 데 집중해야 한다.

결국 AI 네이티브 조직에서 살아남는 직장인의 진짜 조
건은, 그가 얼마나 뛰어난 AI 활용 능력을 가졌느냐가 아니
다. 그가 얼마나 지능적으로 설계된 시스템 안에서 일하고
있느냐다. 개인에게 무한 책임을 지우는 조직은 침몰할 것이
다. 개인의 역량이 조직의 시스템 위에서 마음껏 발휘될 수
있도록 판을 짜는 리더만이, AI 시대의 폭풍우 속에서 살아남
는다.

천재 신입 AI를
우리 팀 에이스로 키우는 법

"AI, 우리도 이제 해야 하지 않아?" 요즘 가장 자주 듣는 말이다. 근데 이상하다. 이 말엔 기대보다 조급함이 묻어 있다. 마치 옆집이 최신 커피머신을 들였다는 얘기를 듣고 '일단 우리도 사자'며 지르고 보는 분위기다. 커피 맛도 모르고, 쓸 줄도 모르면서. 하지만, 그럴수록 더 냉정해야 한다. AI는 그리 만만한 존재가 아니다. 잘못 쓰면 팀 내에서 제일 비싼 장난감. 아니면, 제일 똑똑한 골칫덩이가 된다.

모든 걸 다 아는 척척박사처럼 보이지만 사실 AI는 이제 막 팀에 합류한 신입이다. 머리는 비상하지만, 사회생활은 처음이다. 이 신입, 어떻게 키워야 할까? 그저 그런 신입으로 썩히다 내보낼 것인가, 아니면 제대로 된 에이스로 키워낼 것인가. 그 모든 것은 AI 활용의 '판'을 어떻게 짜느냐에 달려 있다.

먼저, AI의 헛소리를 감당할 시스템부터 설계해야 한다. AI의 예측 정확도가 95퍼센트라는 말? 뒤집어보면 5퍼센트는 틀린다는 얘기다. 게다가, AI는 자기가 뭘 모르는지 모른다. 문제는, AI가 틀릴 때 아주 자신만만하게, 그럴싸한 근거까지 대며 틀린다는 것이다. 그러니 AI 출력값을 완벽한 결과물이라 전제하는 순간, 재앙이 시작된다. 핵심은 AI가 사고쳤을 때를 대비한 우리 팀만의 '플랜 B'를 만들어두는 것이다. 승인 전, 최소 몇 단계의 인간 검증을 거칠 것인가? AI가 사고쳤을 때, 누구에게 보고하고, 어떻게 수습할 것인가? 어떤 매뉴얼로 대응할 것인가? 그 실패를 어떻게 새로운 학습 데이터로 바꿀 것인가? 이 프로세스를 설계하는 것이 AI 활용의 첫 단추다. AI의 똑똑함에 감탄하기 전에, AI의 헛소리가 빚어낼 사고의 책임소재부터 명확히 해야 한다.

둘째, 가설은 AI에게 맡기되 검증은 우리가 직접 해야 한다. AI에게 '왜?'라고 물으면, 정말 그럴듯한 스토리를 들려준다. 사건의 모든 단서를 꿰뚫어 본 명탐정처럼. "이 고객은 A와 B에 관심이 있고, 그건 C라는 욕구와 연결되며…" 듣다 보면 "와, 천재다"라는 말이 절로 나온다. 하지만, 여기서 문제가 생긴다. AI가 들려주는 이 '매력적인 스토리'를 '유일한 진실'로 착각하는 것! AI는 데이터 속 상관관계를 찾아내 '가장 설득력 있어 보이는 가설'을 뽑아낼 뿐이다. 그게 유일한 진실은 아니다. 그 스토리가 진짜인지 검증하는 '팩트 체커'이자 '현장 감독'이 되어야 하는 이유다. AI가 "이 길이 정답일 것 같습니다!"라고 보고하면, 즉시 실험해보아야 한다. AI가 써준 각본을 그대로 믿지 말고, 현장을 점검하는 것이다. 그 각본이 현실에서도 통하는지 파일럿 필름을 찍어보는 것이다. AI는 초안을 쓸 뿐. 그걸 고치고 검증하여 완성하는 건, 우리라는 편집자다.

셋째, 우리만의 데이터가 무기가 된다. 데이터의 양이 중요하다고? 천만의 말씀. 식재료가 많다고 자랑하는 셰프는 없다. 중요한 건, 남들이 가지지 못한 '우리만의 식재료'다. 고객센터에 쌓이는 불만 섞인 목소리, 반품 사유서에 휘갈겨 쓴 단어들, 영업사원 미팅 노트 구석에 잠자던 고객의 진짜 속마음. 이것들이야말로 경쟁사의 식재료 리스트에는 없는, 우리만의 독점적인 식재료다. 경쟁사의 데이터베이스를 부러워 마라. 사내 파일 서버에 잠자고 있는 데이터부터 살펴라. 마르지 않는 '데이터 해자(Data Moat)'가 그렇게 만들어진다.

넷째, AI는 도구다. 주도권은 인간에게 있다. AI가 우리 직원을 대체할 거라고? 물론 단순 반복 업무는 사라질 것이다. 하지만 유능한 리더는 AI를 '터미네이터'로 쓰지 않는다. 직원을 위한 '아이언맨 슈트'로 활용한다. AI에게는 데이터 수집, 보고서 초안 작성, 이상 징후 감지 같은 지루하고 반복적인 일을 맡겨라. 그리고 그 분석 결과를 받아 고객과 소통하고, 창의적인 해법을 찾고, 최종 결정을 내리는 건 사람이다. AI 덕분에 더 똑똑하고 강력해진 직원. AI 도입의 목표는 비용 절감이 아니다. 직원 능력 증강이다.

다섯째, 시장은 오늘 움직인다. 회의는 어제에 멈췄다. 분기별 전략 회의? 언제까지, 지난 분기라는 흐릿한 수정 구슬을 들여다보며 미래를 예측하는 과거형 점쟁이로 남을 것인가. 시장은 분기별로 움직이지 않는다. 시장은 매일, 매시간, 실시간으로 흔들리고, 요동친다. 과거가 아니라 현재를 보는 관제탑이 필요하다. 고객 이탈률, 광고 효율, 재고 현황 같은 핵심 계기판에 작은 이상 신호가 감지되면, 시끄러운 사이렌이 울린다. 이 사이렌은 문제 해결에 필요한 핵심 인력들을 '작전 회의실'로 강제 소환한다. 손에는, 실시간 현장 데이터가 들려 있다. 전략은 예측하는 것이 아니다. 변화에 실시간으로 반응하는 것이다.

여섯째, 속도보다 중요한 건 회복탄력성이다. 빠르게 실패하라? 가장 무책임한 조언 중 하나다. 무작정 시도하다가 실패하면 그 손실은 누가 감당하나? 중요한 건 '맷집'이다. 한두 대 맞아노 비블거리지 않고 다음 라운드에 나설 수 있는 힘, 즉 '회복탄력성'이다. AI 프로젝트도 포트폴리오 관리가 필요하다. 단기 성과가 확실한 프로젝트와 위험성 있는 도전적 프로젝트에 자원을 나눠야 한다. 주식 하나가 상장 폐지되더라도 조직 전체가 휘청이지 않도록 하는 안전장치, 이게 바로 전략적 맷집이다. 맞으면서 시작하는 건 최대한 피해야 한다. 맞아도 버틸 수 있는 근육부터 키워야 한다.

결국, 모든 것은 질문으로 돌아온다. 어떤 질문을 던지느냐에 따라 AI는 비싼 장난감이 되기도, 시장을 제패하는 무기가 되기도 한다. AI라는 강력한 무기를 자유자재로 다루며, 승리의 시스템을 설계하는 '전장의 지휘관'이 되어야 한다. AI라는 재능 넘치는 신입의 미래는, 그리고 팀의 미래는 리더가 던지는 '질문'의 수준에 달려 있다. AI 시대, 질문이 전략이고, 질문이 미래다.

'책상 AI'는 모른다,
어디에 발을 디뎌야 할지를

AI는 점점 더 유창해지고 있다. 질문 하나 던지면 순식간에 그럴싸한 기획안을 수십 개씩 쏟아낸다. 논리는 매끄럽고, 근거는 풍부하다. 사람들은 그 압도적인 문장력에 혀를 내두른다. 인간 전문가의 자리는 곧 사라질 것만 같다. 하지만 감탄은 잠시 미뤄두자. 리더가 던져야 할 진짜 질문이 있어서다.

"그 완벽해 보이는 계획, 현실의 중력을 견딜 수 있는가?"

스탠퍼드 대학교 연구진의 흥미로운 실험이 이 질문에 대한 중요한 단서를 준다. 연구진은 자연어처리(NLP) 분야의 난제 해결을 위해 인간 전문가 그룹과 AI 모델(Claude 3.5 Sonnet)에게 각각 연구 아이디어를 제안하게 했다. 실제 연구 인력이 그 아이디어를 코드로 구현하고 실험까지 수행했다. 결과는 AI 시대의 허와 실을 극명하게 보여줬다.

실행 이전 단계, 즉 '제안서(Abstract)' 평가의 승자는 단연 AI였다. AI가 내놓은 아이디어는 인간의 그것보다 훨씬 신선하고(Novelty), 흥미롭다는 평가를 받았다. 기획서만 보면 AI는 이미 인간을 뛰어넘은 듯했다. 하지만 실행 단계에 들어서자 상황은 반전되었다. 실제 실험을 거친 결과물을 평가하자 AI의 점수는 하락했다. 반면, 인간 전문가의 아이디어는 점수가 유지되거나 오히려 상승했다. 최종 성적? AI의 매끈함은 힘을 잃었다. 현실을 견뎌낸 건 인간의 아이디어였다.

무엇이 '평가 역전'을 만들었을까? 연구진은 그 원인을 '타당성(Feasibility)의 결여'에서 찾았다. AI는 현실의 중력을 계산하지 않는다. "수천 명의 피험자를 대상으로 다국어 평가를 진행하라", "수억 건의 고품질 데이터를 새로 구축하라" 같은 제안을 아무렇지도 않게 내놓는다. 논리적으로는 맞다. 그렇게 하면 당연히 좋은 결과가 나올 것이다.

문제는 그 당연한 조치가 얼마나 막대한 비용과 시간, 그리고 조직적 피로를 요구하는지 AI는 감각하지 못한다는 점이다. AI의 사고에는 현실의 저항과 제약이 없다. 시간과 자원이 무한하다는 진공 상태의 가정 위에서 최적의 답을 계산할 뿐. 책상 위에서는 노벨상감이었던 전략이, 연구실 문턱을 넘는 순간 휴지 조각이 되는 이유다.

이러한 '현실 감각의 부재'는 비단 학계만의 문제가 아니다. 비즈니스 현장에서도 드러난다. 개발 팀장이 AI에게 시스템 현대화 방안을 묻는다. AI는 "레거시 시스템을 모두 걷어내고 최신 언어로 재구축하라"는 완벽한 해답을 내놓는다. 이론적으로는 맞다. 하지만 그 과정에서 발생할 서비스 중단, 기존 인력의 재교육 비용, 데이터 마이그레이션의 위험은 계산에 없다. 마케팅 AI가 "고객 접점 강화를 위해 월 10회 이상의 심층 상담을 진행하라"고 제안할 때, 상담 인력의 번아웃과 고객의 피로도는 고려되지 않는다. 그럴싸한 문장 뒤에 숨은 이 무지가 실행 단계에서 거대한 비용 낭비를 부른다.

우리는 지금껏 '똑똑한 AI'를 만드는 데 집중했다. 이제 필요한 것은 '현실을 아는 AI'다. 지금의 대형언어모델(LLM)은 본질적으로 텍스트 확률 계산기다. 말은 잘하지만, 그 말이 발 디딜 땅의 거친 정도를 모른다. 그렇다면 AI에게 어떻게 현실 감각을 가르칠 것인가?

가장 좋은 방법은 AI에게 '실패 데이터'를 학습시키는 것이다. 프로젝트가 엎어진 이유, 예산 초과로 중단된 기획안, 부서 간 알력으로 타협한 기록들. 이 지저분한 '마찰의 역사'야말로 현실을 구성하는 진짜 데이터다. 하지만 자신의 치부를 체계적으로 데이터화하여 관리하는 기업은 드물다. 실패는 기록되지 않는다. 은폐되기 마련이다.

그래서 학습시킬 실패 데이터가 없다고? 이가 없다면 잇몸이다. 직접 AI에게 '현실의 족쇄'를 채우면 된다. 이름하여 '스트레스 테스트(Stress Test) 프롬프팅'이다. AI가 화려한 기획안을 가져오면, 가상의 제약을 걸어 다시 시뮬레이션하게 만들어야 한다. "네 계획은 완벽해. 하지만 내일 당장 예산이 50퍼센트 삭감되면 어떻게 할래?", "핵심 개발자가 프로젝트 도중 퇴사하면, 이 일정은 어떻게 방어하지?", "영업팀이 이 새로운 방식을 거부하면, 우회할 방법이 있나?"

'현장 AI'는 데이터가 저절로 만들어주지 않는다. 리더의 집요한 질문과 검증 프로세스가 만든다. AI에게 의도적으로 결핍과 위기 상황을 가정하게 하고, 그 안에서도 작동 가능한 '차선책(Plan B)'을 내놓도록 요구해야 한다. 무한한 자원을 전제로 한 최선책보다, 제약 속에서도 작동하는 차선책이 훨씬 더 가치 있다. 생성과 검증, 몽상과 현실이 상호 견제하는 시스템만이 AI의 공허한 제안을 걸러낼 수 있다.

인간은 책상이 아니라 현장을 뒹굴며 현실 감각을 얻는다. 거절당하고, 부딪치고, 깨지고, 수습하는 과정에서 '되는 것'과 '안 되는 것'의 경계를 배운다. AI는 그 경험이 없다. 인간이 그 결핍을 대신 시뮬레이션해주어야 하는 이유다.

앞으로의 경쟁력은, '책상 AI(Desk AI)'를 쓰는 데 머무느냐, '현장 AI(Field AI)'로 진화시키느냐에서 갈린다. 책상 AI는 장밋빛 그림을 그려준다. 현장 AI는 자원 부족과 일정 압박 속에서도 일이 되게 만드는 법을 제안한다. 현실의 중력을 내면화한 AI만이 비즈니스의 진짜 파트너가 될 수 있다.

유능한 전략가는 항상 묻는다. "이거, 현장에서 정말 돌아가는 거야?” 이제 그 질문을 AI에게도, 그리고 AI의 결과물에 환호하는 우리에게도 던져야 한다. 실행 없는 계획은 무력하다. 마찰 없는 전략은 환상이다. 책상 AI의 매끈한 언변에 속지 마라. 거친 제약 조건을 통과해, 기어이 살아남은 현장 AI의 대답이 진짜다.

AI라는 시험대:
조직의 생존을 가르는 4가지 검증

AI를 조직에 도입하겠다고? 그건 새 장비를 하나 사는 것과는 차원이 다른 얘기다. 조직 전체를 시험대에 올리는 일이다. 이 시험은 조직의 가장 약한 고리, 가장 비효율적인 프로세스, 가장 낡은 생각부터 찾아내 날것 그대로를 드러낸다. 그래서 필요한 게 성공적인 AI 도입 전략이다. 본질은 간단하다. 외부 충격에 조직이 부서지기 전에, 스스로의 약점을 먼저 진단하고 수술하는 선제적 대응이다.

많은 리더들이 AI만 도입하면 모든 게 해결될 거라 생각한다. 착각이다. AI는 조직 안에 이미 있던 문제점을 더 크고 선명하게 보여주는 돋보기다. 그러니 AI 도입의 성공과 실패는 기술 성능에 달려 있지 않다. 이 냉정한 시험대 앞에서 우리 조직의 문제를 어떻게 해결할 것인지에 달려 있다. 이건 기술팀만의 일이 아니다. 리더십과 전략의 문제다. 시험은 이미 시작됐다. 우리 조직은 어디서 삐걱거리고 있는가.

시험은 가장 먼저 '왜'를 묻는다. 왜 AI를 도입하려 하는가? "경쟁사가 하니까", "있어 보여서" 같은 대답이 나온다면, 이미 첫 단추부터 잘못 끼운 것이다. 목적 없는 AI는 방향 잃은 엔진과 같다. 돈과 시간만 잔뜩 쓰다가 결국 조직에 피로감만 남긴다. 진짜 AI 전략은 기술 목록을 만드는 게 아니다. 우리 조직의 가장 아픈 문제가 무엇인지 정의하는 데서 시작한다. 비즈니스의 발목을 잡는 건 무엇인가? 고객이 자꾸 떠나는 것인가, 재고 관리가 엉망인 것인가, 아니면 신제품이 계속 실패하는 것인가?

아무리 좋은 도구도 '왜' 쓰는지 모르면 쓸모가 없다. 목적이 선명해야 방향이 생긴다. 비전은 그냥 구호가 아니다. 구성원이 움직이게 만드는 힘이다. AI 도입은 기술 이야기가 아니다. 의도와 목적의 이야기다. AI 전략의 출발점은 여기다.

예를 들어보자. 막연히 '고객 경험 향상'을 위해 챗봇을 도입한다고? 그건 전략이 아니다. '상담원 연결까지 기다리다 지쳐 떠나는 고객이 15퍼센트'라는 구체적인 문제를 찾아야 한다. 그리고 이 문제를 풀기 위해, 상담 기록을 학습한 AI가 단순 문의의 80퍼센트를 10초 안에 해결하도록 설계하는 것. 이게 진짜 전략이다. AI는 문제 해결 도구다. 그 자체가 목적이 될 수는 없다.

목적이 분명해졌다면, 다음 관문은 '데이터'다. AI는 데이터를 먹고 자란다. 문제는 '많이'라는 함정에 빠져 있다는 점이다. 데이터를 그저 쌓아두면 언젠가 쓸모가 생길 거라는 막연한 착각, 그 이상을 넘어서지 못한다. 마케팅팀 데이터, 영업팀 데이터, 물류팀 데이터가 제각각 다른 곳에서 다른 형태로 잠자고 있다. 이런 데이터 무덤 위에서 AI는 작동하지 않는다. AI는 흩어진 데이터를 알아서 모아주지 않는다. 오히려 데이터가 얼마나 엉망인지 드러낸다. 부서 간 협업이 얼마나 안 되는지를 증명할 뿐이다.

데이터가 많다고 장땡이 아니다. 중요한 건 '어떤 데이터를, 어떤 기준으로, 어떤 방식으로 다룰 건가?'다. 목적 있는, 체계를 갖춘 데이터가 중요하다. 누가 데이터 품질을 책임지나? 어떤 기준으로 데이터를 모으고 정리하나? 데이터 보안 정책은 있나? 이런 질문들에 답할 수 없다면, AI는 정확한 예측 대신 위험한 오판을 내놓을 뿐. 데이터 수집과 보관, 활용의 체계를 정리하는 건, 조직의 투명성과 협업 문화를 만드는 전략적 결단이다.

전략과 데이터가 준비됐다고 끝이 아니다. 대부분 '실행' 단계에서 넘어진다. 왜? AI를 한 방에 모든 걸 바꾸는 거창한 프로젝트로 생각하기 때문이다. 수십억 예산, 몇 년짜리 계획, 화려한 청사진. 그렇게 들여놓은 AI 시스템을, 정작 쓰는 사람은 없다. 돈 쓰고 망하는 길이다. AI 시대의 실행법은 다르다. 정답은 작게, 똑똑하게 시작하는 것. 회사 전체를 바꾸겠다는 허상 대신, 가장 효과가 클 것 같은 몇 군데를 골라 '파일럿 프로젝트'로 시작하는 것이다.

명확한 성공 기준이 필요하다. 6개월 뒤, 이 프로젝트가 '영업팀의 매출 예측 정확도를 15퍼센트 올렸는가?' 혹은 '고객센터의 단순 문의 처리율을 30퍼센트 높였는가?'처럼 숫자로 평가할 수 있어야 한다. 성공한 프로젝트는 규모를 키워 확산시킨다. 실패한 프로젝트는 미련 없이 접으면 된다. 실패는 괜찮다. 문제는 배우지 않는 실패다. 이런 작은 성공과 학습이 쌓일 때, AI는 구호가 아닌 진짜 우리 조직의 실력이 된다.

가장 넘기 힘든 벽은 '사람과 문화'다. AI는 '일의 방식' 뿐 아니라 '일의 정의'를 바꾼다. 베테랑의 '감'보다 데이터가 중요해진다. 중간리더의 역할이 애매해진다. 자연스레 저항이 생긴다. 낯설고, 두렵고, 귀찮으니까. 중요한 건 리더의 태도다. 리더는 변화의 이유를 설명하고 구성원을 이끌어야 한다. AI 때문에 일이 없어지는 사람이 있다면, 그가 더 중요한 일을 할 수 있도록 지원하고 재교육해야 한다.

AI는 '조직문화'의 그릇 위에서 자란다. 혁신은 기술보다 문화에서 막히는 법이다. 데이터 기반의 업무 방식, 실패를 허용하는 실험 문화, 수평적 협업. 이런 토양이 없으면 AI는 뿌리내리지 못한다. 기술보다 중요한 건, 그 기술이 살아 움직일 수 있는 문화다. 혁신이 일상이 된 조직만이 AI를 '정착'

시킬 수 있다. 문화가 전략인 건 그래서다.

AI 도입은 우리 조직의 진짜 실력을 확인하고, 미래에 맞게 스스로를 바꾸는 시험이다. 이 시험은 모든 조직에 예외 없이 찾아온다. 어떤 조직은 압력을 못 이겨 무너질 것이다. 어떤 조직은 이 기회에 더 단단해질 것이다. 이 거대한 시험 앞에서, 우리 조직은 혁신하고 진화할 각오가 되어 있는가? 아니라면, 나락이다!

CAIO를 위한 AI 운용 매뉴얼:
비용·실험·조정

AI는 권력이다. 고객 데이터를 먼저 읽은 이가 고객의 마음을 선점한다. 반복 업무를 자동화한 팀이 더 빠르게 제품과 서비스를 출시한다. 머릿속 아이디어를 바로 프로토타입으로 만들고, 시장의 반응을 즉각 테스트하는 조직이 시장의 룰을 바꾼다. 이 모든 건 경쟁 우위, 곧 권력이다. 하지만 세상에 공짜 권력은 없다. 대가는 반드시 존재한다.

기술 도입에는 예산이 든다. 돈만으로 끝나지 않는다. 시간을 태워야 하고, 사람의 에너지를 갈아 넣어야 한다. 리더의 고민은 깊어진다. 기술은 분명히 유망해 보이지만, 정작 조직 안은 점점 복잡해진다. 부서별 시스템이 충돌하고, 보고 체계는 무너지고, 곳곳에서 보안상 구멍이 생긴다. 처음엔 기회처럼 보였던 기술이 어느새 리스크로 바뀐다. 이 값비싼 대가를 누가 감당할 것인가. 이 부담은 결국 리더, 즉 CAIO(AI 최고책임자)의 것이다.

CAIO는 결정의 방향과 파장을 설계하고, 조직 내 마찰과 충돌을 조율하며, 기술과 사람 사이의 언어를 통역하는 사람이다. 더 이상 관리자가 아니다. 설계자다. AI가 정의하는 CAIO 리더십의 핵심이다.

그래서 지금 CAIO에게 필요한 첫 번째 역량? '비용 감각을 갖춘 설계자'로서의 역량이다. 많은 리더들이 "우리도 AI에 투자했다"고 말한다. 하지만 그 투자 항목을 들여다보면 대부분 소프트웨어 라이선스 구입이 전부다. 데이터 정제 비용, 시스템 통합 예산, 보안 검토와 법무 리스크까지 감안한 종합 비용을 고려한 경우는 드물다. AI는 도입보다 유지가 어렵다. 실험보다 통합이 복잡하다. 기술을 '한번 써보는 것'으로 여긴다고? 이런 낭비가 없다. 무지와 무기력이 과거의 리더를 몰락시켰다면, 이제는 무모함과 무책임이 새로운 죄다.

CAIO는 이제 기술을 도입할 때 투자 대비 수익만 봐선 안 된다. 기술을 '처음 도입하고, 운영하고, 유지보수하고, 결국 폐기'하는 데 드는 전체 비용, 즉 '총소유비용' 관점에서 사고해야 한다. 기술은 한 번의 결정이 아니라서다. 지속적인 설계 운영이라서다.

둘째, '실험을 자산으로 바꾸는 운영자'로서의 역량이다. CAIO는 실험을 부추기는 사람이 아니다. 자발적 실험들이 자라날 환경을 설계하는 사람이다. 누구나 말한다. 작고 빠르게 시도하라고. 그런데 그 시도들이 조직 안에서 어떻게 자라고, 어디까지 번지고 있는지 돌아봐야 한다. 팀원들이 노코드로 만든 앱들이 쌓이기 시작하고, 자동화된 프로세스가 부서별로 따로 놀기 시작하면 그건 더 이상 혁신이 아니다. 정돈되지 않은 실험은 혼란이다. 기록되지 않은 실패는 독이다.

빠르게 실패하라는 말은 맞다. 하지만 방치된 실패는 조직의 발목을 잡는다. CAIO는 실험을 기록하고 분류하여, 학습으로 전환시키는 사람이어야 한다. 어떤 실험은 잘라내고, 어떤 성과는 확산시켜야 한다. 정리되지 않은 자율은 서로 다른 기준을 낳는다. 남는 건 부서간 혼란과 긴장이다.

셋째, '조직 충돌을 조율하는 조정자'로서의 역량이다. AI는 본질적으로 조직 내 충돌을 유발한다. IT는 안정성을 주장하고, 마케팅은 속도를 요구하며, 재무는 리스크를 통제하려 든다. 이내, 마찰이 시작된다. 이때 CAIO가 해야 할 일? 물리적 통합은 허상일 뿐이다. 핵심은 각자의 소리를 공론장으로 끌어내는 것이다. 갈등을 피하려 하지 말고, 드러나게 하라. 협업의 프레임을 만드는 과정이다.

어느 기업 사례. 마케팅팀에서 노코드 툴로 고객 설문 응답을 자동 분석하는 앱을 만들었다. "덕분에 다음 캠페인 기획 시간이 대폭 줄었습니다." 보고가 끝나자, IT팀의 얼굴이 굳었다. "검증되지 않은 툴입니다. 보안 사고라도 나면 책임은 누가 집니까?" 분위기가 순식간에 얼어붙었다. 마케팅 부서는 속도가 중요하다고 했다. IT 부서는 보안과 안정성이 원칙이라 맞섰다. 리더가 나섰다. "누가 맞고 틀리고의 문제가 아니다. 앞으로 이런 실험은 계속될 것이다. 기준을 만들자." 그렇게 회사는 '실험을 위한 사전 체크리스트'를 함께 만들었다. 보안 항목, 사용 범위, 책임자 명시 등. 그때 생긴 절차 덕분에 지금은 어느 팀이든 빠르게 실험하면서도 혼란 없이 움직인다.

AI라는 값비싼 악기를 손에 쥔 지금, 밝은 미래는 AI를 연주할 줄 아는 이에게만 허락된다. 기술은 리더의 무지를 기다려주지 않았다. 이제 기술은, 리더의 무모함을 심판한다.

AI가 판을 바꿨다. 리더는 더 이상 물어갈 수 없다. 이 판에서 살아남으려면 판을 읽어 상황을 진단해야 한다. 판돈을 계산해 감당할 리스크를 가늠해야 한다. 판세를 설계해 팀이 움직일 수 있는 방향을 제시해야 한다. 그걸 할 수 있는 사람이 진짜 리더다. 진짜 CAIO다.

‘XAI’에게 배우는
리더십의 새로운 문법

리더는 끝내 말하지 않았다. 한 스타트업에서 벌어진 일이다. 팀원들은 수개월간 밤낮없이 프로젝트에 몰두했다. 결과에 대한 기대도 컸다. 그런데 어느 날 리더가 말했다. "이건 접자. 다른 아이템으로 간다." 단 한 줄이었다. 이유는 없었다. 설명도 없었다. 순식간에 공기가 바뀌었다. 열정은 냉소로 식었다. 활발했던 대화는 불신 섞인 뒷말로 변했다. 팀원들은 스스로의 헌신과 시간을 부정당했다고 느꼈다. 설명 없는 결정은 리더십의 붕괴로 이어졌다. 오래 가지 않아, 회사는 조용히 문을 닫았다.

AI의 '블랙박스' 문제가 비즈니스 현장에서 재현된 비극이다. AI는 복잡한 연산을 통해 놀라운 결과를 내놓는다. 하지만, 그 과정이 100퍼센트 설명되지는 않는다. 인간이 이해할 수 없는 컴퓨터 알고리즘에 의한 결과라서다. 자율주행차가 사고를 내도, AI가 대출을 거부해도, 판단의 논리는 안갯속이다. 아무리 정교한 알고리즘도, 이유를 모르면 사람은 불안해진다. 신뢰는 정확도에서 생기지 않는다. 설명에서 비롯된다.

그래서 나온 개념이 'XAI(Explainable AI)', 즉 '설명가능한 AI'다. AI가 내린 결정과 그 과정을 인간이 이해할 수 있도록 명확히 보여주는 기술이자 방법론이다. '대출 불가'의 이유로 "소득 대비 부채 비율이 높고, 신용 이력이 부족하기 때문에 거절되었습니다"처럼 구체적인 근거를 제시한다.

이 메커니즘은 리더십에도 똑같이 적용된다. 리더십에도 블랙박스가 있다. 갑작스러운 결정, 맥락 없는 피드백, 이유 없는 방향 전환 통보. 리더가 설명하지 않으면 팀은 오해한다. 오해는 곧 불신으로 이어진다. 설명하지 못하는 AI가 외면당하듯, 소통하지 않는 리더를 따를 이는 없다. 이제 리더는 설명의 구조를 설계하는 사람이어야 한다. 조직의 신뢰는 방향보다 맥락에서 시작된다.

설명가능한 리더십은 결정의 배경, 판단의 근거, 실행의 논리를 함께 나누는 태도로 나타난다. 투명성이 '무엇을 했는가'를 보여주는 행위라면, 설명가능성은 '왜 그렇게 했는가'를 납득시키는 능력이다. 요컨대, 설명은 신뢰의 문법이다. 리더는 사고의 흐름을 구조화해 제시하고, 팀이 그 판단을 이해하고 수용할 수 있게 이끌어야 한다.

설명가능한 리더십은 세 가지 원칙으로 구현된다. 첫째, 결정의 논리를 데이터로 시각화하고 설득하라. 리더의 확신은 종종 고집으로 오해받는다. 이 간극을 메우는 가장 강력한 언어는 데이터다. "상황이 안 좋아서"는 설득이 아니다. "매출이 40퍼센트 감소했고, 현금 흐름이 경고 수위에 도달했다"는, 숫자로 말하는 논리여야 한다. 복잡한 설명보다 때로는 한 장의 그래프가 더 강력하다. 눈으로 확인되는 근거가 신뢰를 만든다.

둘째, 결정 과정에 팀을 참여시켜 주인의식을 깨워라. 리더 혼자 내린 결정은 팀에게 '업무'다. 하지만 함께 만든 결정은 '목표'가 된다. 참여는 방관자를 주역으로 바꾸는 가장 효과적인 방식이다. 질문을 두려워하지 마라. 질문은 반발이 아니다. 신뢰의 시그널이다. 팀원들이 자신의 의견이 반영되었다고 느낄 때, 결정에 대한 책임도 함께 지게 된다.

셋째, 결정이 향하는 미래를 예측하고 희망을 공유하라. 변화는 늘 고통을 수반한다. 하지만 지금의 고생이 어떤 결과로 이어지는지 알면 그 고통을 견딜 수 있다. "지금은 어렵지만, 이 선택으로 3개월 후 회복이 가능하다. 시뮬레이션 결과도 이를 뒷받침한다." 이런 구체적 비전은 불안을 견딜 수 있는 희망이 된다. 설명은 현재를 이해하게 하고, 미래를 준비하게 한다.

설명은 팀과 함께 써 내려가는 공동 서사이자, 공동의 지적 경험이다. 함께 만들어진 결정이라 느낄 때, 팀은 그 결정에 책임을 느낀다. 설명가능한 리더십은 쌍방향 설계다. 질문을 유도하고, 참여를 이끌며, 결정의 소유권을 공유하는 것이다. 조직이 움직이고, 신뢰가 자라나는 전제? '설명가능한 리더십(Explainable Leadership)'이다.

결국 리더십의 핵심은 신뢰다. 그리고 신뢰는 설명 위에 세워진다. AI 역시 설명가능성이라는 난제를 붙들고 있다. 타산지석. 그 AI로부터 리더십의 본질을 배운다. 기술이든, 리더이든 '설명 없는 판단'은 금물이다. 기억할 일이다. 지금, 우리 팀은 나의 설명을 기다리고 있다. 그 설명이 곧 나다.

우리 팀이 생산하는 것은
결과물인가, 배움인가?

월요일 아침. 두 팀이 같은 과제를 받았다. 3개월 안에 신규 SaaS 유료 전환율을 5퍼센트 올릴 것. A팀은 경험과 직관을 믿었다. B팀은 정답을 전제하지 않았다. A팀은 완벽한 결과물을 만들었고, B팀은 불완전한 실험을 반복했다. 시장은 후자의 손을 들어주었다.

이 이야기의 교훈? '생산성'에 대한 정의다. 무엇을 더 많이 만들 것인가가 아니라, 무엇을 더 빨리 배우고 더 정확히 방향을 잡을 것인가가 중요하다는 얘기다. AI는 생산성에 대한 우리의 낡은 정의를 바꾸는 기계다. 단순히 작업 속도를 높이는 도구에 그치지 않는다. 학습의 속도와 범위를 재편한다.

A팀은 '정답을 알고 있다'는 확신에서 출발했다. 거창한

슬로건을 내걸고, 기획에서 제작까지 매끄러운 선형 공정을 설계했다. 반듯하고 효율적이었다. 문제는 시장이 다른 답을 원했다는 점이다. 한 달을 쏟아붓고 나서야 방향이 틀렸음을 알았다.

반면 B팀은 처음부터 질문으로 시작했다. 정답을 가정하지 않고 작은 가설을 여러 개 세웠다. AI로 핵심 메시지를 수십 개로 쪼개 여러 개의 테스트 페이지를 만들고, 동시에 시험했다. 단 며칠 만에 시장의 신호가 잡혔다. 그들은 배운 것을 즉시 적용했다. 남은 자원을 가장 확실한 가능성에 집중시켰다.

두 팀의 차이? 생산성을 바라보는 관점이다. A팀이 추구한 '실행의 생산성(Productivity of Execution)'은 계획한 것을 정확하게 만드는 능력이다. 이 방식은 결과물 중심의 선형적 공정과 '초기 기획은 정답'이라는 강력한 가정 위에 서 있다. 문제는 그들이 '잘못된 것을 만드는 데' 너무나도 생산적이었다는 점이다. 반면 B팀이 추구한 '학습의 생산성(Productivity of Learning)'은 불확실성을 얼마나 빨리 제거하는가의 능력이다. 그들의 목표는 눈에 보이는 완성품이 아니었다. 다음 결정을 바꿀 '학습'이라는 무형의 자산이었다. 이들은 '가설-실험-학습'이라는 짧은 사이클을 무한히 반복했다.

AI가 부여한 압도적 우위는 전자가 아닌 후자에 있다. 더 저렴하게, 더 많이, 더 짧은 주기로 시장에 질문을 던질 수 있게 되면서, 같은 기간에 더 많은 '왜'를 수집하고 더 넓은 가설 공간을 탐색할 수 있게 된 것이다. 이 차이가 누적되면 성장의 곡선이 달라진다. AI가 불러온, 경쟁의 본질적 변화다. AI 시대의 승자는 A팀처럼 완벽한 것을 한 번에 만들어내는 조직이 아니다. B팀처럼 수많은 시도를 통해 불확실성을 가장 빨리 제거하는 조직이다. 그 결과를 가장 빨리 배우고 적용하는 조직이다.

하지만 속도가 전부는 아니다. 속도는 모든 것을 증폭시킨다. 성과뿐만 아니라 실수와 위험도 함께 키운다. "실험 비용이 0에 수렴한다"는 말은 매혹적이지만, 절반의 진실이다. 비용은 사라진 게 아니다. 위치만 바뀌었다. 임시로 작성된 코드, 복잡하게 얽힌 데이터 파이프라인, 일관성 없이 추가된 추적 이벤트들이 시스템에 흉터를 남긴다. 이런 '기술 부채'는 보이지 않는 중력이 되어 미래의 민첩성을 질식시킨다. 현재의 무분별한 가속도를 감당할 체력이 없는 조직은, 그 무게에 짓눌려 스스로 무너진다.

더 근본적인 문제는 방향성이다. AI의 본질적 특성은 주어진 지도 안에서 가장 효율적인 경로를 찾는 '지역 최적화'에 있다. AI의 강점이자 맹점이다. AI가 찾아낸 수백 개의 버튼 색상과 문구 조합에 열광하는 동안, 사용자가 원했던 것은 완전히 새로운 기능이나 다른 차원의 경험일 수 있어서다. 학습의 속도에만 매몰되는 것은, 결국 현재 비지니스 모델이라는 익숙한 경계 안에 스스로를 가두는 행위다. 결정적 도약은 수천 번의 작은 최적화가 아니라, 지도 자체를 바꾸려는 대담한 질문에서 시작된다. 새로운 질문을 던질 권한, 목표 자체를 다시 쓰는 용기. AI로는 채울 수 없는, 인간만의 영역이다.

AI가 '무엇이' 효과적인지를 보여준다면, 인간은 '왜' 그것이 효과적인지를 해석한다. 그 원리를 다른 문제에 적용하고, 다른 맥락에 이식한다. 이런 전환이 없으면 조직은 버튼의 미세 조정을 반복하며 안쪽에서만 맴돌 뿐, 밖으로 나아갈 힘을 잃는다. 모든 실험의 가치는 해당 가설을 촉발한 질문의 수준을 넘지 못한다. 질문이 빈약하면 학습은 얕을 수밖에.

데이터에 내재된 작은 편견이 AI라는 속도의 증폭기를 거쳐 대규모의 차별적 결과물로 확산될 수 있다. 강력한 엔진을 가진 경주용 차에 강력한 브레이크가 필요하듯, AI 시대의 조직에게는 의도적으로 멈춰 서서 사람이 검증하고, 해석하는 '지능적 마찰'을 설계하는 능력이 필수다. 결론은 '통제가 능한' 속도!

이제 질문은 하나로 모인다. 우리 조직은 무엇을 생산적으로 만들고 있는가. 더 많은 결과물인가, 더 깊은 통찰인가. 전자는 틀린 산을 잘 오르는 능력일 수 있다. 후자는 다음 오를 산을 결정하는 힘이다. 모르는 것을 줄이는 속도와 폭, 그것이 전략 그 자체가 된다.

AI가 바꾼 경쟁의 본질은 명확하다. 한 번에 정답을 맞히는 조직이 아니라, 정답을 찾는 과정을 가장 짧게 만드는 조직이 이긴다. 여기에 한 가지를 더 얹는다. 가장 빠른 조직이 아니라 가장 민첩한 조직이 이긴다. 민첩성은 속도에 더해 질과 방향, 그리고 전환의 신속함으로 완성된다. 길이 틀렸다면 즉시 돌아설 수 있어야 하고, 신호가 약하면 질문을 바꿔야 한다. 멈춤도 속도의 일부다.

A팀의 실패는 무능 때문이 아니었다. 생산성에 대한 낡은 정의에 갇혀 있었기 때문이다. 시장은 새로운 정의를 요구했다. '정답이 무엇인지 가장 빠르게, 가장 깊게 알아내는 능력.' B팀은 그 정의를 받아들였고, 시장은 그 차이를 보상했다.

이제 관점 전환의 시간이다. 실행에서 학습으로, 속도에서 민첩성으로. AI는 이 전환을 촉진하지만, 운전대와 브레이크는 여전히 인간의 몫이다. 엔진이 강력할수록 조향과 제동이 성패를 가른다.

켄타우로스의 함정:
개인 역량을 넘어 조직 지능으로

김 과장과 박 과장에게 동일한 과제가 주어졌다. "향후 5년간의 글로벌 전기차 배터리 시장 동향을 분석하라. 우리 회사의 신규 진입 전략을 보고하라." 김 과장은 자리에 앉자마자 AI 창을 열었다. 프롬프트를 입력했다. 3분 만에 그럴듯한 보고서 초안이 나왔다. 여기에 몇 가지 그래프를 더했다. 세련된 템플릿을 입혔다. 불과 한 시간 만에 보고서를 제출했다. 그 속도에 팀은 감탄했다.

박 과장은 관련 산업 리포트부터 읽었다. 원자료들을 몇 시간째 살폈다. 한참을 고민한 뒤에야 AI를 켰다. 그는 명령하지 않았다. 대신 질문을 던졌다. AI와 수십 번의 질의응답을 주고받았다. 정보를 생산하고 검증하며 자신만의 통찰을 쌓았다. 그의 보고서는 꼬박 이틀이 걸렸다.

일주일 후, 최종 임원 보고 자리. CEO가 김 과장의 보고서를 훑어보다 물었다. "보고서에 언급된 차세대 '전고체 배터리(All-Solid-State Battery)' 상용화 시점의 근거가 뭔가?" 김 과장은 당황했다. AI가 만들어준 자료다. 이면의 깊은 논리를 속속들이 알 리 없다. 우물쭈물하는 사이, 박 과장이 조용히 입을 열었다. 그는 지난 5년간의 특허 출원 추이, 주요 기업의 기술 로드맵, 학계 발표 동향을 종합해 논리를 제시했다. 그의 분석은 시장 예측의 불확실성까지 짚었다. 회의의 무게중심이 '빠른 답(김 과장)'에서 '깊이 있는 통찰(박 과장)'로 이동하는 순간이었다.

이 이야기는 AI 시대의 새로운 신화를 보여준다. '켄타우로스' 신화다. 켄타우로스는 반인반마(半人半馬)다. 인간의 상체와 말의 하체가 결합된, 지성과 야성을 겸비한 신화 속 존재다. 인간의 지성과 AI의 막강한 능력을 결합한 완벽한 개인을 상징한다. 우리 모두 박 과장처럼 AI를 써야 한다는 교과서적 신화. 하지만, 위험한 함정이다. 이건 두 개인의 역량 차이에 대한 이야기라기보다는 우리 조직이 AI라는 거대한 파도를 어떻게 맞이할 것인지에 대한 이야기다.

첫 번째 함정? '켄타우로스가 되라'는 외침은 새로운 '지적 계급'의 탄생을 예고한다. '영리한 질문'과 '철저한 검증' 능력은 어디서 오는가. 그것은 개인의 의지로만 길러지지 않는다. 양질의 교육, 비판적 사고를 훈련할 시간적 여유, 자기 분야에 대한 깊이와 폭을 갖춘 배경지식이 전제된다. 여기에 창의적 상상력과 맥락을 꿰뚫는 통찰력까지 갖춰야 AI를 진짜 파트너로 만들 수 있다. 이미 충분한 지적 자본을 축적한 개인과 조직만이 켄타우로스가 될 수 있다는 얘기다. 그들은 부와 기회를 독점할 것이다.

반면, 기술에 익숙하지 않거나 당장의 실무에 쫓기고, 비판적으로 사고할 여유조차 없는 대다수는 AI가 제공하는 값싼 답변에 의존하게 된다. '디지털 프롤레타리아'로 전락할 위험에 처한다. "박 과장처럼 노력하라"는 메시지는 조직의 구조적 문제를 개인의 나태함 탓으로 돌리는 편리한 구실일 뿐이다.

김 과장과 박 과장의 우화가 놓친 또 하나의 함정이 있다. 현대 비즈니스는 더 이상 고독한 천재의 역량에 의존하지 않는다는 사실이다. 현실의 조직에서 빠른 실행력으로 초안을 만드는 김 과장의 역할은 중요하다. 깊이 있는 분석으로 허점을 보완하는 박 과장의 역할 또한 필수적이다. 이 둘은 대결의 상대가 아니라, 최상의 결과물을 만들기 위한 협업의 파트너다. 미래의 조직은 한 명의 완벽한 켄타우로스를 찾지 않는다. 다양한 역량을 가진 인간들과 AI가 조화롭게 협업하는 '지능형 팀(Intelligent Team)'을 설계하는 데 집중한다. 팀과 조직의 워크플로우 속에 AI를 안전하게 통합하는 '협업 지능(Collaborative Intelligence)'이야말로 AI 시대의 진정한 경쟁력이다.

　따라서 조직의 목표는 수정되어야 한다. 소수의 영웅을 발굴하는 대신, AI 시대를 살아가는 모든 구성원이 동반 성장할 수 있는 새로운 '디지털 워크플로우'를 설계하는 것이다. 이 새로운 워크플로우는 세 가지 조직적 역량을 바탕으로 구축된다.

　첫째, AI 리터러시를 키우는 역량 시스템이다. AI의 작동 원리, 프롬프트 설계, 결과 해석법 같은 기술적 능력뿐 아니라 그 지식을 배우고 실험해볼 시간과 자율성, 그리고 실패를 용인하는 '심리적 안전망'에 관심을 가져야 한다. 조직은 도구 사용법을 '익힐 수 있는 조건'을 함께 설계해야 한다. 누구나 AI를 다룰 수 있어야 진짜 협업이 시작된다. 그렇지 않으면 도구는 소수만의 무기가 된다. 나머지는 구조적으로 배제된다.

　둘째, 사고의 깊이를 키우는 비판적 사용자 육성이다. '이 주장의 전제는 무엇인가?', '반대되는 증거는 없는가?'를 스스로 점검할 수 있어야 AI에 휘둘리지 않는다. 질문을 던지고 확신을 보류하는 습관이 중요하다. 여기엔 단순한 훈련을 넘어, 자기 분야에 대한 이해와 맥락적 감각도 필요하다. 비판적 사고는 개인의 노력만으로 자라지 않는다. 서로의 생각에 기꺼이 의문을 제기하는 조직문화, 성장을 위한 상호간 건강한 피드백, 동료의 결과물을 함께 검증하는 피어 리뷰(Peer

Review). 비판적 사고는 이 모든 것이 맞물려 돌아가는 조직의 시스템 위에서 단련되는 근육이다.

셋째, AI 중심의 협업 프로세스를 새로 설계하는 일이다. 초안 작성, 검토, 심화 분석, 리스크 점검. 각자의 역할을 나누고, AI를 매개로 각 작업들을 하나의 유기적인 흐름으로 연결해야 한다. 여기서 핵심 원칙은 하나다. 권한을 '유능한 한 사람'에게 몰아주지 않는 것. AI는 모두가 기여하고 함께 결과물을 만들어가는 공동의 지식 생산 플랫폼이 되어야 한다. 개인의 역량들이 단절되어 있으면 그저 개인기로 끝난다. 그 역량들을 하나의 구조로 엮어낼 때 비로소 조직의 집단지성이 작동한다.

'우리 직원들을 어떻게 켄타우로스로 만들 것인가'라는 리더의 질문은 이제 폐기해야 한다. 관건은 'AI를 활용하여 어떻게 우리 조직을 더 지능적이고 회복탄력성 높은 유기체로 만들 것인가?'다. 이 질문에 답하려면 개인의 어깨에 모든 짐을 지우는 낡은 영웅 서사는 폐기해야 한다. 대신 지식과 기회가 소수에게만 집중되지 않도록, 학습과 협업의 조건 자체를 다시 설계해야 한다. 협업의 가치를 재정의하고, 실무에 착 붙는 워크플로우를 통해 조직 전체가 성장할 수 있는 기반을 만들어야 한다. '지적 영웅'의 신화 구현보다 훨씬 어려운 일이다. 하지만 우리 조직이 함께 나아가야 할 유일하고 올바른 길이다.

복잡한 현실 속에서 핵심에 집중하는 '전략적 질문'

새해가 되면 수많은 목표가 우리를 압도한다. 당장 처리해야 할 업무, 장기적으로 준비해야 할 프로젝트, 개인적인 성장 과제까지, 모든 것이 중요하고 시급해 보인다. AI에게 "무엇부터 해야 할까?"라고 물으면, 모든 목표의 중요성을 나름의 기준으로 분석해준다. 하지만, 결국 선택은 우리의 몫으로 남는다. 전략의 본질은 '해야 할 일'의 목록을 만드는 것이 아니라서다. '하지 않을 일'을 결정하는 용기라서다.

인간의 시간과 에너지는 가장 희소한 자원이다. 이 자원을 어디에 어떻게 배분하느냐가 평범함과 탁월함을 가른다. '질문인간'은 모든 것을 잘하려고 애쓰는 사람이라기보다 가장 중요한 단 하나에 모든 것을 집중할 줄 아는 사람이다. 이것이 바로 전략적 질문의 핵심, '지렛대 찾아내기(Finding Leverage)'다. 가장 작은 힘으로 지구를 움직일 수 있는 단 하나의 지점을 찾아내는 것이다.

이 전략적 지점을 찾기 위해 필요한 세 가지 생각법이 있다.

첫째, '문제의 뿌리 파고들기'다. 우리는 종종 눈앞에 보이는 문제의 증상을 해결하느라 에너지를 소진한다. 대증처방이다. 하지만 유능한 의사가 먼저 살피는 것은 병의 근원이다. 맞다,

문제의 표면 아래 숨겨진 진짜 원인을 찾아야 한다. "지금 우리가 해결하려는 문제가 진짜 문제인가, 아니면 다른 더 큰 문제의 증상일 뿐인가?" "만약 이 문제가 해결된다면, 어떤 가장 큰 긍정적 변화가 일어나는가?" 이 질문은 우리의 노력이 헛된 곳에 쓰이는 것을 막아주는 가장 확실한 안전장치다.

두 번째는 '첫 번째 도미노 찾기'다. 수많은 목표들이 복잡하게 얽혀 있을 때, 가장 먼저 쓰러뜨리면 나머지를 연쇄적으로 해결할 수 있는 '첫 번째 도미노'가 반드시 존재한다. 모든 목표의 중요도는 동등하지 않다. "수많은 목표 중, 단 하나만 성공적으로 완수했을 때 나머지 목표 달성에 가장 큰 긍정적 영향을 미치는 것은 무엇인가?" 이 질문은 우리를 복잡함의 미로에서 탈출시켜, 가장 효과적인 단 하나의 경로로 안내한다.

세 번째는 '아름답게 가지 치기'다. 훌륭한 정원사는 새로운 꽃을 심는 것만큼, 죽은 가지를 쳐내는 일을 중요하게 생각한다. 우리의 시간과 에너지도 마찬가지다. 새로운 무언가를 시작하기 전에, 낡고 비효율적인 활동을 먼저 멈춰야 한다. "우리의 최종 목표를 달성하는 데 가장 도움이 되지 않는 활동은 무엇인가?" "최고의 성과를 위해, 내가 지금 당장 '그만두어야' 할 것은 무엇인가?" 이 질문은 우리의 삶에 새로운 성장이 들어올 공간을 확보하게 해준다.

전략적 질문이 꼭 거창할 필요는 없다. 매일 아침 "오늘 내가 할 수 있는 수많은 일 중에, 하지 않아도 되는 일은 무엇인가?"라고 묻는 작은 습관이 출발점이다. AI가 무한한 가능성을 제시할 때, 유한한 인간은 현명한 포기를 통해 자신의 길을 만들어간다.

전략적 질문 도구: 지렛대 찾아내기

1. 진짜 문제 정의하기 (문제의 뿌리 파고들기)
   "지금 보이는 문제의 더 깊은 원인은 무엇인가? '왜?'라고 다섯 번 질문한다면?"
   "이 문제가 해결되었을 때, 궁극적으로 우리가 얻고자 하는 것은 무엇인가?"
2. 핵심 과제 선정하기 (첫 번째 도미노 찾기)
   "내가 가진 자원의 10퍼센트만으로 전체 결과의 50퍼센트를 만들어낼 수 있는 일은 무엇인가?"
   "오늘 할 수 있는, 가장 작지만 가장 중요한 행동은 무엇인가?"
3. 불필요한 것 제거하기 (아름답게 가지 치기)
   "최종 목표를 위해, 지금 당장 '하지 않기로' 결정해야 할 것은 무엇인가?"
   "나의 성장을 가로막는 가장 큰 시간 낭비 요소는 무엇인가?"

질문의 진화

시장의 판을
새로이 짜다

검색창을 거치지 않고 곧바로 '구매'를 실행하는

기계들 앞에서,

나의 브랜드는 선택받을 논리를 갖췄습니까?

과거의 성공 공식을 스스로 파괴할 용기가 있습니까,

아니면 파괴당할 차례만 기다리겠습니까?

미래 생존 매뉴얼:
나에게 던져야 할 7가지 질문

기술의 진화가 우리의 삶과 일의 문법을 근본부터 다시 쓰고 있다. AI와 자동화는 놀라운 생산성을 선사했지만, 동시에 인간 고유의 자리를 위협한다. 대체 불가능한 창의성과 독창성이 새로운 생존 조건이 되었다. 조직은 더 이상 평생의 목적지가 되지 못한다. 개인의 성장이 모든 것의 중심이 되는 시대가 열렸다. 정보 과잉의 혼란 속에서 타인의 욕망이 아닌 나만의 본질을 찾아야 한다. 경쟁의 관성에서 벗어나, 자신의 가치를 스스로 증명하고 확장하는 방향으로 사고의 축을 옮겨야 할 때다. 나의 존재 방식을 해체하고 재조립하는 7개의 질문. AI 시대의 생존을 위한, 나에게 물어야 할 질문 리스트가 여기에 있다.

나의 '가치'는 어디에 있는가: 복제 가능한 것 vs 대체 불가능한 것

수백 번 밤을 새워 편집한 영상의 조회수는 처참했다. 완벽하게 다듬어진 그의 콘텐츠는 누구의 마음도 움직이지 못했다. 어느 날 그는 편집을 포기하고 카메라를 켠 채, 자신의 작업 과정을 날것 그대로 보여주기 시작했다. 실수를 숨기지 않았다. 막히는 부분에 대해 시청자에게 솔직하게 조언을 구했다. 조회수가 서서히 오르기 시작했다. 댓글의 분위기도 달라졌다. 이전과 다른 온기였다. AI 시대에 던져야 할 첫 질문은, 그래서 이것이다.

"AI가 복제할 수 없는 나의 가치는 무엇인가?"

이 질문은 가치의 중심을 '결과물'에서 '과정'으로 이동시킨다. AI가 만들어내는 결과물은 점점 더 정교해진다. 품질의 격차는 빠르게 줄고, 반복 가능한 작업은 모두 자동화된다. 인간의 가치는 결과보다 과정에서 드러난다. 판단을 내리는 방식, 실패를 다루는 태도, 맥락을 읽는 감각처럼 자동화할 수 없는 결이 존재한다. 결국 가치의 중심은 생산물이 아니라 사고하는 방식이다. AI는 패턴을 학습하지만, 인간만이 의미를 재구성할 수 있다.

나의 '일'은 무엇인가: 효율성의 영역 vs 창의성의 영역

한 카페에 로봇 바리스타가 들어왔다. 인간보다 빠르고 정확하게 커피를 만들었다. 기존 바리스타는 효율성의 전쟁에서 로봇을 이길 수 없었다. '어떻게 더 빨리 만들까'를 고민하는 것은 무의미했다. 그가 던져야 할 질문은 다른 차원의 것이어야 했다.

"기계가 할 수 없는 나의 일은 무엇인가?"

이 질문은 '일'의 정의를 '주어진 과업 수행'에서 '새로운 가치 창조'로 재정의한다. 그의 답은 '관계'였다. 그는 로봇에게 커피 제조를 맡기고, 자신은 고객과의 대화에 집중했다. 고객 한 사람 한 사람의 취향을 기억하고, 그날의 기분에 맞는 원두를 추천했으며, 커피에 얽힌 이야기를 들려주었다. 카페는 커피를 마시는 공간에서 바리스타와 교감하는 특별한 경험의 공간으로 바뀌었다.

나의 '단위'는 누구인가: 조직 속의 나 vs 개인으로서의 나

한 직장인이 있었다. 그는 오랫동안 조직의 이름으로 일했다. 조직의 목표가 곧 자신의 목표였다. 그러나 조직의 경계가 희미해지고, 프로젝트 단위 협력이 일상화된다. 개인의 역량이 모든 것을 결정하는 '긱 이코노미(Gig Economy)' 시대. AI와 디지털 플랫폼으로 무장한 '1인 기업가'의 등장은 필연적이다. 개인이 곧 조직인 세상. 조직의 안정성이란 신화가 무너진 자리에서, 그는 질문해야 했다.

"나는 조직의 이름으로 살아갈 것인가, 나 자신의 이름으로 살아갈 것인가?"

이 질문은 정체성의 중심축을 외부(조직)에서 내부(자신)로 가져온다. 이제 중요한 것은 직함이 아니라 개인의 정체성이다. AI와 디지털 플랫폼이 개인의 영향력을 극대화하면서, 조직의 울타리 안에 갇혀 있을 이유가 점차 사라지고 있다. 우리는 스스로에게 물어야 한다. 나는 조직을 통해 설명되는 사람인가, 아니면 내 전문성으로 조직을 선택하는 사람인가.

질문 4

나의 '욕망'은 진짜인가: 주입된 욕망 vs 근원적 욕망

한 아마추어 사진가가 있었다. 그는 주변의 조언과 권유에 따라 더 좋은 카메라를 욕망했다. 그것이 그 집단의 성공 공식이었기 때문이다. 그러나 그는 멈춰 서서 질문했다.

"이것은 나의 욕망인가, 타인의 욕망인가?"

이 질문은 욕망의 출처를 묻는 메타인지의 시작이다. 그는 '멋진 장비'라는 사회적 욕망과 '좋은 사진'이라는 근원적 욕망을 분리해냈다. 알고리즘의 반복되는 추천 속에서 욕망의 출처는 쉽게 흐려진다. 무엇을 원하는지보다, 왜 원하는지가 중요해지는 이유다. 타인의 기준을 따라가는 순간, 나의 선택은 판단이 아니라 반응이 된다. 욕망의 주도권을 되찾는 일이 중요하다.

나의 '혁신'은 무엇을 향하는가: 개선 vs 파괴

한 회계사가 있었다. 새로 도입된 AI 회계 프로그램이 자신의 일을 '대체'할 수 있음을 깨닫는 데는 오랜 시간이 걸리지 않았다. 그가 던져야 할 질문은 '어떻게 AI를 잘 쓸까'가 아니었다.

"나의 일을 어떻게 파괴할 것인가?"

이 파괴적인 질문은 위협을 기회로 역전시킨다. AI는 기존의 업무 구조를 재편하는 기술이다. 변화에 뒤처지는 이유? 기술 때문이 아니다. 스스로의 역할을 재정의하지 않아서다. 내가 맡은 일에서 기계가 가져갈 부분을 선제적으로 분리하고, 인간의 판단이 필요한 영역으로 무게중심을 옮겨야 한다. 일을 다시 설계해야 한다. "내 일을 없애려면 뭐부터 부숴야 하는가?" 이 질문을 회피하면 파괴의 대상이 되고, 이 질문을 붙들면 파괴의 주체가 된다.

나의 '환경'은 어떠한가: 안주하는 곳 vs 성장하는 곳

10년을 다닌 회사에서 자신의 성장이 멈췄음을 깨달은 한 직장인. 시스템은 안정적이었지만, 새로운 도전이 사라진 상태였다. 그는 조직에 대한 충성심과 개인의 성장 욕구 사이에서 질문했다.

"지금 이 조직은 나를 성장시키는가?"

이 질문은 '안정성'이라는 낡은 가치를 '성장 가능성'이라는 새로운 가치로 대체한다. 같은 일을 반복하는 시간은 안정처럼 보이지만, 기술 변화 속에서는 정체일 뿐이다. 더 배울 것이 없는 자리는 위험하다. 회사는 목적지가 아니라 경유지다. 경유지는 목적지에 따라 바뀌어야 한다. 기준은 나의 성장이다. "나는 이곳에서 더 나은 나로 확장되는가?" 현재의 자리에서 얻는 배움이 없다면, 방향을 바꿀 시점이다.

나의 '인정'은 누구에게서 오는가: 소수의 심판관 vs 다수의 시장

한 작가 지망생이 있었다. 오랜 기간, 공모전이라는 시스템 안에서 소수의 심사위원에게 인정받기 위해 분투했다. 반복되는 실패 속에서 그는 인정 구조의 본질을 질문해야 했다.

"나는 누구의 인정을 원하는가?"

이 질문은 권력의 이동을 통찰하게 한다. 그는 심판을 기다리는 대신, 웹 플랫폼을 통해 자신의 시장을 직접 만들고 대중의 인정을 받기로 했다. 플랫폼과 AI가 창작자와 소비자를 다이렉트로 연결하는 시대다. 더 이상 소수 게이트키퍼들의 인정에 목맬 이유가 없다. 정해진 트랙 위에서의 불필요한 경쟁에서 벗어나야 한다. 나의 시장을 스스로 개척하는 자가 새로운 권위가 된다.

질문은 미래를 설계하는 기준이다

AI 시대의 생존은 기술을 배우는 데 있지 않다. 나를 둘러싼 시스템의 문법을 읽고, 낡은 나를 파괴하며, 새로운 존재 방식을 설계하는 질문을 던지는 데 있다. AI가 보다 빠른 답을 만들어낼수록, 질문의 중요성은 더 커진다. 답은 어느 곳에서나 얻을 수 있지만, 질문은 스스로 만들어야 해서다. 질문은 사고의 방향을 결정한다. 더 나아가, 존재의 방식까지 규정한다.

기술이 미래를 결정하는 것처럼 보이지만, 실제로 미래를 바꾸는 것은 질문하는 인간이다. "나는 어떤 방식으로 존재할 것인가." 이 질문을 끌어안는 사람이 다음 시대의 질서를 만든다. 위 7개 질문은 그 여정의 시작일 뿐이다. 진짜 답은, 이 질문들이 낳을 또 다른 질문 속에 있다.

AI 혁신 룰:
지금은 '실행'의 시간이다

AI는 환경이다. 어느 샌가 내려앉은 중력이다. 보이지 않지만, 모든 흐름을 바꾼다. 변화는 끝났고, 해석만 남았다. 새로운 방식으로 일하고, 다른 기준으로 판단한다. 낡은 전략을 걷어내야 하는 이유다. 좌고우면할 때가 아니다. 이제는 실행의 시간이라서다. 변화에 맞춤하는.

첫 번째 변화는 '지시에서 위임으로의 전환'이다. 예전의 AI는 정해진 명령을 순서대로 처리했다. "캠페인 기획해줘", "표로 정리해줘", "이미지 만들어줘." 사용자의 요구에 AI는 효과적으로 반응했다. 하지만, 먼저 움직이지 않았다. 스스로 판단하지 않았다. 다음 행동을 예측하지 않았다. 사람이 명령하면, AI는 손발처럼 움직였다. 인간은 생각하고, AI는 수행했다.

지금은 달라졌다. 이제는 AI에게 완결된 목표가 주어진다. "3분기 고객 이탈 원인을 분석하고, 실행 가능한 해결 전략 세 가지를 제시해줘" 같은 식이다. AI는 질문을 이해하고 분석한다. 자체적으로 해답 설계를 시작한다. 필요한 데이터를 추출하고, 분석 방향을 정하고, 그 과정에서 다른 AI와 협업한다. 문서를 만들고, 보고서를 완성하고, 제안을 정리한다. 단순한 실행 단계를 넘어선다.

'손발' 역할의 업무 수행자는 옛말이다. 이제 AI는 '머리' 역할을 하는 기획자다. 사람이 하던 정리, 요약, 조율, 취합, 문서화, 회의 준비 같은 역할은 조용히 사라진다. 지시를 기다리던 AI가 목표를 향해 스스로 움직인다. 조직 내 업무 구조, 사고 방향, 보고 체계가 동시에 흔들린다. 변화는 특정 부서에 국한되지 않는다. 일의 개념 자체가 바뀌는 거대한 흐름이다.

두 번째 변화는 '생성에서 시뮬레이션으로의 이동'이다. 과거의 AI는 표현의 도구였다. 이미지나 문장을 만드는 데 탁월했다. 아이디어를 시각적으로 풀어내거나, 마케팅 문구를 다듬는 역할을 했다. 인간의 머릿속에 있는 생각을 외부로 꺼내는 데 최적화된 도구였다. 빠르고, 간편했다. 때로는 놀라웠다.

지금은 역할이 달라졌다. 이제 AI는 현실을 실험하는 시뮬레이터다. 예컨대 "신제품 가격을 10퍼센트 인상하면 시장 반응이 어떨까?"라는 질문을 던지면, AI는 수십 개의 가능한 미래를 추론한다. 경쟁사 반응, 고객 이탈 정도, 점유율 변화 추이, 브랜드 인식 변화를 입체적인 시나리오로 제시한다. 그 중 가장 가능성 높은 시나리오도 상세하게 보여준다.

예전엔 이런 질문에 대한 명쾌한 해답이 없었다. 필드에서의 경험, 직감, 암묵지가 답이었다. 지금은 아니다. 감에 의한 직관이 줄었다. 데이터에 기반한 시뮬레이션은 늘었다. 물릴 수 없는 한 번의 판단 대신 수십, 수백 번의 실험이 가능하다. 미래는 더 이상 고정되지 않는다. 전략도 하나가 아니다. 상황은 예측 가능해졌다. 판단은 확률로 계산 가능하다. AI는 감이 아니라 통계로 움직인다. 콘텐츠 도구의 진화를 넘는 변화다. AI는 이제 전략이라는 개념 자체를 해체하고 재조립한다. 리더는 더 이상 모든 걸 혼자 정할 필요가 없다. AI는 가능성을 열고, 사람은 선택지를 좁힌다.

이런 변화에 리더는 어떻게 대처해야 할까? 가장 큰 방해물은 조직의 오래된 관성이다. 실패를 용납하지 않는 KPI 시스템. 한 해 단위로 고정된 예산 편성. 데이터를 통제하려는 부서 간 권력 구조. 이 모든 것이 혁신을 가로막는다. 내부의 규칙이 외부의 기술보다 더 높고 단단한 벽이다. AI가 부딪치는 건 조직 시스템이다. AI 도입이 곧 조직 구조 해체로 이어지는 이유다. 바꾸려면 먼저 쪼개야 한다. 익숙함의 저항. 기존 질서가 혁신의 가장 큰 장애다. 해법은 정면돌파가 아니다. 날카롭고 예리한 균열이다.

첫째. 핀포인트(Pinpoint) 전략. 조직 전체를 동시에 전환하려는 시도는 저항에 부딪혀 실패할 가능성이 크다. 따라서 초기 단계에서는 소수의 핵심 팀을 지정한다. 이 팀은 성과와 직결된 영역에서 활동한다. 예산과 권한에서 기존 규제를 받지 않는다. 목적은 단 하나의 성공 사례를 만드는 것. 작은 예외가 신뢰를 형성한다. 신뢰가 확산을 견인한다. 유리 파편처럼 작지만 날카로운 변화가 조직의 벽에 균열을 낸다.

둘째. 머니 시프트(Money Shift) 전략. 전략의 방향은 말이 아니라 숫자가 결정한다. 매년 예산의 일정 비율을 기존 시스템 유지보수에서 AI 기반 재설계 영역으로 전환한다. 이러한 강제적 이동은 구조적 변화를 의미한다. 숫자가 의지를 증명한다. 예산이 메시지를 대신한다. 권한은 예산을 따라간다. 말보다 빠른 변화는 숫자에서 시작된다. 조직 구조를 움직이는 방식이다. 구조가 바뀌어야 행동이 달라진다.

셋째. 격리 실험(Isolated Experiment) 전략. 혁신은 기존 시스템 내부에서 증발한다. 따라서 실험은 독립된 공간에서 진행되어야 한다. 실패 가능성을 전제로 설계하고, 작은 단위로 반복한다. 결과는 수치로 검증한다. 검증된 실험이 제도화로 이어진다. 혁신은 한 번의 선언이 아니라, 누적된 실험의 결과로 구조화된다.

AI를 기술로만 보는 리더는 뒤처진다. AI는 조직 시스템

을 다시 짜는 힘이다. 흐름을 바꾸고, 권한을 재편하고, 판단
기준을 바꾼다. 기술 장벽은 핑계다. 문제는 저항하는 조직의
습관이다. 지금 바뀌지 않으면? 나락이다. 크고 거창한 계획
은 필요 없다. 작고 빠르게 실행할 때다.

경쟁의 판을 바꾸는 사람들의
AI 기획법

"AI 프롬프트만 잘 쓰면, 기획은 끝 아닌가요?" 이 질문에 답하기 전에, 한 가지 명확히 할 것? 이 질문을 하고 있다는 것 자체가, 이미 이 게임에서 한참 뒤처져 있다는 증거다. 문제는 프롬프트를 잘 쓰고 못 쓰고가 아니다. 질문 자체가 틀렸다. 이 게임의 지배자는 AI를 능숙하게 다루는 '플래너(Planner)'가 아니다. 플래너는 주어진 전쟁터에서 '어떻게 이길지'를 설계하는 유능한 작전 장교일 뿐. 물론 그 정도로도 훌륭하다. 하지만 그건 이제 기본값이다. 진짜 게임을 지배하는 자는, 전쟁의 판 자체를 새로 짜는 '아키텍트'다. 플래너가 되는 건 고작해야 베이스캠프에 도착한 수준. 정상에서 벌어지는 진짜 게임은 지금부터다.

플래너는 AI를 유능한 '하인'으로 부린다. 완벽한 지시서를 내려, 의도한 결과물을 정확히 받아낸다. 안전하고 예측 가능한 방식이다. 아키텍트는 AI를 위험한 '스파링 파트너'로 삼는다. 내 논리를 증명하기 위해서가 아니라, 내 논리를 박살 내기 위해 AI를 쓴다. 완벽한 답을 얻는 것이 목표가 아니다. 내 생각의 빈틈과 약점을 찾는 것이 목표다. 아키텍트의 기획은 AI와의 치열하고 지적인 '스파링'으로 시작된다. 아키텍트의 스파링 세션을 하나씩 짚어보자. 요컨대, AI로 나 스스로를 깨부수는 법이다.

전장을 재정의하라: 문제의 틀을 새로 짜라

플래너는 "친환경 제품 구매 전환율 5퍼센트 상승"이라는 주어진 목표를 해결하려 한다. 아키텍트는 그 목표 자체의 타당성을 AI와 함께 검증한다.

아키텍트의 질문: "현재 '친환경'이란 키워드에 대한 Z세대의 긍정/부정 감성 데이터와 버즈량 변화 추이를 분석해줘. 동시에, '자기관리', '데이터 기반', '성분 분석' 키워드에 대한 버즈량과 비교 분석해. Z세대에게 '친환경'이라는 프레임 자체가 낡고 매력 없는 개념일 가능성은 없나? 만약 그렇다면, 우리 제품의 핵심 가치를 전달할 수 있는 새로운 시장 프레임 3가지를 제안해줘."

보이는가? 플래너는 '어떻게 풀까'를 고민할 때, 아키텍트는 AI를 이용해 '이 문제가 풀 가치가 있는가'를 먼저 묻는다. 판 자체를 해체하고 재조립하는 것이다.

직관을 검증하라: 데이터와 맞붙여라

플래너는 '죄책감 대신 과시욕' 같은 인간의 통찰을 코어로 삼는다. 아키텍트는 거기서 멈추지 않는다. 자신의 직관을 AI의 데이터와 의도적으로 충돌시켜 더 높은 차원의 답을 찾는다.

아키텍트의 질문: "'Z세대는 과시욕을 자극해야 움직인다'는 내 가설에 대한 잠재적 반론을 제기할 수 있는 소비자 리뷰 데이터 5가지를 찾아줘. 동시에, 수백만 건의 커뮤니티 데이터를 분석해, 인간인 내가 발견하지 못했을 법한 Z세대의 친환경 제품 구매 동인(Latent Driver) 3가지를 제시해줘. 내 직관과 완전히 다른, 가장 뜻밖의 관점으로."

플래너는 자신의 직관을 믿는다. 아키텍트는 자신의 직관을 의심한다. AI가 제시한 '잠재된 관점'과 자신의 '날 선 통찰'을 용광로에 함께 넣고 녹여, 그 누구도 흉내 낼 수 없는 제3의 관점을 만들어낸다.

전략을 시험하라: 레드팀으로 검증하라

플래너는 자신의 기획안을 AI로 '완성'시킨다. 아키텍트는 AI로 자신의 기획안을 '공격'한다. 기획안의 약점을 찾기 위해서다. 스스로 악마의 변호인이 되어 자신의 창작물에 비수를 꽂는다.

아키텍트의 질문: "지금까지의 논의를 종합한 내 기획안의 초안이다. [기획안 초안 첨부]. 이제부터 너는 가장 까다롭고 비판적인 투자 심사역(VC) 역할을 맡아라. 이 기획안이 반드시 실패할 수밖에 없는 이유 3가지를 데이터에 기반하여 신랄하게 지적해. 그리고 이 기획안을 시장에서 완전히 박살 낼 경쟁사의 대응 전략을 가장 악랄하게 시뮬레이션해줘."

완벽한 계획이란 없다. 완벽하게 검증된 계획만 있을 뿐. AI를 칭찬만 늘어놓는 예스맨이 아니라, 내 기획의 심장을 향해 돌진하는 레드팀으로 활용해야 한다. 그제서야 나의 기획은 '반박 불가'의 영역에 들어선다.

이제 무엇을 해야 하는가? 그저 기획안을 매끄럽게 다듬으며 만족해하는 건 연습 게임일 뿐이다. 진짜 게임에 참여하고 싶다면, 나와 우리 팀이 가장 두려워하는 질문을 정면에 던져라. 모두가 정답이라고 믿는 전제를 의심하고, AI를 동원해 그 안일한 믿음을 깨부숴라.

AI에게 던지는 이 날카로운 질문의 효용은 무지의 자각이다. 내가 무엇을 모르는지, 내 생각이 얼마나 편협한지 깨닫게 해주어서다. 미래는 AI에게 '명령'을 내리로 사람의 손을 떠났다. AI와 함께 더 나은 '질문'을 찾아내는 사람이 미래를 리드한다. 지금 내가 마주해야 할 가장 불편한 질문은 무엇인가? 거기서부터, 진짜 기획이 시작된다.

AI 시대, 생존의 첫 번째 조건:
스스로를 파괴하라

역사의 무대 위에는 늘 '혁신가의 딜레마'라는 유령이 떠다녔다. 한때 세상을 지배했던 거인들은 왜 그토록 허무하게 스러졌는가. 약해서가 아니다. 너무 강했기에 몰락했다. '기존 고객'의 목소리에만 귀 기울였기에 길을 잃었다. 가장 수익성 높은 시장에만 집중했기에 미래를 놓쳤다. 성공을 위한 합리적 선택이, 몰락의 함정이 되는 비극. 오늘날, 이 낡은 유령은 훨씬 더 복잡한 얼굴로 우리 앞에 나타난다.

AI 혁명의 문을 연 오픈AI. 그들의 위기는 전통적인 딜레마를 넘어선다. 진짜 위협은 그들이 창조한 생태계 자체에서 자라난다. '오픈소스의 반란' 얘기다. 라마3, 미스트랄, 중국의 딥시크, 키미K2와 같은 강력한 개방형 모델들 덕에 기업들은 더 이상 오픈AI의 비싼 API에 종속될 필요가 없어졌다. 기업들은 이 모델들을 가져와 자신들의 데이터로 직접 미세조정(fine-tuning)한다. 더 저렴하고, 더 안전하며, 더 완벽하게 통제 가능한 AI를 손에 넣을 수 있다는 얘기. '소유와 통제'의 패러다임 전환이다. 오픈AI의 중앙집권적 제국은, 바로 그들이 창조한 혁명의 파도에 포위되고 있다.

AI의 심장을 손에 쥔 엔비디아의 왕좌는 영원할까? 그들의 딜레마는 '성공의 역설'에서 비롯된다. 너무나 성공했기 때문에 발생한다. 구글의 TPU, 아마존의 트레이니엄, 마이크로소프트의 마이아. 이 이름들은 엔비디아 제국을 향한 명백한 '선전포고'다. 엔비디아 칩의 높은 가격과 독점적 공급망에 자신들의 운명을 저당 잡히지 않겠다는, 고객사들의 독립선언이다. 엔비디아라는 단일 제국에 맞서는 기술 군주들의 거센 반란이다. 독점적 시장 지배력이라는 엔비디아의 강점이 오히려 제국의 심장을 겨누는 칼날이 된 셈이다.

'앤서 엔진' 퍼플렉시티(Perplexity)로 대표되는 도전자들의 시계는 더욱 흐리다. 퍼플렉시티의 혁신은 너무나 매력적이있기에, 거인들의 즉각적인 표적이 되었다. 구글은 'AI 오버뷰(검색 결과 상단에 AI가 핵심 답변을 요약·정리해 보여주는 기능)'를 통해 검색 결과 최상단에 퍼플렉시티와 유사한 요약 답변을 제공하기 시작했다. 챗GPT 역시 단순한 챗봇을 넘어, 실시간 웹검색과 출처 명기를 통해 만능 엔진으로 진화했다. 퍼플렉시티의 독창성이 거대 플랫폼의 '표준 기능'으로 흡수된 것이다. 작은 혁신이 거대 플랫폼의 중력에 빨려 들어가는 '플랫폼 포식'의 냉혹한 현실이다.

그렇다면 이 새로운 전장에서 우리는 무엇을 해야 할까? 그저 '변화에 대응하라'거나 '용기를 가지라'는 구호는 공허하다. 의미가 없다. 구체적인 전략과 실행 가능한 방법론을 찾아야 한다.

첫째, '최애 상품 죽이기(Kill Your Darling)' 감사를 정례화하라. 우리 회사에서 가장 성공적이고, 가장 수익성이 높은 효자 상품을 테이블 위에 올리는 것부터 시작이다. 조직 내 가장 비판적인 인재들로 팀을 꾸려, 그들에게 오직 이 하나의 질문에 대한 답을 찾게 하라. "만약 우리가 과거 유산이 하나도 없는 신생 스타트업이라면, 이 제품을 어떻게 죽일 수 있을까? 어떤 기술이 이 제품의 성공을 무의미하게 만들까?" 자신의 심장을 향해 총구를 겨누는, 고통스럽지만 필수적인 자기 파괴 시뮬레이션이다.

둘째, '스피드보트(Speedboat)'를 띄워라. 앞선 감사에서 도출된 파괴적 아이디어는 기존 조직이 아닌, 별동대 성격의 작은 팀에게 맡겨야 한다. 이들의 역할? 둔중한 본진과 떨어져 거친 파도를 가장 먼저 가르는 날렵한 쾌속선이다. 거추장스러운 보고 체계나 단기적인 투자 수익률(ROI) 압박은 없어야 한다. 그들의 유일한 목표는 '학습'이다. 빠르게 시도하고, 빠르게 실패하며, 시장의 진짜 반응을 데이터로 가져오는 것.

이들이 가져오는 정보는 우리라는 거함(巨艦)의 미래 항로를 결정할 값진 나침반이 된다.

셋째, 리더 스스로 '자원 수송관(Resource Conduit)'을 자처하라. 이제 리더는 스피드보트가 찾아낸 미래의 가능성에, 기존 사업부가 벌어들이는 현재의 자원을 수혈하는 연결 고리가 되어야 한다. 어떤 실험에 더 많은 자원을 투입할 것인가. 어떤 사업의 자원을 줄여 미래에 투자할 것인가. 이 고통스러운 자원 재분배 결정이야말로 새로운 성공 공식을 만들어낼 진짜 용기다.

거대한 파도 앞에서 어설픈 방파제를 쌓는 것은 무의미하다. 파도 자체의 흐름을 읽고, 그 힘을 이용해 더 멀리 나아갈 서핑보드를 만들어야 한다. 우리에게 필요한 것은 오늘의 성공을 스스로 파괴할 용기다. 기회는 혼돈의 가장 깊은 곳에 있다. 아직 승자는 정해지지 않았다.

AI 경제 혁명:
새로운 게임의 설계자로 거듭나다

"집에서 혼자 울었다." 한 프로 바둑기사의 고백이다. 알파고에 의해 인간 두뇌와 자존심이 무너진 지 벌써 10여 년. AI에게 가장 먼저, 가장 완벽하게 정복당한 바둑계는 우리 모두의 '먼저 온 미래'다. 지금 각 분야 전문가들은 평생 쌓아온 지식 체계와 자부심이 한순간에 폐기되는 것을 실시간으로 목격 중이다. AI가 제시하는 최적의 수가 세상의 모든 게임 규칙을 다시 쓰고 있어서다.

창작도 예외는 아니다. 세상 모든 도서관의 책이 하룻밤 새 천 배로 불어나는 기이한 상상. 선반은 누군가 썼을 법한, 그러나 아무도 쓰지 않은 완벽한 문체와 구조의 소설들로 가득하다. 한쪽 구석에 서 있는 어느 소설가. 평생을 바쳐 깎고 다듬은 원고를 들고 서 있다. 하지만, 그의 작품은 1초에 만

권씩 쏟아지는 '그럴듯한 가짜'들 사이에 묻혀 보이지도 않는다. 시장은 더 이상 장인의 고뇌에 값을 치르지 않는다. AI 시대의 예술가들은 이제 어떻게 살아야 할까? AI 시대의 창작자로 산다는 건 이제 어떤 의미일까?

평생을 바쳐 영혼의 문장을 좇던 '고결한 예술가'라는 신화는 끝났다. 그의 고뇌와 집착, 그 모든 숭고한 가치는 이제 AI가 1초 만에 쏟아내는 그럴듯한 모조품의 홍수 속에서 조용히 사라진다. 무슨 말이냐고? 인간 창작자에게 내려진 경제적 사형선고란 얘기다. 꿋꿋이 완벽을 추구하는 장인의 신화? 인간만이 창작의 '이유'를 독점한다는 낭만적 자부심? 자기 기만이다. 현실 왜곡이다.

산업혁명이 육체노동의 가치 체계를 무너뜨렸다면, AI는 지적 노동의 경제 구조를 파괴한다. 기술이 아니라 경제의 문제다. 구조의 문제다. 새로운 시스템, 그리고 새로운 게임.

물의 양이 임계점을 넘으면 100도에서 끓어 기체가 된다. AI가 쏟아내는 창작물이 폭발적으로 누적되면서 예술계 역시 질적 대전환의 순간을 맞았다. 이 변화의 칼날이 가장 먼저 향한 대상은 '중간층 전문가'다. 평생 쌓아온 실력으로 일정 수준 이상의 결과물을 낼 수 있지만, 독보적인 무언가는 없는 창작자들. AI가 80점 수준의 결과물을 거의 '제로(0)' 비용으로 무한정 생산해내면, 인간이 힘겹게 만든 90점의 콘텐츠는 설 자리가 줄어든다.

90점의 콘텐츠가 80점짜리와 공존하던 시대는 끝났다. 예전에는 10점의 차이가 가격 차이였다. 지금은 아니다. 시장은 그 10점의 차이를 알아보지 않는다. 차이를 못 느낀다. 못 느껴도 상관없다. AI가 만든 80점 콘텐츠가 넘쳐나기 때문이다. AI가 촉발한 것은 무한 공급이 모든 것의 가격을 '제로(0)'로 수렴시키는 '디지털 풍요 경제'다. 품질의 문제가 아니라 구조의 문제다. 시장은 극소수의 상징적인 장인에게만 반응할 뿐, '장인 지망생'들에게는 지갑을 열지 않는다. '더 나은 작품'을 만들면 살아남을 수 있을 거란 믿음은, 그래서 순진하다.

문제는 단지 AI가 더 많이, 더 빨리, 더 싸게 만든다는 게 아니다. 더 근본적인 변화는? 인간만이 창작의 '이유'를 독점한다는 믿음 역시 명백한 오해라는 것이다. AI에게 입력하는, 질문과 지시, 명령을 아우르는 대화는 인간의 복잡한 '왜?'를 기계에 주입하는 행위다. 가령, "카프카의 소설 '변신'에 나타난 소외의 문제를, 현대 긱 이코노미(Gig Economy) 프리랜서의 관점에서 네오누아르 스릴러 영화 시나리오로 재구성해줘"라는 프롬프트. 이 안에는 복잡한 문학적, 사회적, 장르적 맥락과 관점, 의도가 이미 들어 있다.

이제 경쟁의 본질은 '설계'다. 누가 더 다층적이고 독창적인 '왜?'를 설계하여 AI에 주입하고, 그 결과물을 비판적으로 재가공하여 새로운 가치를 창출하는가에 있다. 백지 앞 고독한 창조자의 시대는 막을 내렸다. 이제 창작자는 무한한 가능성을 지닌 AI 공장을 지휘하고 통제하는 '시스템 설계자'이자 '총감독'이다. 장인 정신이라는, 과거 낭만으로의 회귀가 생존 전략이 될 수 없는 이유다.

AI 시대, 예술가로서의 생존은 더 이상 창작의 고통을 감내하는 숭고한 태도에 있지 않다. 새로운 시스템을 이해하고, 그것을 해킹하거나 전복할 수 있는 냉철한 전략에 있다. AI가 만들어낸 새로운 경제 구조의 빈틈을 정밀하게 파고들어야 한다. 자본의 논리가 아직 포착하지 못한, AI가 아직 도달하지 못한 영역에서 감춰진 가치를 발견하고 창출하는 것. 생존의 열쇠가 거기에 있다.

첫째, 니치(Niche)를 공략하라. AI의 학습 데이터는 보편적이고 대중적이다. AI의 출력은 확률적이고 통계적이다. 아직 데이터화되지 않은 하위문화, 비주류 커뮤니티, 역사 속에서 잊힌 사건, 미발굴된 사연 등은 AI의 시야 밖에 있다. 거대 자본이 주목하지 않는 틈새를 파고들어 대체 불가능한 맥락을 선점해야 한다.

둘째, 결과물이 아닌 '과정'과 '커뮤니티'를 팔아라. AI는 그럴듯한 결과물을 내놓을 뿐, 그 과정의 서사나 창작자와의 관계를 만들어내지 못한다. 창작 과정을 라이브로 공유하고, 후원자 커뮤니티와 소통하며, 실험과 실패의 서사를 함께 만들어가는 것 자체가 새로운 형태의 작품이자 콘텐츠가 된다.

작품이 아닌 작가 자체의 브랜드와 그를 둘러싼 상호작용이
곧 상품이다.

셋째, 비평가이자 큐레이터가 돼라. 정보 과잉의 시대,
넘치는 게 콘텐츠다. 옥석을 가려내는 안목 자체가 권력이 된
다. AI가 쏟아내는 수많은 콘텐츠 속에서 의미를 발굴하고,
그걸 자신만의 독창적인 관점과 철학으로 재배치하여 새로운
의미망을 구축하는 것. 이게 창작의 새로운 형태다.

AI 시대의 예술가는 더 이상 고독한 장인이어서는 안 된
다. 기술을 읽는 전략가여야 한다. 자본의 흐름을 꿰뚫는 해
커여야 한다. 자신의 팬덤과 함께 움직이는 커뮤니티 매니저
여야 한다. 낭만적 퇴행을 멈추고 시스템의 설계도를 제대로
읽어야 한다. 예술가로서의 생존 지도가 거기에 있다. 자존심
이 아니라 전략이 필요한 지금이다!

패턴 경제:
'나만의 방식'이 돈이 되는 시대

AI가 만든 그림, 음악, 소설, 영상이 넘쳐난다. 인간의 그것과 구분하기 어렵다. 생산 속도와 양에서 압도적이다. 비용도 거의 '공짜'다. 누구나 비슷한 수준의 결과물을 무한히 찍어내는 시대, '무엇(What)을 만들었는가'라는 질문은 이제 힘을 잃는다. 중요한 건 '어떻게(How) 만들었는가'다. 고유한 문제 해결 방식과 사고 과정, 그리고 작업 스타일. 이것이 새로운 가치의 원천, '패턴(Pattern)'이다. 이른바 '패턴 경제(Pattern Economy)' 시대가 열리고 있다.

AI는 세상을 '패턴'으로 읽는다. 우리의 대화법, 글쓰기 스타일, 문제 접근 논리, 심지어 운전 방식까지. 세상의 모든 패턴을 읽어내고, 분석하고, 복제한다. AI가 인간을 넘어서는 속도와 규모로 창작을 하는 세상. 가치의 중심은 독창적인 노래, 감동적인 그림 같은, 그 결과물을 빚어내는 보이지 않는 설계도, 즉 고유한 방식으로서의 패턴이다.

전 세계 수백만 게이머를 열광시킨 어느 게임 개발자. 그의 성공 비결은 플레이어 심리를 이용한 '재미 설계 방식', 즉 레벨 디자인 패턴에 있다. 초기 몰입 유도, 점진적 난이도 상승, 예상 밖 해결의 쾌감 같은 그의 '재미 공식'을 AI가 학습하고 분석한다.

패턴 경제의 첫 번째 잠재력은 바로 이 '방식의 확장성'이다. 디지털화된 게임 개발자의 레벨 디자인 패턴은 시공간을 초월한다. 지구 반대편 다른 게임 스튜디오에서, AI가 그의 패턴을 기반으로 새로운 레벨 구조 초안을 생성한다. 기존 디자인의 문제점을 분석해 개선 방향을 제안할 수도 있다. 개발자 본인은 한 곳에 있지만, 그의 성공 패턴은 전 세계로 퍼져나가 새로운 가치를 창출한다.

두 번째 잠재력은 '방식의 영속성'이다. 조직 내 보고서 달인 김 과장, 영업 전략가 박 팀장, 기획 귀재 이 차장. 핵심 인재가 떠나면 조직은 휘청인다. 하지만 그들의 '보고서 작성 논리', '시장 분석 프레임워크', '아이디어 발상법'이라는 패턴이 추출되어 조직에 내재화된다면? 사람은 떠나도 그들의 방식은 조직의 핵심 자산으로 남는다. 사람이 아니라, 방식이 일하는 것이다.

뛰어난 개발자의 디버깅 노하우, 빼어난 분석가의 데이

터 시각화 방식, 탁월한 마케터의 고객 심리 기반 설득 로직, 유능한 컨설턴트의 문제 정의 프레임워크. 이 모든 게 AI가 학습하고 복제할 수 있는 '패턴'이 된다. 패턴 경제는 이처럼 '결과' 너머의 '방식'에 주목한다.

하지만 치명적인 질문이 남는다. "이 패턴은, 정말 그의 것인가?" 복제가 용이한 만큼 원본 증명이 어렵다. 누가 진짜 창작자인가? 출처에 대한 신뢰가 무너지면 패턴의 가치 교환, 즉 거래 자체가 불가능해진다. 그렇다면 패턴 경제가 제대로 작동하기 위한 전제 조건은?

첫째, 패턴 출처의 명확한 증명이다. 디지털 워터마크, 블록체인 기술 등을 활용해 특정 패턴의 창작자와 생성 맥락을 명확히 기록하고 검증하는 시스템이 필요하다. 둘째, '방식' 자체에 대한 지식재산권 확립이다. 완성된 결과물을 넘어, 문제를 해결하는 독창적인 프로세스나 의사결정 로직 등 방식의 고유한 가치를 법적으로 인정하고 보호해야 한다.

패턴 경제는 "당신은 무엇을 할 수 있는가?"라는 질문 대신 "당신은 어떤 방식으로 생각하고 일하는가?"라는 근원적인 질문을 던진다. 그 방식은 독창적인가? 새로운 가치를 창출하는가? 다른 사람에게 영감을 주는가? 재현 가능하며 유용한가? 그리고 무엇보다, 그것이 오직 당신만의 것임을 증명할 수 있는가?

패턴 경제의 미래? '스타일 구독'의 일상화다. 특정 전문

가의 분석 틀, 유명 작가의 독특한 문체, 뛰어난 디자이너의
작업 플로우 등을 구독하여 자신의 작업에 접목하는 모델이
확산될 것이다. 방식이 하나의 상품처럼 공유되고, 유통되고,
거래되는 새로운 생태계. 당신 안에 잠재된 고유한 '패턴'을
찾아내어 끊임없이 갈고닦아야 하는 이유다.

　나의 '방식'은 이제 그 무엇과도 바꿀 수 없는 자산이 된
다. 잘 벼려진 나의 패턴은 디지털 세상으로 확장되어 새로운
가치를 창출할 것이다. 결과물이 나를 증명하던 시대는 끝났
다. 이제는 나의 방식이 나를 증명한다!

기계가 쇼핑하는 세상,
누구를 설득할 것인가?

스마트폰이 울린다. "한여름에 입을 반바지가 없음. 확인 버튼을 누르면 쇼핑을 시작합니다." 옷장 속 AI가 보내온 메시지다. 이미 내 취향과 기호를 학습했다. 계절과 트렌드까지 반영하여 쇼핑몰을 샅샅이 뒤진다. 다음 날 내 맘에 쏙 드는 반바지가 도착한다. 가격 비교는 물론, 배송 속도, 판매자 평판까지 종합 분석한 결과다. 옷뿐 아니다. 구매할 수 있는, 구매해야 하는 모든 품목을 이렇게 쇼핑한다.

무거운 카트를 밀며 원하는 제품을 찾아 헤매 다닐 필요가 없다. 깨알 같은 상품평을 눈 아프도록 찾아 읽으며 고민할 이유도 없다. AI가 나 대신 쇼핑을 해준다. 기계가 고객이 되는 것이다. 이른바 '기계고객'이다.

기계고객은 사람을 대신해 구매 결정을 내리고 거래를

수행하는 AI 에이전트다. 냉장고 속 계란과 우유가 얼마 안 남았다고? 걱정할 것 없다. AI가 냉장고 내부 식자재를 모니터링하고 유통기한을 분석한다. 과거 구매 내역과 현재 필요에 따라 자동으로 식료품을 주문한다. 잉크 잔량을 모니터링해서 교체 잉크를 자동 주문하는 AI 프린터는 또 어떻고. AI 기반 투자 플랫폼은 이미 일상이다. 사전 설정된 위험 허용 범위와 재무 목표에 따라 자동으로 투자 포트폴리오를 조정한다. 공장의 AI가 재고 수준을 모니터링하고 생산 데이터를 분석하여 자재를 주문하는 것 역시 기계고객의 사례다.

기계고객은 인간의 개입 정도에 따라 세 단계로 나뉜다. '경계형 고객'은 인간이 정해준 규칙에 따라 구매를 수행한다. '적응형 고객'은 소비자 선호도를 학습하고 그 지식을 바탕으로 구매 결정을 내린다. '자율형 고객'은 높은 재량권을 가지고 독립적으로 거래를 수행한다.

데이터 기반 패턴 분석으로 내 취향과 상황을 반영하여 방대한 상품 데이터를 분석해 최적의 가격과 품질을 찾아 나 대신 구매하는 기계고객들. 그들끼리 정보를 교환하며 집단 지성을 발휘하는 것도 가능할 터.

기계고객의 등장은 기업들에게는 새로운 과제다. 전통적인 브랜드 전략과 감성 마케팅이 먹히지 않아서다. 과거의 전제는 단순했다. 사람이 광고를 보고, 사람이 구매를 결정했다. 이제 그 전제가 무너졌다. AI가 본다. AI가 판단한다. AI

가 추천한다. AI가 인간의 소비 결정에 막대한 영향을 미친다. 광고의 '대상'? 자연스레 인간에서 기계로 바뀐다. 기계는 감정에 휘둘리지 않는다. 데이터와 알고리즘을 기반으로 구매 결정을 내린다. 수많은 제품 리뷰와 성능 데이터를 분석해 최적의 제품을 찾아낸다. 논리적이고 합리적일 수밖에. 요컨대, 비즈니스의 전장이 인간의 '감성'에서, AI의 '알고리즘'으로 이동한다는 얘기다.

기업들의 마케팅&브랜드 전략 변화는 필연적이다. '이 광고가 사람에게 어떻게 보일까?'라는 질문보다 '이 광고가 AI에게 어떻게 해석될까?'라는 질문이 더 중요해진다. 이 새로운 질문에 답하기 위한 생존 전략, 즉 AI 설득의 기술은 세 가지로 요약된다.

먼저, 데이터 최적화다. 기계고객은 제품의 실용적 가치를 기준으로 구매 결정을 내린다. 제품 정보와 리뷰, 성능 데이터 등 우리 브랜드의 가치를 제대로 알리려면 기계고객에게 주파수를 맞추어야 한다. 기계고객에게 정보를 제공하는 과정은 기계고객의 언어로 정보를 번역하는 작업이다. 기계고객의 알고리즘에 최적화된 형태로 정보를 가공하는 작업이다. 기존 브랜딩 작업과 같을 리 없다. 데이터 기반 브랜딩이다.

신뢰도 높은 언론 보도나 깊이 있는 전문 콘텐츠 역시 더 이상 대중 홍보용 콘텐츠가 아니라, AI의 판단 알고리즘에 직접 영향을 미치는, 가장 강력한 'AI 설득용 인풋 데이터'다. AI 가 우리 브랜드를 신뢰하도록 만드는 것. 이것이 달라진 브랜 딩의 목표다.

둘째, 로열티 프로그램의 재설계다. 인간은 감정과 경험, 심리적 만족을 중시한다. 보상 프로그램도 여기에 초점을 맞 춘다. 예컨대, VIP 회원 전용 라운지 이용권이나 유명 셰프와 함께하는 요리 클래스 초대권 같은 것이다. 반면, 기계고객은 실질적인 혜택과 가격 경쟁력을 중시한다(물론, 기계고객이 어 떤 요소를 중요하게 평가할지는 사용자가 어떤 기준과 목적을 코 드에 심어두었는지에 따라 달라질 수 있다). 할인과 쿠폰, 즉각 적인 보상이 더 큰 매력으로 작용한다. 특정 제품의 할인 코 드나 구매 즉시 적용되는 리베이트 프로그램 등 명확한 수치 로 계산할 수 있는 혜택이 효과적이다. 감성의 언어가 아닌, 숫자의 언어로 말해야 한다.

셋째, 다양한 시스템과의 원활한 상호작용이다. 기계고 객은 자신에게 허락된 디지털 생태계 안에서 쇼핑한다. 기계 고객의 선택을 받으려면 그들의 쇼핑 리스트에 우리 제품과 서비스가 올라가 있어야 한다. 기계고객과의 디지털 접점 확 보가 필수다. 기계고객과의 상호작용을 위한 디지털 플랫폼 을 구축하고 데이터 분석 역량을 강화해야 하는 이유다. API 와 같은 프로그램 인터페이스를 통해 자사 제품 정보가 다양 한 플랫폼과 쉽게 연결될 수 있도록 시스템을 개방해야 한다.

빅테크 플랫폼과의 연계는 필수다.

기계고객이 인간 고객의 수를 넘어서는 건 시간 문제다. 머지않은 미래, 기계고객이 시장의 주류로 자리 잡을 전망이다. 기계고객의 마음, 아니 기계고객의 알고리즘을 사로잡기 위한 기업 간 경쟁이 이미 치열하다. 기계고객의 구매 여정을 면밀히 분석하고 이에 맞는 새로운 마케팅 전략을 수립해야 할 때다. 기계고객은 오늘도 쇼핑 중이다. 그리고 진화 중이다.

골목에서 북극성까지:
1인 기업가의 생존법

모니터에 떠 있는 수십 개의 광고 시안 중 어느 것도 마음을 움직이지 않는다. AI는 분명 지시한 대로 'MZ세대의 감성을 자극하는' 문구와 이미지를 쏟아냈지만, 거기에는 영혼이 없다. 몇 번의 클릭으로 시장 조사를 끝내고, 반나절 만에 웹사이트를 만들었지만, 정작 '이걸 왜 해야 하는가'라는 근본적인 질문 앞에선 모든 자동화 도구가 침묵한다. AI가 창업의 문턱을 없애주었다는 떠들썩한 축제의 뒤편에서, 창업가는 어김없이 홀로 남겨진다.

기술이 우리에게 장밋빛 미래를 약속할 때, 그 대가로 무엇을 내주어야 하는지 물어야 한다. AI는 분명 과거의 거인들이 독점하던 무기를 우리 손에 쥐여주었다. 하지만 그 무기를 휘두르기 위해 단련해야 할 것이 기술이 아니라 전략과 내면,

그리고 철학이라는 사실을, 우리는 너무 늦게 깨닫고 있다. 다음은, AI 시대의 1인 기업가, 그 고독한 항해자들을 위해 만든 나침반이다.

전략의 전환: 광장에서 골목으로 이동한 전장

과거의 비즈니스가 거대한 군대를 이끌고 성을 함락시키는 공성전이었다면, 지금의 비즈니스는 지도에도 없는 좁은 골목에서 벌어지는 백병전이다. AI가 콘텐츠 생성과 마케팅의 비용을 사실상 '0'으로 만들면서, 시장은 누구나 비슷한 목소리를 내는 거대한 소음의 광장이 되어버렸다. '더 많은' 콘텐츠, '더 넓은' 광고는 승리를 보장해주지 않는다. 모두가 확성기를 들고 외치는 시장에서, 가장 먼저 목이 쉬는 것은 거대 자본이 아니라 개인이다.

이런 환경에서 유일한 생존 전략은 시장을 보는 관점을 바꾸는 것이다. 망원경을 버리고 현미경을 들어야 한다. 거대 기업이 '30대 여성'이라는 광활한 평야를 목표로 할 때, 1인 기업가는 '야근 후 귀가해 지친 몸으로 식물에게 물을 주며 위로받는 32세 여성 개발자'라는 단 한 사람의 골목을 찾아야 한다. 그 사람이 쓰는 용어, 그 사람이 느끼는 아주 사소한 불편함, 그 사람이 열광하는 작은 커뮤니티. 그곳이 바로 새로운 전장이다.

AI는 이 골목을 찾는 탐색의 속도를 비약적으로 높여준

다. 가설을 세우고, 10분 만에 그 사람만을 위한 랜딩페이지
를 만들고, 단돈 몇만 원의 광고비로 몇 시간 만에 유효한 데
이터를 얻을 수 있다. 이것이 AI가 준 진짜 선물이다. 거대한
스케일이 아니라, 면도날 같은 정밀함과 압도적인 스피드. 자
본이라는 성벽은 무너졌지만, 그 자리에 '누가 더 좁고 깊은
나만의 골목을 먼저 찾는가'라는 새로운 경쟁의 규칙이 새겨
졌다. 이제 아이디어의 뾰족함, 고객 정의의 명확함이 생존을
가른다. 이 질문에 답하지 못하는 비즈니스는 소음 속에서 사
라질 또 하나의 메아리에 불과하다.

내면의 시험: 실패를 견디는 회복탄력성의 힘

AI가 실패의 비용을 극적으로 낮췄다는 말은 사실이다.
사무실도, 직원도, 값비싼 외주 개발도 필요 없다. 아이디어
를 현실로 만드는 데 필요한 것은 한 달 커피값 정도의 AI 구
독료와 약간의 시간뿐. 실패는 이제 파산 선고가 아니다. 다
음 실험을 위한 저렴한 학습 데이터다.

하지만 세상에 공짜 점심은 없다. 금전적 리스크가 사라
진 자리에 '정신적 리스크'라는 새로운 청구서가 날아든다.
아이디어를 내고, 제품을 만들고, 시장에 던지고, 차가운 무
관심을 확인하고, 처음부터 다시 시작하는 반복의 과정. 가설
검증의 이 무한 루프는 창업가의 영혼을 갉아먹는다. 과거의
실패가 뼈가 부러지는 한 번의 큰 사고였다면, 지금의 실패는

매일 온몸에 새로운 멍이 드는 일상의 타박상이다.

진짜 자본은, 이제 '회복탄력성'이다. 열 번의 실패를 겪고도, 열한 번째 시도를 첫 번째처럼 해낼 수 있는 내면의 힘. 무수한 거절과 무관심의 데이터 속에서 좌절하는 대신, '가설이 틀렸을 뿐, 내가 틀린 것은 아니다'라고 객관화할 수 있는 능력. 이것이 AI 시대의 값비싼 자원이다. AI는 사업 모델의 실패 원인을 수치로 분석해줄 수는 있지만, 그로 인해 무너진 창업가의 자존감까지 재건해주지는 않는다. 성공한 1인 기업가는 뛰어난 전략가이기 이전에, 자신의 감정적 대차대조표를 관리할 줄 아는 냉정한 심리학자다. 실패 비용은 싸졌지만, 그 실패를 딛고 다시 일어서는 대가는 여전히 비싸다. 이제 창업가는 스스로에게 물어야 한다. 몇 번의 실패를 더 감당할 수 있는가?

철학의 필요: 기계 속 유령과 나만의 북극성

모든 것을 자동화한 시스템의 가장 마지막 단계, '게시' 버튼을 누르는 그 찰나의 순간에, 모든 책임은 결국 인간에게로 귀결된다. AI는 우리가 던진 질문에 대해 확률적으로 가장 그럴듯한 답을 내놓을 뿐, 그 답이 진실인지, 윤리적인지, 누군가에게 상처를 주지는 않는지 판단하지 못한다. AI가 쓴 광고 문구가 무심코 특정 집단에 대한 혐오를 담고 있다면, 비난의 화살은 알고리즘이 아닌, 그것을 승인한 인간에게 향한다. AI 챗봇이 고객에게 잘못된 정보를 안내해 손해가 발생했다면, 법적 책임을 지는 것은 시스템의 주인이다.

효율이라는 이름 아래 인간의 역할을 너무 쉽게 시스템에 위임하려는 유혹에 빠지기 쉽다. 하지만 AI 시대의 1인 기업가는 단순히 시스템을 설계하고 운영하는 엔지니어를 넘어, 자신이 만든 작은 세계의 철학을 결정하고, 그 결과를 온전히 책임지는 입법자이자 재판관이 되어야 한다. '어떻게 더 많이, 더 빨리 팔 것인가?'라는 질문을 넘어, '나의 비즈니스는 세상에 어떤 가치를 더하는가?', '고객의 데이터를 어떤 원칙으로 다룰 것인가?'를 스스로에게 물어야 한다.

이러한 철학적 방향성, 즉 자신만의 '북극성'이야말로 AI가 결코 복제할 수 없는 최후의 경쟁력이다. 기술은 평준화되었고, 아이디어는 순식간에 카피된다. 하지만 비즈니스를 통해 세상에 기여하고자 하는 이유와 원칙은 누구도 훔칠 수 없다. 그것이 제품과 서비스에 미묘한 차이를 만들고, 고객이 다른 대안 대신 내 제품과 내 서비스를 선택하는 마지막 이유가 된다.

판은 바뀌었고, 도구는 모두의 손에 쥐여졌다. AI라는 엔진은 누구에게나 속도를 주었지만, 살아남는 힘은 전략의 날카로움, 내면의 회복탄력성, 철학의 방향성에서 갈린다. 더 빠른 가속페달보다 중요한 것은 좁은 골목을 꿰뚫는 전략의 나침반, 무수한 실패를 견디게 하는 내면의 힘, 그리고 끝까

지 길을 잃지 않게 붙드는 철학적 북극성이다. 이 세 가지를
지닌 사람만이, 이 고독한 항해의 끝에서 새로운 대륙을 발견
하게 될 것이다.

쇼핑의 종말,
혹은 거래의 재구성

오픈AI가 공개한 '인스턴트 체크아웃'과 '에이전틱 커머스 프로토콜'. 단순한 기능 업데이트와는 차원이 다르다. 온라인에서 가치가 교환되는 방식, 즉 거래의 근본 메커니즘을 새로 정의하겠다는 야심찬 선언이다. 인스턴트 체크아웃은 사용자가 대화창을 벗어나지 않고 결제까지 완료하는 기능이다. 에이전틱 커머스 프로토콜은 이 과정을 가능케 하는 표준 규칙이다. AI, 판매자, 결제 시스템이 소통하는 방식을 표준화한 이 개방형 프로토콜은, 특정 플랫폼의 통제 없이도 거래가 가능한, 새로운 인프라를 구축한다. 인터넷 초기, HTTP 프로토콜이 등장해 웹 생태계가 폭발적으로 성장했을 때가 겹쳐 보이는, 구조적 전환이다.

이 새로운 프로토콜 위에서 과거의 성공 공식은 해체

된다. 지난 십수 년간 기업들이 숭배해온 검색엔진 최적화(SEO)는 더 이상 의미가 없다. AI는 인간처럼 광고에 현혹되거나 브랜드의 감성적 서사에 설득당하지 않는다. AI가 원하는 것은 통계적으로 가장 그럴듯하고 논리적으로 완결된 정보다. 시장 경쟁의 초점이 '답변 엔진 최적화(AEO, Answer Engine Optimization)'로 옮겨갈 수밖에 없는 이유다.

AEO의 세계에서 마케터는, AI가 명확하게 해석할 수 있도록 데이터를 정제하고 구조화하는 데이터 아키텍트가 되어야 한다. 제품의 재고, 가격, 성분, 사용자 리뷰의 긍정-부정 비율 같은 이성적 데이터만이 '의미'를 가져서다. 그 외의 활동은 잠재적 잡음 덩어리일 뿐. 경제 권력의 지형을 뒤흔드는 엄청난 변화다.

지금까지 디지털 경제의 주도자는 구글과 아마존, 메타였다. 이들은 사용자의 주목을 자사 플랫폼에 가두는 '트래픽 락인(lock-in)'을 통해 광고 제국을 건설했다. 하지만 AI 에이전트가 이 견고한 성벽에 파괴적 균열을 낸다. 소비자가 검색 창이나 쇼핑 앱을 열 필요 없이, AI와의 대화 한 번으로 원하는 것을 찾고 즉시 결제까지 마칠 수 있기 때문이다. 이 '대화형 즉시 거래' 경험은 기존의 트래픽, 광고, 결제 시장의 기반을 뿌리부터 뒤흔든다. 광고 기반 모델의 붕괴가 시작되는 순간이다. 경제적 가치의 무게추가 '주목과 관심'에서 '거래 실행'으로 옮겨가는 거대한 전환이다. 어떤 기업이 생존하고 어떤 기업이 도태될지를 결정하는 새로운 시장 법칙의 탄생이다.

지금까지 우리의 구매 선택은 마트의 상품 진열, 웹사이트의 UI처럼 인간이 설계한 '정적(static)'인 환경 안에서 이루어졌다. 그 설계는 불완전하고 때로는 의도적이었지만, 적어도 공통의 경험이었고, 그 구조를 파악할 수 있었다. 하지만 AI 에이전트는 이 패러다임을 파괴한다. AI는 나의 과거와 현재를 기반으로 미래의 욕망을 예측하고 설계한다. 내 건강검진 데이터와 식습관을 분석해 영양제를 추천하고, 스트레스 지수가 높아질 때 명상 앱 결제를 유도한다. '맞춤형 쇼핑 비서'가 따로 없다. '동적(dynamic)' 구매 선택 환경으로의 변화다. 기업 전략의 근본적인 전환을 요구하는, '선택 설계(Choice Architecture)' 패러다임의 변화다.

전략가의 눈으로 보면, '궁극의 고객 맞춤형 서비스'를 구현할 전례 없는 기회다. AI가 고객의 과거와 현재를 기반으로 미래의 욕망을 예측하고 설계한다는 것은, 고객이 무언가를 '필요로 하기 직전'에 기업이 선제적으로 해결책을 제시할 수 있게 되었음을 뜻하기 때문이다. 고객의 삶에 더 깊이 통합되어, 단순한 상품 판매자를 넘어 신뢰받는 문제 해결사로 포지셔닝할 수 있는 기회인 셈. AI라는 편집자가 고객의 삶이라는 텍스트에서 비효율을 걷어내고 최적의 선택지를 제안할 때, 우리 제품 혹은 서비스가 바로 그 '최적의 선택지'가 되도록 설계하는 것. 이것이 바로 미래 비즈니스의 핵심이다.

결국 'AI 커머스'가 우리에게 묻는 것은? 새로운 성공 공식에 맞추어 우리 조직이 제대로 혁신할 수 있는가에 대한 냉철한 질문이다. 이 새로운 질서 속, 데이터와 시스템을 재정비해 시장에서 선택받는 기업으로 거듭나고 싶다고? AI는 경기의 새로운 룰을 공표했다. 어떤 플레이어로 뛸 것인지, 이제 나와 우리 조직이 답할 차례다.

AI 데이터 분석,
'과거 증명'에서 '미래 탐색'으로

　　신사업 예산 확보를 위해 최종 보고 회의, 두 명의 팀장이 앞에 섰다. 둘 다 데이터를 기반으로 발표했다. 첫 번째 팀장은 지난 1년간의 시장 데이터, 고객 행동 로그, 경쟁사 동향을 완벽하게 분석하여 50페이지에 달하는 보고서를 제출했다. 누구도 반박할 수 없는 '객관적 사실'에 기반한 분석이었다. "과거 데이터가 명백히 증명합니다. A안이 가장 안전하고 합리적인 선택입니다." 그의 주장은 단단했지만, 과거에 대한 냉철한 부검 보고서처럼 느껴졌다.

　　두 번째 팀장은 회의 직전까지 AI와 함께 여러 미래를 시뮬레이션했다. "우리가 A안이 아닌, 리스크가 더 큰 B안에 투자했을 때 마주할 수 있는 가장 긍정적인 미래와 가장 비관적인 미래 시나리오를 각각 구체적으로 그려줘. 각 시나리오의 확률, 핵심 성공/실패 요인, 그리고 우리가 그 경로를 선택했을 때 첫 3개월간 모니터링해야 할 핵심 지표(KPI)들을 명확히 제시해줘." 두 번째 팀장은 단 두 장의 슬라이드를 띄웠다. 하나는 성공의 청사진이었고, 다른 하나는 실패를 대비한 비상 계획이었다. "데이터는 과거에 대한 정답을 확정하지도, 미래의 정답을 예언하지도 않습니다. 대신 우리가 어떤 미래를 선택하고 만들어갈 수 있는지, 그 가능성의 지도를 보여줍니다. 저는 B안이라는 미지의 항로를 개척하되, 최악의 폭풍까지 대비할 수 있는 지도를 준비했습니다." 신사업 예산은 두 번째 팀의 몫이었다.

혹자는 우려한다. AI가, 자신의 주장을 뒷받침할 근거만 골라내는 '체리피킹(Cherry-picking) 머신'이 될 것이라고. AI 데이터 분석의 본질을 놓친, 피상적인 진단이다. 핵심은 분석 목표가 달라졌다는 것이다. '과거 사실 증명(Proof of Fact)'에서 '미래 가능성 탐색(Exploration of Possibility)'으로의 목표 전환. 이제 데이터 분석가는 데이터를 통해 '무엇이 옳았는가'를 증명하는 역사학자의 옷을 과감히 벗어던져야 한다. 데이터를 나침반 삼아, 조직이 나아갈 수 있는 다양한 미래 항로를 그려내고 각 항로의 위험과 기회를 투명하게 제시하는 '미래 지도 설계자'가 되어야 한다.

과거 데이터 분석의 핵심은 '진단'에 있었다. 매출이 왜 떨어졌는지, 어떤 고객이 왜 이탈했는지, 과거의 데이터를 통해 원인을 규명하고 객관적인 사실을 보고하는 것이 주된 임무였다. 그러나 급변하는 시장 환경에서 과거에 대한 완벽한 분석은 종종 뒤늦은 부검 보고서에 그치기 쉽다. 미래는 과거의 단순한 연장선이 아니라서다.

AI 시대의 데이터 분석은 이런 한계를 넘어선다. AI의 강력한 시뮬레이션 능력은 우리에게 다양한 '만약(What-if)' 시나리오를 탐험하게 해준다. "왜 그런 결과가 나왔는가?"라는 회고적 질문은 이제 접어야 한다. "우리가 만약 이렇게 행동한다면, 어떤 미래들이 펼쳐질 수 있는가?"라는 미래형 질문으로 축을 바꾸어야 한다.

미래를 탐험하는 '데이터 지도 설계자'의 역할은 구체적으로 세 가지 핵심 역량을 요구한다. 첫째, '단일 예측이 아닌 다중 시나리오 모델링(Multi-Scenario Modeling)'이다. 과거에는 "다음 분기 예상 매출은 얼마인가?"라는 하나의 예측값을 도출하는 데 집중했다. 미래 지도 제작자는 "우리가 신제품 가격을 10퍼센트 인상할 경우, 5퍼센트 인하할 경우, 그리고 현행 유지할 경우, 각각의 선택에 따라 나타날 수 있는 가장 낙관적인 시나리오, 가장 비관적인 시나리오, 그리고 가장 확률 높은 시나리오를 구체적인 수치와 함께 모델링해줘"라고 AI에게 요구한다. 하나의 정답을 예측하는 것을 넘어, 의사결정에 따른 다양한 결과의 스펙트럼을 펼쳐 보이는 것이다. 이를 통해 조직은 각 선택지가 가진 기회와 리스크의 크기를 명확히 인지하고, 더 현명한 전략적 판단을 내릴 수 있다.

둘째, '확신이 아닌 가정과 리스크의 명시(Assumption & Risk Mapping)'다. 훌륭한 지도 제작자는 목적지로 가는 가장 빠른 길뿐만 아니라, 그 길에 숨겨진 늪과 절벽, 그리고 안개가 자주 끼는 지역까지 상세히 표시한다. 새로운 시대의 분석가 역시 AI가 생성한 미래 시나리오가 어떤 가정하에 세워졌는지를 명확히 밝히고, 그 가정이 틀렸을 경우 발생할 수 있는 리스크를 투명하게 드러내야 할 의무가 있다. "이 낙관적 시나리오는 경쟁사가 향후 6개월간 신제품을 출시하지 않는다는 가정에 기반합니다. 만약 경쟁사가 신제품을 출시할 경우, 우리의 예상 점유율은 최대 15퍼센트까지 하락할 수 있습니다." 이처럼 가정과 리스크를 명시하는 것은 분석의 신뢰도를 높이고, 조직이 맹목적인 낙관주의에 빠지는 것을 방지하는 안전장치다. 이를테면, AI에게 "이 모델의 예측에 가장 큰 영향을 미치는 상위 5개의 가정을 식별하고, 각 가정이 현실과 다를 가능성을 데이터에 기반해 평가해줘"라고 요구하는 것이다.

셋째, '정적인 보고서가 아닌 동적인 의사결정 프레임워크 설계(Dynamic Decision Framework Design)'이다. 과거의 결과물은 수십 페이지에 달하는 PDF 보고서였다. 한번 인쇄되면 생명력을 잃는 박제된 정보였다. 미래 지도 제작자가 만드는 것은 리더들이 직접 만지고 조작하며 미래를 탐험할 수 있는 '살아 있는 지도', 즉 인터랙티브 대시보드나 의사결정 시뮬레이션 도구다. 리더들은 이 도구를 통해 "만약 환율이 5퍼센트 상승하면 우리의 해외 매출 시나리오는 어떻게 변하는가?" 또는 "마케팅 예산을 A 채널에서 B 채널로 이동시켰을 때, 고객 확보 비용은 어떻게 달라지는가?"와 같은 질문을 직접 던지고, 즉각적으로 결과를 확인할 수 있다. 데이터 분석을 일회성 보고가 아닌, 조직의 핵심적인 전략 대화를 이끌어가는 상시적인 나침반으로 만드는 것이다. 분석가의 역할은 정답을 전달하는 걸로 끝나지 않는다. 리더들이 최선의 경로를 찾도록 돕는 '전략적 비행 시뮬레이터'를 설계하는 것으로 격상된다.

물론 이 강력한 힘에는 막중한 책임이 따른다. 미래를 그리는 힘은 의도적이든 아니든 특정 미래를 더 매력적으로 보이도록 지도를 왜곡할 수 있는 가능성을 내포한다. 특정 부서의 이익이나 개인의 신념을 위해 성공 가능성이 높은 시나리오만 부각하거나, 잠재적 리스크를 의도적으로 축소하려는 유혹에 빠질 수 있다. 따라서 AI 데이터 분석가에게 가장 중요한 덕목은 기술적 숙련도를 넘어선 '지적 정직성(Intellectual Honesty)'과 '객관적 균형감'이다. 모든 가능한 항로의 장단점을 가감 없이 보여주는 충실한 지도 제작자로서의 소명을 잊어서는 안 되는 이유다.

데이터 분석 분야에서 AI의 효용은 속도나 편의성 차원

을 아득히 넘어선다. 분석의 철학 자체를 새로 쓰는 지각 변
동이다. 우리는 이제 과거의 진실을 발굴하는 고고학자가 되
기를 멈춰야 한다. 대신 불확실한 미래라는 망망 대해 위에,
가능한 모든 항로를 그려내는 지도 설계자가 되어야 한다. 나
침반 바늘은 이제 과거를 넘어 선택 가능한 미래를 가리킨다.

AI 소셜 시뮬레이션,
시장을 설계하는 새로운 규칙

시장의 카지노는 문을 닫았다. 막대한 돈을 쏟아붓는 도박. 몇 번의 포커스 그룹 인터뷰에 운명을 거는 모험. 시장이라는 블랙박스에 제품을 던지고 행운을 빌던 시대는 더 이상 없다. 우리는 이제 신제품 출시 전에 그 시장의 미래를 미리 살아볼 수 있다. 경영의 판 자체를 뒤엎는 '디지털 리허설'의 탄생. 그 무대의 이름은 'AI 소셜 시뮬레이션'이다.

AI 소셜 시뮬레이션이 뭐냐고? 다른 것 없다. 현실을 통째로 복제한 가상 세계다. AI가 실제 인간 사회의 방대한 데이터를 학습한다. 나이와 직업, 소득 수준 같은 표면적 정보는 물론, 그의 성향과 가치관, 숨겨진 욕망과 사회적 관계망까지. 이 모든 것을 흡수한 AI는 수백만 명의 '디지털 쌍둥이(Digital Twin)'를 창조한다. 이들이 서로 상호작용하며 살아가는 작은 지구가 컴퓨터 안에 정교하게 구현된다.

그렇다면 디지털 리허설을 통해 기업이 할 수 있는 건? '우리 제품을 고객이 살까' 수준의 소극적 질문? 그 정도가 아니다. '전략적 경영 게임'이 가능하다. 자동차 회사 CEO라고 상상해보자. 나는 AI에게 명령한다. "시나리오 시작. 우리의 새로운 전기차를 3개월 뒤, 6000만 원에 출시한다." 즉시 가상 세계의 경쟁사 A가 움직인다. AI는 경쟁사의 과거 의사결정 패턴과 재무 상태를 기반으로 가장 확률 높은 대응 시나리오를 순식간에 계산한다. "경쟁사, 4개월 안에 주력 모델 가격 500만 원 인하할 확률 78퍼센트. 이때 우리의 시장 점유율은 예상 대비 15퍼센트 하락." 나는 다시 명령한다. "시나리오 리셋. 만약 반도체 공급망 위기가 겹쳐 출고가 6개월 지연된다면?" 가상의 예약 고객들이 동요하기 시작한다. AI가 보고한다. "예약자의 40퍼센트가 계약 취소, 그중 60퍼센트는 경쟁사 B의 하이브리드 모델로 이동."

공상과학 영화 속 장면이 아니다. 이미 현실이다. 한 패스트푸드 체인은 이 기술을 통해 어린이 메뉴에 장난감을 추가하면 구매 의향이 5퍼센트 상승할 것을 미리 알아냈다. 지난 대선, 기존 여론조사 기관들이 오차 범위 밖에서 흔들릴 때, 수백만 디지털 페르소나로 구성된 AI 시뮬레이션은 실제 득표율을 소수점 단위까지 거의 정확하게 예측했다. 그들은 누구를 찍을지 말하는 것을 넘어, '왜' 그 후보를 선택했는지,

어떤 공약에 마음이 움직였는지까지 털어놓았다.

이게 바로 '디지털 페르소나'의 효용이다. '20대, 서울 거주' 같은 낡은 꼬리표는 잊어라. '디지털 페르소나'는 고객의 내면 코드를 복제한 '디지털 영혼'이다. 위험 감수 성향. 기술에 대한 개방성. 그를 움직이는 인플루언서. 가격과 가치 사이의 갈등. 이 모든 것이 AI 에이전트 안에 살아 숨 쉰다. 불특정 다수를 향한 확성기 방송의 시대는 끝났다. 이제 마케팅은 수백만 개 디지털 페르소나와의 끊임없는 상호작용이자 심층 대화다. 이 가상의 고객들은 단순한 분석 대상이라는 꼬리표를 떼어냈다. 기업의 가상 세계 안에서 함께 제품을 만들고, 불편한 진실을 지적하며, 때로는 새로운 아이디어를 던지는 '가상 파트너'다.

이 기술의 가장 파괴적인 지점? 리더십의 심장을 정면으로 겨눈다는 것이다. 만약 AI 시뮬레이션이 CEO인 나에게 이렇게 보고한다면? "CEO께서 추진하는 이 신사업은, 3년 후 시장 포화와 경쟁 격화로 인해 실패할 확률이 87퍼센트입니다." 직관과 경험, 권위에 의존해온 리더십. 가장 높은 연봉을 받는 사람의 의견이 힘을 잃는 순간이다. AI는 조직 내에서 가장 이성적이지만, 가장 불편한 진실을 말하는 목소리가 된다.

미래의 리더에게 가장 중요한 역할은, 그래서 바뀐다. 카리스마 넘치는 비전 제시가 아니다. AI가 내놓은 차가운 시뮬레이션 결과를 끊임없이 의심하는 것. 그 데이터의 전제를 검증하는 것. 그 불편한 진실을 조직이 정면으로 마주하고 수용하게 만드는 것. 바로 '최고 회의론자'의 역할이다. 기술을 도입하는 것은 쉽다. 그러나 인간의 아집과 조직의 기득권을 바꾸는 것은 어렵다. 기계가 제안한 합리적 결론을 실행할 수 있는 조직문화를 구축하는 것이 진짜 과제다.

예측은 이제 리허설이 되었다. 전통적 '전략' 개념의 종언이다. 데이터는 디지털 페르소나가 되었다. 과거의 '고객'과 '리서치' 개념의 해체다. 리더의 의사결정은 따라서, 신중한 질문이 되어야 한다. 경험과 직관에 의존하던 과거형 리더십의 퇴장이다. 이 거대한 전환의 본질을 꿰뚫어 보는 기업만이 미래 시장을 리드하는 설계자가 될 것이다. 카지노의 문은 굳게 닫혔다. AI 소셜 시뮬레이션! 이제, 그 리허설의 막이 오른다.

똑똑한 AI가
최악의 고객 경험을 만드는 이유

5년 차 VIP 고객 A씨. 인스타그램에서 B사의 '광고 AI'가 추천한 코트 광고를 보았다. 마음에 들어 온라인 장바구니에 담았다. 다음 날 아침, B사의 '자동화 AI'가 메일을 보냈다. "신규 고객님, 환영합니다! 첫 구매 10퍼센트 할인 쿠폰을 드려요." 오랜 VIP 고객인 그녀는 사용할 수도 없는 쿠폰. 기분이 한껏 상한 A씨가 메일을 지운다. 장바구니 속 코트도 함께.

기술은 죄가 없다. 고객의 맥락을 읽지 못한 엉성한 설계가 문제다. 각자의 위치에서 각각의 AI는 완벽하게 작동했다. 광고 AI는 고객을 포착했다. 자동화 AI는 메일을 보냈다. 각자는 제 역할을 다했지만, 결과는 끔찍한 불협화음이었다.

'마케팅'이라는 말은 여전히 쓰인다. 하지만 진짜 경쟁은 다른 곳에서 벌어진다. 고객은 더 이상 광고를 믿지 않는다.

브랜드의 목소리가 커질수록 한 걸음 뒤로 물러난다. 이제 고객을 움직이는 것은 모든 접점이 하나의 서사로 이어지는 총체적인 '경험'이다. 과거의 마케팅이 독립된 캠페인으로 승부했다면, 지금은 이 거대한 흐름을 설계하고 조율하는 '경험 오케스트레이션(Experience Orchestration)'으로 승부하는 시대다.

AI는 이 오케스트라에 새로 합류한, 강력한 악기다. 하지만 지휘자 없이 악기만 늘어난 오케스트라는 혼란스러운 소음만을 만들어낼 뿐. AI 시대 마케팅의 성패는 하나의 교향곡처럼 조직 전체를 매끄럽게 지휘하는 능력에 달려 있다. 그 지휘를 위해, 낡은 악보를 버리고 새로운 악보를 써야 할 시간이다.

첫째, 캠페인에서 여정으로(From Campaigns to Journeys). 과거 마케팅 조직은 '캠페인'이라는 단절된 전투를 위해 존재했다. 3개월짜리 캠페인을 기획하고, 예산을 쏟아부으면 임무는 끝났다. 하지만 고객 경험은 캠페인이 끝난다고 끝나지 않는디. 고객 경험은 광고 탐색부터 구매 후 사용, 다음 구매를 망설이는 모든 순간을 아우르는 기나긴 '여정'이다.

AI 네이티브 마케팅 조직은 이 여정 전체를 설계한다. '이번 분기 슬로건'은 더 이상 중요치 않다. 대신 "고객이 우리 브랜드를 처음 인지하는 순간부터 충성 고객이 되기까지 어떤 경험을 연속적으로 제공할 것인가?"를 묻는다. AI는 이 복잡한 여정의 각 단계에서 고객 행동을 예측한다. 가장 적절한 메시지와 서비스를 실시간 제공한다. 조직 목표는 이 긴 여정의 설계도를 그리는 일. AI가 그 길 위에서 길을 잃지 않도록 방향을 제시하는 것이다.

둘째, 사일로에서 시냅스로(From Silos to Synapses). 오케스트라 현악기 파트와 관악기 파트가 각기 다른 악보를 보고 연주한다면? 재앙이다. 하지만, 대부분의 조직이 그렇게 일한다. 마케팅팀, 세일즈팀, 서비스팀 데이터는 각자의 성채에 갇혀 있다. AI가 이 모든 데이터를 실시간 연결해달라고 요구하는 순간, 수십 년 묵은 데이터 사일로와 낡은 레거시 시스템이라는 기술 부채가 한꺼번에 폭발한다.

AI 시대 조직 설계는 부서와 부서 사이에 '시냅스'를 만드는 일이다. 시냅스는 뇌 신경세포를 연결하여 정보가 흐르게 하는 연결부다. 마케팅팀의 고객 관심사 데이터가, 실시간으로 세일즈팀 CRM에 반영되어 영업 전략에 활용되고, 그 고객이 서비스센터에 문의한 내용이 다시 마케팅팀의 다음 메시지 전략에 영향을 미치는 구조. 이 데이터의 선순환 구조를 설계하지 않는 한, AI는 각 부서의 성과를 개별적으로 최적화할 뿐, 고객의 총체적인 경험을 망가뜨리는 주범이 될 수 있다.

셋째, 애셋에서 시스템으로(From Assets to Systems). AI는 콘텐츠 제작 속도를 폭발적으로 높인다. 이미지, 영상, 글, 음성. 무한한 변형이 가능하다. 하지만 속도가 품질을 보장하지는 않는다. 과거의 마케팅이 몇 개의 핵심 광고 '애셋'을 만드는 데 집중했다면, 이제는 무한 변주를 가능케 하는 콘텐츠 '시스템'을 구축해야 한다. 브랜드 정체성을 잃지 않으면서도, 각 시장과 채널, 그리고 개별 고객의 상황에 맞게 자유롭게 변주할 수 있는 가이드라인과 자동화된 워크플로우를 만드는 것이다.

예컨대, 브랜드 퍼스널리티를 명확히 정의해두면, AI는 이 '가드레일' 안에서 수천 개의 소셜미디어 광고 소재를 자율 생성하고 테스트할 수 있다. 조직의 무게중심은 이제 개별 콘텐츠 '검수'에서 시스템 '설계'로 이동했다. 최고 수준의 창의성이 발현될 수 있는 견고한 '시스템'을 설계하고 관리하는 것이 조직의 진짜 과업이다.

넷째, 개인화에서 친밀감으로(From Personalization to Intimacy). 이름을 부르고, 관심사를 태그하는 것은 자동화된 인사말일 뿐이다. AI 시대의 진짜 개인화는 대화의 맥락을 이이가는 '기억'에서 시작된다. 고객이 지난주에 어떤 상품을 망설였는지, 3개월 전 어떤 불만을 제기했는지, 1년 전 어떤 이미지에 '좋아요'를 눌렀는지. AI는 이 모든 맥락을 잊지 않는다. 그리고 이 기억이 관계를 '친밀감'으로 발전시킨다.

앞서의 VIP 고객 A씨가 장바구니에 코트를 담아두었다면, 다음 날 AI는 이렇게 말을 걸어야 했다. "○○○ 고객님, 어제 담아두신 코트를 보니 평소 선호하시는 네이비 색상 재고가 딱 하나 남았습니다. VIP 고객님을 위해 24시간 동안만 저희가 키핑해둘까요?” 이것이 바로 AI의 완벽한 기억력과 인간적인 배려가 결합된, 거부할 수 없는 경험이다. 기업이 이 ‘맥락적 친화’를 전략의 중심에 둘 때, 고객은 브랜드와 깊이 공명하는 존재가 된다.

무대 위 스포트라이트는 AI가 아니라 고객 경험을 비추어야 한다. 데이터 크기는 중요하지 않다. 경험 설계의 정교함이 전부다. 고객 여정을 그리는 능력, 조직 내 사일로를 허무는 결단, 창의성을 체화시키는 구조, 기억을 관계로 바꾸는 힘이 핵심이다.

오케스트라 내 AI는 누구보다 빠르고 정확하게 음악을 연주한다. 그러나 음악의 감동은 속도에서 나오지 않는다. 모든 악기가 하나로 매끄럽게 어우러질 때 나온다. 그 울림이, 고객을 되돌아오게 만든다.

AI 기억 속에 살아남는
새로운 존재 전략

클릭의 시대가 저물고 있다. 20여 년을 지배해온 법칙이 하루아침에 폐기되고 있다. "AI 검색이 뭐 대단하겠어?" 반신반의하던 목소리들. 이제 그들은 매일 AI 프롬프트 창에 자사 이름을 입력하며, 경쟁사와 어떤 맥락으로 비교되는지 초조하게 살핀다. 게임의 룰이 송두리째 바뀌어서다.

과거의 검색은 텅 빈 상자에 원하는 것을 입력하는 행위였다. 사용자의 명확한 '의도'가 모든 것의 시작이었다. 검색 엔진은 그 의도에 맞춰, 가능한 모든 선택지를 진열하는 거대한 슈퍼마켓이었다. AI 시대의 문법은 다르다. AI는 나의 의도를 묻기 전에, 이미 세상의 모든 '맥락'을 학습했다. AI는 선택지를 보여주지 않는다. 학습된 정보들의 확률 분포에 따라, 가장 그럴듯한 하나의 요약된 '결론'을 제시한다.

‘클릭 경제’에서 ‘신뢰 경제’로의 패러다임 전환이다. 구글의 AI 오버뷰가 보여주듯, 사용자는 더 이상 수많은 링크를 탐색하는 수고를 하지 않는다. AI라는 강력한 ‘지식 게이트키퍼’가 내려준 답을 소비할 뿐이다.

하지만 여기엔 AI의 치명적인 함정이 숨어 있다. AI는 ‘진실’을 말하는 것이 아니라서다. 학습 데이터에 기반한 ‘가장 확률 높은 텍스트’를 생성할 뿐이라서다. 그 과정에서 사실이 아닌 정보를 그럴듯하게 지어내는 ‘환각’은 필연적으로 발생한다. 이제 기업의 생존은 이 불완전한 신(神)의 기억 속에 어떻게 존재할 것인가에 달려 있다.

그렇다면 이 불확실성의 시대에 우리는 어떻게 존재를 증명해야 하는가? 이것은 더 이상 마케팅 부서만의 일이 아니다. 전사적인 ‘디지털 존재 전략’을 수립하고, 구체적인 실행에 착수해야 한다.

첫째, ‘지식의 구조화’를 넘어 ‘지식의 자산화’로 나아가야 한다. FAQ, 리스트, 잘 짜인 태그 구조는 기본이다. 한 걸음 더 나아가, 기업 내부에 흩어져 있는 모든 전문 지식을 ‘AI 학습용 데이터셋’으로 간주하고, 이를 체계적으로 축적하고 관리해야 한다. 기술 백서, 내부 연구 자료, 고객 성공 사례, 심지어 우수 직원의 발표 자료까지. 이 모든 것을 구조화하여 AI가 참조할 수 있는 독점적인 ‘지식의 원천’으로 만들어야 한다. 우리 브랜드가 AI의 환각에 오염되지 않고, 정확한 정보로 인용될 확률을 높이는 가장 확실한 방법이다.

둘째, '신뢰의 네트워크'를 구축해야 한다. AI는 개별 정보의 진실성을 판단하기보다, 그 정보가 어떤 출처들과 연결되어 있는지를 본다. 따라서 '권위 확보'는 구체적인 파트너십 전략이 되어야 한다. 업계 협회, 대학 연구소, 전문 미디어와 공동으로 백서나 보고서를 발간하라. 신뢰도 높은 다양한 노드(Node)에 연결하여, AI의 신뢰 네트워크 안에서 우리의 위상을 높이는 전략적 행보다. 시간과 자원이 필요한 과정이다. 구체적인 첫걸음? 지금 당장 우리의 산업 분야에서 가장 권위 있는 기관과의 협력 방안을 모색하는 것이다.

셋째, AI의 '언어 모델'이 아닌 '행동 모델'을 분석하라. AI가 특정 질문에 대해 어떤 유형의 정보를 선호하고, 어떤 구조의 문장을 인용하며, 어떤 출처들을 함께 제시하는지, 그 '행동 패턴'을 집요하게 분석해야 한다. 정기적으로 챗GPT, 제미나이, 클로드에 핵심 질문들을 던져라. 답변의 변화를 추적하고, 인용되는 출처들의 공통점을 찾아내라. AI의 결과물에서 드러나는 경향성을 파악하여 우리의 콘텐츠 전략을 역으로 설계하는 실용적인 접근법이다.

이 모든 전략을 실행할 주체는 누구인가? 바로 'AEO(Answer Engine Optimization: 답변 엔진 최적화) 총괄팀'이다. 마케팅, IT, R&D, 법무팀의 전문가들로 구성된 전사적 TF. 마케팅팀은 콘텐츠를 기획하고, IT팀은 기술적 기반을 다지며, R&D팀은 전문 지식을 제공하고, 법무팀은 저작권과 정보의 정확성을 검토한다. AEO팀의 핵심 목표? 변화무쌍한 AI 생태계에서 우리 브랜드의 디지털 존재감을 최상으로 유지하고 방어하는 것이다.

순간의 유입을 노리는 단기전은 끝났다. AI의 기억 속에 신뢰할 만한 존재로 남기 위한 장기전이 시작되었다. 지금 우리가 만드는 콘텐츠는, 거대한 AI의 신경망에 우리 브랜드를 각인시키는 인장이다. '검색 상위'는 이제 기본이다. 'AI 기억 속 상위'에 들지 못하면, 존재하지만 존재하지 않는 유령이 될 것이다. 그 누구의 선택도, 그 어떤 클릭도 받지 못하는.

'할 수 있는 일'과 '해야 하는 일'을 구분하는 '윤리적 질문'

　새로운 기술을 도입하면 당장의 업무 효율은 극적으로 높아지지만, 일부 동료는 일자리를 잃을 수도 있다. 이 딜레마 앞에서 우리는 어떤 선택을 해야 할까? AI 시대에 우리는 '무엇을 할 수 있는가'라는 기술적 가능성의 질문과 '무엇을 해야 하는가'라는 윤리적 당위의 질문 사이에 그 어느 때보다 자주 놓이게 된다.

　기술은 가치중립적이다. 선하지도 악하지도 않은, 그저 강력한 힘일 뿐이다. 그 힘이 인간을 이롭게 할지 해롭게 할지는 전적으로 그 힘을 사용하는 인간의 질문 수준에 달려 있다. '어떻게 더 많은 이익을 낼 것인가?'라는 질문이 '이것이 과연 옳은가?'라는 질문을 압도할 때, 우리의 선한 의도는 종종 최악의 결과로 이어진다.

　'질문인간'은 눈앞의 이익 너머, 자신의 선택이 만들어낼 보이지 않는 파장을 헤아리는 사람이다. 이것이 바로 윤리적 질문의 핵심, '결과의 동심원(Concentric Circles of Consequence)'을 그리는 것이다. 나의 결정이라는 작은 돌멩이가 (1)나 자신과 조직, (2)우리 사회, (3)미래 세대라는 연못에 어떤 파문을 일으키며 퍼져나갈지 미리 시뮬레이션해보는 것이다.

　이 동심원을 제대로 그리기 위한 세 가지 생각법이 있다.

첫 번째는 '가장 작은 목소리 듣기'다. 어떤 결정이든 그 혜택을 보는 사람이 있다면, 그 그늘 아래 피해를 보는 사람 또한 있기 마련이다. 등대지기는 화려한 항구가 아닌 칠흑 같은 밤바다의 보이지 않는 암초를 살핀다. 다를 것 없다. 의사결정 과정에서 가장 큰 영향을 받는 사람은 누구인가? 그러면서도 가장 작은 목소리를 가진 사람은 누구인가? 그들의 침묵은 동의가 아님에도, 결정 과정에서는 외면당하기 일쑤다. 그들을 헤아려야 한다. "이 결정으로 인해 의도치 않게 고통받을 수 있는 사람은 누구인가?" "이 논의의 장에 초대받지 못한 숨은 이해관계자는 누구인가?" 이 질문은 효율성의 이름으로 묵살되기 쉬운 인간의 존엄성을 지키는 최소한의 안전장치가 될 것이다.

두 번째는 '시간여행자의 눈으로 보기'다. 역사학자가 현재의 잣대로 과거를 쉽게 재단하지 않듯, '현재의 이익'이라는 안개를 걷어내고 '미래의 관점'에서 오늘의 선택을 조망해야 한다. "10년, 100년 후의 미래 세대가 지금 우리의 이 결정을 돌아본다면, 과연 현명했다고 평가할 것인가?" "우리의 선택이 다음 세대에게 어떤 선례를 남기게 되는가?" 이 질문은 우리를 단기적인 성과의 유혹에서 벗어나, 시대를 초월하는 가치를 추구하게 만든다.

세 번째는 '세상에 공개하기'다. "만약 우리의 이 결정 과정 전체가 내일 아침 신문 1면에 대서특필된다면, 우리는 떳떳할 수 있는가?" 이 가상의 질문은 우리 내면의 가장 정직한 목소리를 듣게 한다. 무언가를 숨기고 싶은 마음이 든다고? 그 지점에 윤리적 위험이 도사리고 있다는 강력한 신호다. 투명성은 모든 윤리적 판단의 최종적인 시험대다.

윤리적 질문이 기술 발전의 발목을 잡는 거추장스러운 규제라고? 치명적인 착각이다. 그것은 우리가 탄 배가 암초 가득한 미지의 바다를 뚫고 나아가게 하는 정교한 항해술이다. AI가 수많은 정답을 제시할 때, 더 올바른 질문을 선택하는 것이야말로 우리를 인간답게 만드는 마지막 보루다.

윤리적 질문 도구: 결과의 동심원

1. 약자의 입장에서 질문하기 (가장 작은 목소리 듣기)

   "이 결정으로 인해 가장 큰 피해를 볼 수 있지만, 목소리는 가장 작은 사람은 누구인가?"

   "만약 내가 그 사람의 입장이라면, 지금 이 결정에 대해 어떤 말을 가장 듣고 싶을까?"

2. 미래의 관점에서 질문하기 (시간여행자의 눈으로 보기)

   "10년 후의 내가 지금 이 결정을 돌아봤을 때, 과연 떳떳할 수 있을까?"

   "우리의 선택이 다음 세대에게 어떤 종류의 세상을 물려주게 되는가?"

3. 투명성의 관점에서 질문하기 (세상에 공개하기)

   "만약 이 결정 과정 전체가 세상에 모두 공개된다면, 나는 무엇을 가장 숨기고 싶어 할까?"

   "나의 아이에게 이 선택의 이유를 부끄러움 없이 설명할 수 있는가?"

질문의 깊이

AI는 답할 수 없는
것들에 대하여

AI가 쏟아내는 매끈한 정답들 사이에서,

'나'라는 거친 '지문'을 찾을 수 있습니까?

기계가 결코 흉내 낼 수 없는,
나만의 '결핍'과 '질문'은 무엇입니까?

AI를 바라보는 시선:
점과 함께 선, 나무와 함께 숲

"AI가 대체한다. AI가 바꾼다. AI가 앞선다⋯." 세상은 온통 AI 이야기로 떠들썩하다. 서점에는 'AI 사용법' 책이 넘치고, 사람들은 매일 아침 쏟아지는 새로운 기능에 환호한다. 누군가는 AI를 무기 삼아 질주하고, 누군가는 뒤처질까 봐 허겁지겁 사용법을 배운다.

이 분주한 풍경이 낯설지 않다. 마치 100여 년 전, 자동차가 처음 세상에 나왔을 때의 소란스러움과 너무나 닮은 듯해서다. 당시 사람들은 새로운 기계의 등장에 열광했다. 운전법을 익히느라 정신이 없었다. 어떻게 시동을 거는지, 기어를 어떻게 넣는지, 브레이크는 언제 밟아야 하는지. 운전 기술이 곧 최신 문명의 상징이었다. 하지만 돌이켜보면, 인류의 삶을 송두리째 바꾼 것은 운전 기술이라기보다는 자동차가 가져온

'이동 혁명'이었다.

그렇다면 새로운 시대의 승자는? 자동차가 만들어낼 파급 효과를 읽어낸 사람들이었다. 그들은 자동차의 뼈대가 될 철강 산업을 일으켰고, 엔진을 뛰게 할 정유 시장을 장악했다. 도로 위 위험을 보험이라는 금융 상품으로 치환했으며, 사람들의 이동 욕구를 관광 산업으로 연결해 새로운 라이프스타일을 빚어냈다. 운전대를 잡은 사람이 아니라, 도로를 깔고 그 위에 새로운 산업 생태계를 설계한 사람들이 20세기의 주인이었다.

지금의 AI도 똑같다. 많은 이들이 '기능'이라는 표면에 매달린다. 툴 하나 새로 나오면 흥분하고, 사용법 강의 하나 듣고 나면 안심한다. 프롬프트와 기능 차이에 매달리며 속도 경쟁에 매몰된다. 100년 전, 자동차 운전법을 익히던 사람들과 같은 높이의 시선이다. 물론 도구를 쓰려면 사용법을 알아야 한다. 문제는, 우리의 시선이 딱 그 높이에 머물러 있다는 것이다. 핸들만 쳐다보면 도로가 안 보인다.

AI를 '잘 쓰는 법'은 기능적 수단일 뿐이다. 진짜 중요한 건 'AI로 무엇을 할 것인가'다. AI가 우리의 일과 삶을 어떻게 바꿀지를 읽는 일이다. 자동차가 이동의 문법을 바꿨듯, AI는 사고의 문법을 바꾼다. 문제 해결 방식이 달라지고, 일의 단위가 재정의된다. 지식은 암기에서 접속으로, 경험은 축적에서 연결로 바뀐다. 이 거대한 지각 변동 앞에서 "이 툴이 엑셀

보다 편한가요?"라고 묻는 건 고속도로 시대에 말채찍을 찾는 격이다.

　기술은 파도다. 파도를 타려면 기술을 익히면 된다. 방향을 잡으려면 파도 아래 흐르는 조류를 읽어야 한다. 기능은 점(點)이다. 혁신은 그 점들을 이어 선(線)을 만드는 일이다. "이건 어떻게 쓰는 거지?" 초보자의 질문이다. "이걸로 세상의 문법을 어떻게 다시 쓰지?" 혁신가의 시선이다.

　가장 큰 위험은 생각의 주도권을 잃는 것이다. AI가 내놓는 답은 빠르고, 논리적이며, 그럴듯하다. 많은 사람이 그 압도적인 편리함에 취해 스스로의 질문을 멈춘다. "AI가 이렇게 말했으니 맞겠지." "AI의 분석이니까 믿어야지." 생각의 외주화다. 질문이 멈추면 생각도 멈춘다. 생각이 멈추면 인간도 멈춘다.

　AI는 확률 기계다. 말은 하지만, 의미를 모른다. 계산은 하지만, 판단은 못한다. 수억 개의 데이터를 뒤져 가장 그럴듯한 다음 단어를 예측할 뿐, 그 단어가 가진 사회적 파장이나 윤리적 무게는 가늠하지 못한다. AI가 위험한 이유다. 사고하지 않는 인간에게는 더더욱.

　질문은 오직 인간만이 할 수 있는 일이다. 질문이 얕으면 세상도 얕아진다. 질문이 깊으면 세상이 다시 보인다. 새로운 판을 짜는 이? 깊은 질문을 통해 문제를 정의하고, 변화의 맥락을 읽어내는 사람이다. 기억해야 한다. AI는 답하고, 인간은 질문한다.

　나무와 함께 숲을 봐야 한다. 점에 매몰되지 말고 선을 읽어야 한다. 보고서가 자동으로 써진다고 좋아할 게 아니다. 보고서 작성이라는 행위 자체가 사라진 조직에서 인간은 무엇으로 가치를 증명할 것인가. 외국어 번역이 실시간으로 된다고 기뻐할 것도 아니다. 언어 장벽이 사라진 글로벌 시장에서 우리는 어떤 콘텐츠로 승부할 것인가.

　기계가 반복할 때, 인간은 일탈한다. 기계가 규칙을 따를 때, 인간은 규칙을 의심한다. 기계가 예측할 때, 인간은 상상한다. 맞다, 기계는 일하고, 인간은 통찰한다. 기계는 정답을 만들고, 인간은 이야기를 만든다. 그 이야기 안에, 인간의 자리와 의미가 있다. 그리고 감동까지도.

　많은 사람이 AI를 '배운다'. 강의를 듣고, 프롬프트를 익히고, 툴을 정리한다. 그런데 삶은 크게 달라지지 않는다. 속도만 조금 빨라졌을 뿐. 진짜 혁신은 생각의 전환에서 시작된다. 지금 필요한 건 기술 습득을 넘어 관점 전복이다. 기술은 누구나 배운다. 하지만 같은 기술로 전혀 다른 그림을 그려내는 사람이 있다. 속도와 기능을 넘어 사고와 방향을 다시 짜는 사람. 그가 진짜 혁신가다.

　AI는 빠르다. 정확하다. 착실하다. 하지만 결국 망치이고, 못이고, 붓일 뿐이다. 도구 자체보다 중요한 건, 그걸로 빚어낼 '나의 이야기'다. 지금 세상은 AI를 '소비'한다. 진짜 혁신가는, AI로 세상을 '다시 쓴다'. 모두가 같은 툴을 가진 시대, 차이를 만드는 건 '시선'이다. '무엇을 할까'보다 앞서는 질문? '왜 그것을 하는가'다.

AI 시대의 경쟁력? 창의적 질문과 비판적 사고다. 속도를 좇지 말고 방향을 잡아야 한다. 흐름에 휩쓸리지 말고 나의 길을 그려야 한다. 도구는 준비됐다. 그래서 오늘도 묻는다. AI로 그리는 나의 이야기는 어디로 향할 것인가?

금 나와라 뚝딱,
AI는 도깨비방망이가 아니다!

컴퓨터 속 동영상 강의. AI의 다양한 활용법을 소개한다. 몇 번의 클릭과 간단한 명령어만으로 마법 같은 결과물을 얻을 수 있단다. AI의 작동 원리와 본질에 대해서는 관심이 없는 수강생. AI로 만들어낸 이런 저런 결과물이 그저 신기할 따름이다.

세상의 변화는 상수(常數)다. 기술은 중요한 촉매다. 테크놀로지의 파도는 끊임없이 새로운 지평을 열어간다. 그 중심에 AI가 있다. 인공지능의 발전은 눈부시다. 누구나 글을 쓰고, 누구나 그림을 그리고, 누구나 음악을 만들고, 누구나 코드를 짠다. AI가 촉발한 콘텐츠 생성 혁명이다. 변화의 격랑 속, 사람들은 단편적인 AI 활용법에 집착한다. 본질 탐구는 뒷전이다. AI에 대한 '전술' 차원의 접근이다.

AI는 무한한 가능성을 품은 바다다. 돛을 올리고 노만 젓는다고 항해가 순탄할 리 없다. 이 배를 타고 어디로 갈 것인지가 핵심이다. 배의 운전을 넘어 조류의 원리와 바람의 흐름을 이해해야 하는 이유다. 기술의 홍수 속, 놓쳐서는 안 될 질문 하나가 그래서 이거다. 'AI로 우리는 어떤 혁신을 빚어낼 것인가?' '전략' 차원의 AI 접근법이다.

전략(Strategy)은 목표 달성을 위한 큰 그림이다. 목적과 방향에 대한 주제적 성격을 가진다. 장기적인 관점에서의 가치와 대국적인 시각을 제시한다. 전술은 구체적인 방법과 세부적인 실행 계획이다. 수단과 방법에 대한 소재적 성격을 지닌다. 전략을 실현하기 위한 단계별 행동이다.

전략이 숲이라면, 전술은 나무다. 전략이 지도(地圖)라면, 전술은 경로(經路)다. 전략이 뿌리라면, 전술은 가지다. 전략이 원리의 이해라면, 전술은 원리의 적용이다. 그래서 전략은 높고, 전술은 낮다. 전략은 크고, 전술은 작다. 전략은 깊고, 전술은 얕다. 전략은 근원적이고 본질적이며, 전술은 세부적이고 제한적이다.

부모 없는 자식 없듯 전략 없이 전술이 나올 수 없다. AI의 본질적 원리에 대한 이해와 AI가 빚어낼 미래에 대한 상상력이 요체라는 얘기다. AI라는 도구로 빚어낼 내 일과 삶의 혁신이 관건이란 얘기다. 전술의 높이에서 전략의 높이로 시선을 올려야 한다는 얘기다.

'전략' 차원의 실력파 화가는 색채와 구성, 빛의 성질에 대한 깊은 이해를 바탕으로 AI를 다룬다. '전술' 차원의 일반 사람들은 지엽적인 프롬프트 몇 개로 AI가 그려내는 그림에 박수 치고 환호한다. 전략과 전술의 높이 차이다.

AI가 마법의 붓이라고? 천만의 말씀, 만만의 콩떡이다. 똑같은 AI로도 사람마다 그려내는 결과물의 수준이 천차만별이다. 붓이 마법을 부리는 게 아니다. 붓을 쥔 이의 기획력과 상상력이 붓을 통해 현실로 표현되는 것이다. AI를 통해 창조되는 콘텐츠의 가치는, 그래서 AI(전술)에 있지 않다. AI를 활용하는 이의 창의성과 통찰력(전략)에 있다.

'훌륭한 도구'가 곧 '탁월한 성과'로 이어지는 건 아니다. 전략적 밑그림을 가진 이들에게 AI는 천군만마다. 그렇지 않은 이들에게 AI는? 단지 신기한 장난감에 불과하다. AI를 자신의 목적과 비전에 맞게 활용하는 게 핵심이다. AI에 대한 표피적인 사용법(전술)을 넘어 AI가 빚어낼 미래 변화에 대한 조감도(전략)를 그려야 한다.

조직의 성과는 그 조직을 이끄는 리더의 리더십 크기에 비례한다. AI도 똑같다. AI의 능력을 얼마나 실재화(實在化)할 수 있는지는 AI를 사용하는 사람에게 달렸다. AI라는 도구를 통해 내가 꿈꾸는 미래를 실현하는 것은 나의 몫이다. 시작점은 바로 나다. AI를 활용한 혁신 여정이 단편적인 활용법을 넘어서야 하는 건 그래서다.

악기를 잘 다루면 '연주자'가 된다. 전술적 차원이다. 전략적 차원으로 올라가면 '연주자'를 넘어 '음악가'가 된다. 시선을 더 높이면 '음악가'를 넘어 '예술가'의 반열이다. 전술은 전략의 종속 변수다. 전술은 결코 전략을 이길 수 없다. AI를 바라보는 내 시선은 어디에 있나? 전략의 높이인가, 전술의 높이인가? 승부는 거기서 갈린다. 착각해선 안 된다. AI는 두드리는 대로 원하는 것이 나오는 도깨비방망이가 아니다!

평균의 함정:
AI와 나, 그리고 독창성에 대하여

인간의 평균 수명이 85세라는 통계가 있다. 하지만 이 숫자가 나의 내일을 보장하지는 않는다. 누군가는 백 년의 계절을 보내고, 누군가는 더 짧은 생을 마감한다. 우리 중 그 누구도 통계 속에 존재하는 '평균적인 인간'이 아니기 때문이다. 각자의 유전자와 습관, 그리고 운명이라는 변수가 교차하는 지점에 서 있는 고유한 존재, 그게 바로 나다. 그럼에도 우리는 종종 이 평균이라는 강력한 착시 뒤에 안도한다. '나도 평균은 되겠지'라는 막연한 기대 속에서.

세상은 오랫동안 이 '평균'이라는 착시를 기준으로 설계되어왔다. 교실의 책상은 평균적인 신체의 학생에게 맞춰져 있다. 표준화된 시험은 평균적인 학습 속도를 전제로 한다. 하버드 교육대학원의 토드 로즈 교수는 그의 저서 『평균의 종말』을 통해 이 보이지 않는 폭력을 고발한다. 그는 '평균'이라는 기준 자체가 개개인의 고유한 잠재력을 억압하는 굴레가 될 수 있음을 경고한다. 집단의 특성을 요약하기 위해 만들어진 통계적 허상이, 어느새 우리 각자를 재단하고 평가하는 현실의 지배자가 되어버린 것이다.

이 위험한 평균의 그림자는 AI라는 새로운 시대 위로도 길게 드리워져 있다. AI가 쏟아내는 텍스트, 이미지, 음악, 코드. 놀랍지만 익숙하다. 세련되지만 뻔하다. 왠지 모를 기시감. '영혼이 없다'는 비판이 뒤따르는 이유다. 단서는 AI의 작동 원리 속에 숨어 있다. AI는 방대한 데이터를 학습하고, 주어진 맥락에서 가장 '확률 높은' 다음 값을 예측한다. '확률이 높다'는 것은 곧, 가장 자주 반복된 일반적인 패턴이란 의미다. AI의 기본값은 이처럼 가장 안전하고 검증된, 즉 '평균적인' 경로를 따르도록 설정되어 있다.

여기서 우리는 새로운 종류의 위험과 마주한다. AI가 생성한 평균적인 결과물을 무비판적으로 수용하고, 심지어 그것을 '정답'이나 '표준'으로 여기기 시작하는 태도. 과거 사회가 통계적 평균으로 개인을 재단했다면, 미래 사회는 AI가 생성한 '데이터적 평균'으로 우리의 사고방식과 창의성을 획일화할 수 있다. AI가 제시하는 평범한 아이디어에 만족하고, AI가 쓰는 무난한 문체를 모방하며, AI가 추천하는 안전한 경로만을 따라가는 사람들. 나도 모르게 나만의 고유한 생각과 스타일을 포기하고, 거대한 평균의 흐름에 스스로를 잠식시킨다. 다양성은 사라지고 나다움은 소멸한다. 남들과 비슷한 생각, 비슷한 문장, 비슷한 결정. 온통 똑같은 무늬의 사람들로 세상이 가득찬다.

하지만 오해는 금물. 이건 AI 기술의 한계 때문이 아니다. 문제는 AI라는 도구를 사용하는 우리 자신에게 있다. AI는 평균을 향하도록 기본 설정되어 있을 뿐, 결코 평균에 갇혀 있지 않다. 오히려 AI는 사용자의 의도에 따라 극단적으로 다른 얼굴을 보여주는 고성능 거울이다. 얕은 질문에는 얕은 평균값을 반사하지만, 깊은 요구에는 상상치 못한 창의성으로 응답한다. AI의 결과물이 평범하다고? 그것은 우리의 질문과 요구가 평범하기 때문이다.

AI 시대의 평균주의를 극복하는 길은 그래서, 기술 자체를 수정하거나 거부하는 데 있지 않다. '평균'이라는 안락한 중력을 거슬러 오르려는 우리의 의지에 있다. AI가 내놓은 첫 번째 답변에 만족하지 않고, 더 깊이 파고들며, 다른 관점을 요구하고, 의도적으로 평범함을 거부하는 '비판적 대화'를 시도해야 한다. AI를 단순한 '답변 생성기'가 아니라, 내 생각을 자극하고 확장시키는 '지적 스파링 파트너'로 삼는 태도 전환이 필요하다. "지금까지의 논의를 모두 무시하고, 완전히 새로운 관점에서 반박해봐.", "이 상반된 두 아이디어를 변증법적으로 융합해서 제3의 대안을 제시해봐." 이러한 요구가 AI

를 평균의 궤도에서 이탈시킨다. AI를 미지의 창의 영역으로 나아가게 하는 강력한 엔진이 된다.

궁극적으로 이 모든 것은 '나'라는 존재에 대한 깊은 이해로 귀결된다. AI라는 강력한 도구 앞에서 '나다움'을 잃지 않으려면? 먼저 내가 누구인지 알아야 한다. 나는 무엇에 분노하고 무엇에 기뻐하는가? 남들이 모두 '예'라고 말할 때, 나는 왜 '아니오'라고 말하고 싶은가? 이처럼 스스로의 가치와 욕망, 고유한 시선을 굳건히 지킬 때, 비로소 우리는 AI가 제시하는 수많은 평균적 선택지 앞에서 길을 잃지 않을 수 있다. AI가 나를 대체하는 존재가 되어서는 안 된다. 나다움을 더욱 선명하게 벼리는 담금질의 도구가 되어야 한다.

소크라테스가 말했다. "하나가 되기 위해 나 자신과 불일치하는 것보다는 전 세계와 불일치하는 것이 훨씬 더 낫다." 2,500년 전의 이 문장이 오늘 우리에게 다시 묻는다. AI가 빚어내는 기하급수적 변화 속에서, 나는 과연 나로 살고 있는가.

센스메이킹:
AI 시대의 새로운 생존 방정식

CEO의 책상 위에 두 개의 보고서가 놓였다. 둘 다 '지속된 매출 정체의 원인 분석과 해법'에 관한 것이다. 왼쪽 보고서는 50페이지 분량. 5년 치 판매 데이터와 경쟁사 지표, 거시 경제 상황 예측이 빽빽하게 담겼다. AI가 단 하루 만에 만든 결과물이다. 오른쪽은 단 세 페이지. 관련 수치 몇 개와 기존 프레임을 흔드는 가설, 핵심을 찌르는 질문 세 개가 적혀 있다. 한 팀이 일주일을 매달린 결과물이다. CEO는 왼쪽 보고서를 10분 만에 훑고 옆으로 밀어냈다. 오른쪽은 한 시간 넘게 읽으며 여백에 메모를 빼곡히 남겼다. 이윽고 말했다. "이 세 페이지 보고서 쓴 팀, 회의 소집해주세요."

CEO의 이 선택은 AI 시대, 새로운 무게중심 이동을 상징한다. 왼쪽 50페이지 보고서는 누구나 접근할 수 있는 '지식'의 집합체다. 오른쪽 세 페이지 보고서는 '감각'이란 이름의 진짜 경쟁력이다. AI가 대량의 정보를 빠르게 뱉어낼수록, 정보 그 자체의 가치는 제로에 수렴한다. 이제 경쟁력은 '어떻게 다르게 보는가'에 달려 있다. 이미 있는 것들 사이에서 낯선 연결을 발견하는 감각. 무수한 신호 중에서 의미 있는 패턴을 감지하는 감각. '차가운 정보'에 '뜨거운 맥락'을 얹는 통찰력. 이른바 '센스메이킹(Sense-Making)'이다. 센스메이킹은 일하는 방식, 세상을 인식하고 기회를 창조하는 방식에 대한 근본적인 질문이다. 방향을 잡고(Direction), 불필요한 걸 덜어내며(Curation), 결국 결단하는(Judgment) 힘이다. 이 세 가지 역량은 어떻게 작동하며 구체적인 가치를 만들어내는가.

방향(Direction): 정답을 찾는 사람 vs 질문을 바꾸는 사람

먼저, 방향(Direction)이다. '진짜 문제'를 정의하는 힘이다. 현상 너머에 숨겨진 근본 원인과 핵심 병목을 찾아내는 능력이다. 데이터는 결코 문제를 알려주지 않는다. 문제를 정의하는 것은 사람의 몫이다. 음악 스트리밍 서비스의 기획자를 생각해보자. 그에게 주어진 데이터는 '특정 연령대에서 이탈률이 높다'는 차가운 팩트뿐. 평범한 기획자는 AI에게 묻는다. "어떻게 하면 이탈률을 낮출까?" 이 질문에 AI는 뻔한 답(할인 쿠폰, 추천 알고리즘 개선)을 내놓는다. 그는 AI와 정답 찾기 경쟁을 하고 있다. 뛰어난 기획자는 질문을 바꾼다. "이

연령대의 사용자들이 음악을 듣는 순간은 언제인가? 그 순간 그들은 어떤 감정을 해결하고 싶어 하는가?" 이 질문은 AI를 탐색의 도구로 만든다. AI는 이 새로운 질문에 답하기 위해 완전히 다른 데이터를 탐색하기 시작한다. '운동할 때 듣는 신나는 플레이리스트'나 '잠들기 전 듣는 차분한 팟캐스트' 같은 완전히 새로운 서비스의 기회가, 그제서야 열린다. 좋은 방향 설정은 아무도 묻지 않은 질문으로 게임의 판 자체를 바꾸는 능력이다.

선택(Curation): 더하고 채우는 사람 vs 버리고 비우는 사람

다음은 큐레이션, 즉 선택이다. 큐레이션은 무의미를 삭제하는 힘이다. 핵심은 더하기가 아니라 빼기다. '큐레이션'의 본질은 비움과 버림에 있다. 박물관 큐레이터는 수천 점의 유물 중 단 스무 점만 전시하여 그 가치를 극대화한다. 그의 권위는 창고에 잠든 수천 점의 유물을 버릴 수 있었던 그 '안목'에서 나온다. 많다고 좋은 게 아니다. 무엇이든 의미를 가질 때만 힘을 갖는다.

한 투자 심사역이 있다. AI가 수백 개의 스타트업 사업계획서를 분석해 재무적으로 가장 안정적인 10개 회사를 추천한다. 뛰어난 심사역은 그 10개 보고서 중 9개를 버린다. 시장의 흐름과 창업팀의 역량, 기술의 잠재력이라는 '숫자 밖의 감각'을 바탕으로 단 하나의 회사에 '베팅'한다. 데이터 너머의 가능성을 '선별'한 것이다. 훌륭한 큐레이션은 정보의 밀도 대신 맥락의 응집으로 설득력을 가진다. 넘쳐나는 정보 속에서 90퍼센트를 지울 수 있는 용기, 그것이 새로운 권력이다.

판단(Judgment): 계산하는 사람 vs 책임지는 사람

마지막으로 판단. 책임을 감수하는 힘이다. 결국 결정은 사람이 한다. AI는 가능성을 나열하고 확률을 계산한다. 하지만 선택과 책임은 대신 져주지 않는다. 좋은 판단은 모든 것이 불완전할 때 내리는 결단에서 나온다.

유능한 건축가의 일을 상상해보자. AI는 클라이언트의 예산과 요구사항에 맞는 수천 가지의 설계 조합을 순식간에 생성한다. 하지만 건축가는 그중 단 하나의 설계안을 선택하고 수정하며 최종 결정을 내려야 한다. 그는 AI가 계산할 수 없는 가치들, 즉 대지에 내리쬐는 햇빛의 각도, 가족 구성원 간의 동선이 만들어낼 미묘한 감정적 교류, 시간이 흘러도 변치 않을 미학적 가치를 모두 고려한다. 그의 마지막 서명은 공간에서 펼쳐질 수십 년 삶의 질에 대해 책임을 지겠다는 약속이다. 숫자를 믿는 게 아니라, 그 숫자에 의미를 부여할 수 있을 때 비로소 결정은 힘을 얻는다.

결국 AI 시대의 진정한 가치는 AI가 줄 수 없는 것, 즉 올바른 방향을 설정하고, 무의미한 것들을 과감히 삭제하며, 기꺼이 책임을 지는 인간적인 행위 속에 있다. 지식은 이제 재료일 뿐, 그것을 어떻게 다루어 새로운 의미와 가치를 창조하는가가 승부를 가른다. '센스메이킹'의 시대가 시작된 것이다. 정답을 아는 사람은 AI와 경쟁할 것이다. 센스메이킹을 하는 사람은 AI를 리드할 것이다.

질문 설계 vs 결과 요구,
AI가 갈라놓은 격차

한 팀원이 AI로 만든 기획안을 제출했다. 완벽했다. 산업 트렌드 분석부터 5년 치 재무 시뮬레이션까지. 팀장은 보고서를 내려놓고, 물었다. "이 기획안을 만들기 위해, 자네는 AI에게 어떤 질문을 던졌나?" 팀원은 아무 말도 할 수 없었다. 질문한 적이 없어서다. 그저 AI에게 "신사업 기획안 써줘"라고 말했을 뿐. 생각하지 않았고, 의심하지 않았다.

AI라는 강력한 '자동차'가 모두에게 주어졌는데, 왜 누구는 목적지에 더 빨리, 더 정확하게 도착할까? 운전자의 머릿속에 있는 '지도'와 '목적지'가 달라서다. 같은 도구를 가지고도 누구는 휘청거리고, 누구는 날아오른다. AI 시대의 새로운 핵심 역량, '질문 설계(Question Design)'가 중요한 이유다.

질문 설계? 최종 목표를 달성하기 위해, AI라는 강력하지만 맹목적인 도구를 올바른 방향으로 이끌고, 그 결과물을 비판적으로 검증하며, 최종적으로는 인간 고유의 통찰을 더해 새로운 가치를 창조하는 전 과정이다. 그래서 질문은, 선택이고, 관점이고, 목적이고, 맥락이다. 그렇다면 우리는 어떻게 탁월한 '질문 설계자'가 될 수 있을까?

첫째, '초안(Zero-Draft)을 요구하지 않는' 질문을 던져라. 가장 무능한 질문은 "보고서 써줘"처럼 AI에게 결과물을 통째로 요구하는 것이다. AI를 편리한 복사기로 전락시키고, 인간의 뇌를 잠재우는 가장 빠른 길이다. 유능한 질문 설계자는 AI에게 초안을 요구하지 않는다. '판단의 근거가 될 재료'를 요구한다. "이 제품의 잠재적 리스크에 대해, '기술적', '법률적', '사회적' 관점에서 각각 3가지씩 반대 의견을 제시해줘." "우리 경쟁사 A의 최신 마케팅 캠페인에 대한 소셜미디어의 긍정 및 부정 반응을 데이터로 분석하고, 가장 많이 언급된 키워드를 시각화해줘." 이러한 질문들은 AI에게 생각의 '재료'를 준비하게 만들 뿐, 최종적인 '요리'는 인간의 몫으로 남겨둔다.

둘째, 'AI와의 의도적인 불일치(Intentional Disagreement)'를 만들어라. AI가 내놓은 첫 번째 답변에 만족하는 것은 위험하다. 유능한 질문 설계자는 의도적으로 다른 관점을 요구하며 결과물의 완성도를 높인다. "네가 제시한 이 전략의 가장 큰 약점은 무엇이라고 생각해?" "만약 네가 우리의 경쟁

사 컨설턴트라면, 이 전략을 어떻게 공격할 거야?" "이 문제
에 대해 완전히 반대되는 관점에서, 이 문제를 해결할 수 있
는 파격적인 방법을 제안해봐." 이러한 '악마의 변호인'식 질
문은, AI가 가진 편향을 드러내고, 우리가 미처 생각하지 못
했던 새로운 가능성을 탐색하게 만든다.

셋째, 질문을 던지기 전에, '질문이 필요한가'를 먼저 질
문하라. 모든 문제에 AI가 필요한 것은 아니다. 때로는 팀원
들과의 치열한 토론이, 때로는 고객과의 솔직한 대화가, 때
로는 홀로 침묵 속에서 사색하는 시간이 더 나은 답을 주기
도 한다. 유능한 질문 설계자는 무턱대고 AI에게 묻지 않는
다. 이 문제의 본질은 무엇인지, 어떤 종류의 답이 필요한지,
그리고 그 답을 찾기 위한 최적의 도구가 정말 AI인지를 먼저
성찰한다.

하지만, 에이스 파일럿 한 명이 전쟁을 승리로 이끌 수는
없는 법. 그가 마음껏 날아오를 수 있는 '항공모함', 즉 조직
의 시스템과 문화가 필요하다. 질문은 문화다. 정답 중심 문
화는 위계와 통제를 낳는다. 질문 중심 문화는 실험과 탐험을
낳는다. AI 시대의 경영은 예측이 아니라 탐색이다. 통제가
아니라 연결이다. 명령이 아니라 질문이다. 조직은 더 이상
딱딱한 구조물이 아니다. 살아 움직이는 유기체다. 그 중심에
질문이 있다. 질문 없는 조직엔 진화도 없다. 그렇다면 질문
하는 조직, 어떻게 만들 수 있을까?

가장 먼저 필요한 것은 '실패의 비용'을 재정의하는 일이다. 안전한 '실험의 놀이터'가 그 시작이다. 질문 중심 문화는 실패를 용인하는 토양 위에서만 피어난다. 리더의 시선은 단기 KPI를 넘어서야 한다. 실패를 통해 무엇을 배웠는지, 그 학습 과정 자체를 공식적인 성과로 인정해야 한다. '가설 검증 보고서'나 '실패 부검 리포트' 같은 식이다. 새로운 시도가 실패하더라도, 그 과정에서 얻은 학습이 조직의 자산이 된다는 명확한 신호를 주어야 한다.

다음으로, '질문'을 공식적인 업무 프로세스에 통합해야 한다. 예컨대, 모든 신규 프로젝트 기획안에는 반드시 '이 프로젝트가 실패할 수밖에 없는 5가지 이유'를 AI와 함께 작성하여 첨부하도록 의무화하는 것이다. 리더 혼자 '악마의 변호인'이 되던 시대는 끝났다. 조직 전체가 비판적 질문을 던지는 것이 당연한 업무 절차로 자리 잡아야 한다. 그제서야 질문은, 개인의 용기 차원을 넘어 조직의 시스템이 된다.

정답의 시대는 끝났다. 질문이 유일한 나침반이다. 하지만 위대한 불꽃도, 타오를 장작이 없다면 한순간의 섬광으로 사라질 뿐이다. 개인의 질문은 불꽃이다. 조직의 문화와 시스템이 작은 불꽃을 거대한 불길로 키운다.

AI 시대의 진짜 위기? 질문의 퇴보다. 우리의 질문이 낡은 틀 안에 갇혀 스스로 소멸하는 바로 그 순간, 우리의 혁신도 멈춘다.

‘AI 창작’으로
손쉽게 돈 벌 수 있다는 착각

“프롬프트 몇 개만으로, 누구나 베스트셀러 동화 작가가 될 수 있습니다.” “AI 작곡 툴로 만든 음원을 인터넷에 올려, 잠자는 동안에도 저작권료를 버세요.” “AI 소설 생성기로 웹소설을 써서, 월 500만 원의 파이프라인을 구축하세요.” 요즘 온라인을 떠도는, 꿀처럼 달콤한 속삭임이다. 숭고한 창작의 가치를 설교할 생각은 없다. 다만, 그 달콤한 신기루가 걷힌 뒤 우리 모두가 마주하게 될 냉정한 현실은 짚어볼 필요가 있다.

결론부터 말할까? ‘AI로 쉽게 돈 벌기’라는 명제는 거짓이다! 우선, 창작자가 아니라 미숙한 공장 노동자가 될 위험이 크다. 키워드를 찾고, 프롬프트를 복사해 붙여넣고, 결과물을 편집하는 단순 반복적인 ‘디지털 노동’에만 매몰될 경우, 콘텐츠 기획의 본질을 배우지도, 자신만의 독창적인 스타일을 만들지도 못한다. AI를 생각의 대체재로 사용하면, 창작자로서의 경쟁력은 물 건너 간다. 더 강력한 AI가 등장하면, 우리가 하던 모든 노동은 또 다른 AI에 의해 대체될 것이다.

또한, 우리가 들어선 그 공장은 이미 수만, 수십만 개의 다른 공장과 무한 경쟁을 벌이는 레드오션이다. 우리가 AI로 동화책 한 권을 '뚝딱' 만들어내는 동안, 세상의 다른 모든 사람들도 똑같은 AI로, 똑같은 수준의, 똑같은 결과물을 무한정 찍어낸다. AI가 창작의 진입 장벽을 낮춘 것이 아니라, 평범함의 늪을 무한히 넓힌 것이다.

결국 창작의 기술도, 시장에서의 차별성도 확보하지 못한 채, 무의미한 디지털 노동만을 반복하게 될 위험이 크다. 문제는 그게 다가 아니라는 것이다. 진짜 문제는, 양산된 '저품질 콘텐츠'가 생태계 전체를 파괴한다는 데 있다.

첫째, '콘텐츠 가치의 붕괴'를 가속화한다. AI가 삽화를 10초 만에 그려내고, BGM을 1분 만에 작곡하는 시대. 한 장의 그림을 위해 며칠을 고뇌하고, 한 곡의 음악을 위해 몇 주를 헌신하는 인간의 노동 가치는 어떻게 평가받을 수 있을까? 시장은 'Good Enough(이만하면 괜찮은)' 콘텐츠로 넘쳐나고, 소비자들은 더 이상 높은 비용을 지불하고 인간의 창작물을 구매할 이유를 느끼지 못하게 된다. 성실하게 작업하며 생계를 유지해온 대다수의 평범한 창작자들에게는, 명백한 생존 위기다.

둘째, '문화의 양극화'를 심화시킨다. AI는 기존 데이터를 학습하여 가장 그럴듯한 평균치를 생성하는 데 탁월하다. 독창성은 없고, 예측 가능한 패턴만 반복된다. AI가 만든 수백만 개의 '고만고만한' 콘텐츠가 시장의 99퍼센트를 장악하게 되면, 대중의 문화적 감수성은 하향 평준화될 위험이 크다. AI가 만든 예측 가능한 콘텐츠의 홍수 속에서, 역설적으로 인간 고유의 고뇌와 독창성이 담긴 1퍼센트의 작품은 이전보다 훨씬 더 높은 가치를 인정받는 '고급 예술'이 될 것이다. 창작의 민주화를 약속하는 듯 보이는 AI로 인해, 실은 문화적 격차가 더욱 벌어지는 것이다.

셋째, '진실의 가치'를 무너뜨린다. 우리의 진짜 고객은 사람이 아니다. 콘텐츠를 노출시켜주는 플랫폼의 '알고리즘'이다. 이 알고리즘의 선택을 받기 위해, 우리는 더 많은 클릭을 유도하는 썸네일, 더 자극적인 키워드를 고민하게 된다. 끝없는 어뷰징(abusing) 경쟁. 이 게임의 끝, 시장에 남는 것은? 알고리즘의 간택을 받은 효율적인 가짜들뿐이다.

"AI로 쉽게 창작하기"를 가르치는 사람들은 장밋빛 미래를 약속한다. 하지만 그들이 파는 것은 노하우라기보다는 인간 욕망을 이용한 '환상'이다. 그 환상에 동참하는 순간, 우리는 우리의 일자리를, 그리고 우리가 사랑했던 창작 생태계 전체를 스스로 파괴하는 일에 가담하게 되는 것이다.

AI를 다루는 기술은 지렛대를 사용하는 법을 배우는 것과 같다. 진짜 힘은 어디에 받침점을 놓고 무엇을 들어 올릴 것인가를 아는 지혜에서 나온다. 남들이 보지 못하는 문제점을 찾아내는 '기획력', 차가운 논리에 뜨거운 숨결을 불어넣는 '스토리텔링 감각', 그리고 자신만의 각도로 세상을 들어 올리는 '독창적인 스타일'. 이런 본질적인 역량이 없다면, AI라는 가장 긴 지렛대조차 그저 무거운 쇠막대기에 불과하다. 이 역량을 갖춘 사람의 손에서, AI는 세상을 움직이는 강력한 힘이 된다.

얄팍한 유혹에 우리의 소중한 시간과 돈을 낭비하지 말자. 그 시간에 차라리 최고의 작품 100개를 읽고, 듣고, 쓰자. 그 작품들이 왜 위대한지를 해체하고 분석하자. 독자를 사로잡는 플롯의 구조, 귀를 감는 멜로디의 패턴, 마음을 움직이는 캐릭터의 비밀을 파헤치는 것이다. 그리고 그 통찰을 우리만의 독창적인 기획으로 만들어, AI를 가장 강력한 실행 도구로 부리는 것. 그것이 진짜 창작자가 되는 길이다. 무너지는 세상 속에서 우리 자신을 지키는 방법이기도 하다.

‘AI 슬롭’의 바다에서
나만의 섬을 구축하다

스마트폰 화면을 켜는 순간, 우리는 홍수에 휩쓸린다. 끝없이 반복되는 숏폼 영상, 비슷한 멜로디의 노래, 어디서 본 듯한 이미지들이 알고리즘에 실려 쏟아진다. 클릭하는 순간의 재미는 잠깐, 뒤이어 공허함이 밀려온다. 이른바 ‘AI 슬롭(AI Slop)’이다. ‘슬롭’은 가축에게 주는 음식 찌꺼기를 뜻한다. 질은 형편없지만 양만 많다는 의미다. 문제는 이런 AI 슬롭이 이미 콘텐츠 생태계를 압도하고 있다는 점이다. 창작자는 이제 선택의 기로에 섰다. 어느 쪽에 설 것인가.

첫째, 속도의 노예가 될 것인가, 시간의 주인이 될 것인가. AI는 24시간 멈추지 않고 콘텐츠를 쏟아낸다. 인간이 같은 경기장에 서는 순간 결과는 뻔하다. 속도의 노예가 되는 길은 명확하다. 유행하는 밈을 좇고, 알고리즘이 선호하는 주제를 반복하며, AI의 생산성에 기대어 공허한 메아리를 마구 찍어내는 것이다. 스스로를 소모품으로 만드는 지름길이다. 반면 시간의 주인이 되는 길은 고독하다. 속도의 논리를 거부하고, 아이디어가 숙성될 때까지 기다리는 것이다. 느림과 깊이를 무기로, AI가 결코 흉내 낼 수 없는 시간의 밀도를 작품에 새기는 것이다.

둘째, 익명의 '데이터'로 사라질 것인가, 고유한 '원본'으로 남을 것인가. AI 시대의 모든 콘텐츠는 학습 데이터라는 거대한 용광로로 흡수된다. 대부분의 창작물은 그 안에서 이름 없이 녹아내리는 '데이터'가 되어 AI를 살찌울 뿐이다. 그러나 어떤 창작자의 그것은 AI가 학습해야 하는 '원본'이 된다. 고유한 시선, 새로운 해석, 독립된 문법 덕분이다. 새로운 스타일의 원본, 새로운 관점의 출처가 되는 것이다. 데이터 자산의 주인이 되는 쪽만이 이 시대에 자신의 이름을 남길 수 있다.

셋째, 플랫폼의 부속품이 될 것인가, 생태계의 설계자가 될 것인가. 유튜브, 틱톡, 스포티파이 같은 플랫폼은 창작자를 철저히 알고리즘의 감옥 안에 가둔다. 노출을 위한 선정성 경쟁, 살아남기 위한 가격 경쟁은 끝없는 소모전이다. 창작자는 플랫폼이라는 거대한 기계의 대체 가능한 부속품으로 전락한다. 그러나 플랫폼의 논리를 역이용하여 자신만의 영토를 구축하는 길도 있다. 직접 구독 모델, 깊이 있는 팬 커뮤니티, 외부의 소음이 차단된 폐쇄형 네트워크. 나만의 생태계를 설계하는 방식이다. 창작자는 플랫폼의 '공급자'라는 낡은 굴레를 과감히 벗어던진다. 이제 그들은 자신만의 소우주를 만들고 운영하는 '설계자'로 진화한다.

이 세 가지 선택의 기로에서, 창작자는 이제 "AI를 어떻게 활용할까"라는 전술적 질문을 넘어, "어떤 게임에 참여하고, 어떤 존재로 기록될 것인가"라는 근본적 물음과 마주하게 된다.

그렇다면 콘텐츠의 미래는 어디로 향할까. 단기적으로는 AI 슬롭이 피드를 점령한다. 품질은 형편없지만 중독성 강한 영상과 음악이 우리의 시간을 빼앗을 것이다. 그러나 장기적으로는 두 갈래로 나뉜다. 하나는 AI가 무한히 찍어내는 소모성 콘텐츠의 바다. 그곳은 즉각적 도파민과 끝없는 새로움이 있지만, 어떤 감동도 신뢰도 쌓이지 않는, 영원한 현재의 공간이다. 다른 하나는 인간 창작자가 설계한 독창적이고 신뢰할 수 있는 생태계다. 그곳은 더 작은 세계일지 모른다. 하지만 사람과 사람 사이의 깊은 연결이 있고, 창작자의 철학이 있으며, 시간이 흘러도 변치 않는 가치가 축적되는 자산의 공간이다.

AI 슬롭의 홍수는 거스를 수 없는 현실이다. 결국 콘텐츠의 미래를 좌우하는 것은 인간의 선택이다. 창작자로서 속도와 양의 논리에 굴복할 것인가, 아니면 도구를 지휘하며 새로운 질서를 세울 것인가.

콘텐츠의 미래는 인간이 어디에 서는가에 달려 있다. 창작이란 결국 인간이 세계와 관계를 맺는 방식이라서다. 우리가 선택한 그 방식이 곧, 인간이라는 존재가 이 시대에 남긴 흔적이 될 것이다.

AI가 쓰는 시대,
인간은 '편집'으로 증명한다

AI 글쓰기가 본격화되며 창작의 지형이 바뀌었다. 누구나 그럴듯한 문장을 순식간에 생성한다. 정보는 과잉을 넘어 폭발하고, 콘텐츠의 절대량은 무의미해졌다. 지금 우리에게 부족한 것은 '더 많은 글'이 아니다. '읽어야 할 이유가 있는 글'이다. 무에서 유를 만드는 고전적 창작의 시대가 저물고, 무한한 재료(AI의 산출물)에서 의미를 길어 올리는 '편집의 시대'가 열렸다.

정보 과잉 시대에 핵심을 골라내고 배치하는 과정은 그 자체가 곧 창작의 중심이다. 음악 추천, 뉴스 요약, SNS 피드 등 이미 대중의 일상을 지배하는 콘텐츠 대부분은 편집의 산물이다. 그럼에도 편집의 가치는 방대한 텍스트를 생성하는 AI의 능력에 가려져 과소평가되어왔다. 하지만 역설적으로,

AI가 고도화될수록 승부의 무게중심은 '누가 잘 쓰느냐'에서 '누가 잘 편집하느냐'로 이동하고 있다.

원석으로서의 AI, 잡음으로서의 AI

AI 글쓰기는 방대한 데이터에서 통계적으로 가장 그럴듯한 문장을 발굴하고 조합하는 메커니즘이다. 인간의 사유와는 근본적으로 다르다. AI의 결과물은 수백만 개의 가능성을 품은 원석, 혹은 잠재적 잡음(Noise) 덩어리다.

AI는 '평균'을 생성하는 데 탁월하다. 세상에 존재하는 가장 보편적이고 안전한 문장을 조합한다. 하지만 이 '평균'은 창작의 세계에서 '무미건조함'과 동의어다. 독자의 감정을 움직이고 행동을 유발하는 것은 날카로운 관점, 독창적인 연결, 그리고 예측 불가능한 리듬이다. AI는 이 모든 것을 재료로 제공할 수는 있지만, 최종적인 '의미'로 조합하지는 못한다.

인간 편집자의 손길은 바로 이 지점에서 시작된다. 어떤 문장을 남기고 어떤 순서로 배열할지, 어디서 호흡을 끊고 어디서 속도를 높일지 선택한다. 이 선택이 평범한 정보를 강력한 메시지로, 잡음을 의미 있는 혁신으로 탈바꿈시킨다.

편집의 재정의: 사후 교정에서 사전 설계로

전통적으로 편집은 '사후 작업'이었다. 이미 완성된 초안을 다듬고, 오류를 수정하며, 군더더기를 덜어내는 역할이었다. 그러나 AI 시대의 편집은 '사전 설계'이자 '구조 건축'으로 진화했다.

첫째, 편집은 '프롬프트 설계'에서 시작된다. AI에게 어떤 질문을 던지고, 어떤 역할과 톤을 부여하며, 어떤 제약 조건을 설정하느냐가 결과물 품질의 80퍼센트 이상을 좌우한다. 이는 편집자가 원하는 결과물의 청사진을 그리는 '설계' 행위다. AI라는 거대한 데이터 광산에서 정확한 원석을 채굴하는 첫 번째 '선택'이다.

둘째, 편집은 '선택적 조합'이다. AI는 5초 만에 10개의 버전을 찍어낸다. 과거의 편집자가 하나의 초안을 붙들고 씨름했다면, 지금의 편집자는 10개의 가능성 중 최적의 요소를 선별하는 역할을 한다. 1번 버전의 도입부, 5번 버전의 핵심 논리, 8번 버전의 감성적 표현을 융합해 완전히 새로운 A+안을 창조한다. 큐레이션은 선택한 것들에 새로운 질서를 부여하는 행위다.

성공과 실패를 가르는 결정적 차이: '배열'

편집의 힘은 구체적인 사례에서 극명하게 드러난다. 똑같은 재료(데이터, 사실)를 가지고도 배열과 강약 조절에 따라 콘텐츠의 운명은 완전히 달라진다.

실패하는 크리에이터는 AI가 생성한 텍스트를 그대로 복사해 붙여 넣는다. 그 결과물은 논리적으로 보일지언정, 독자의 맥락과 감정을 파고드는 '타격감'이 없다. 단순한 정보 나열은 독자를 길 잃게 만들 뿐이다.

성공하는 크리에이터는 AI를 조수로 활용한다. 가령, 역사 유튜버가 '로마 멸망'을 다룬다고 가정하자. AI는 멸망의 원인을 10가지 이상 나열할 수 있다. 하지만 이를 단순 나열하면 지루한 교과서가 된다. 성공하는 편집자는 이 10가지 원인 중 '현대 사회의 불평등'과 맞닿은 2~3가지를 골라낸다. 이를 중심으로 서사를 재구성한다. 핵심은 굵게, 주변은 옅게 처리하며 독자의 감정선을 조율한다.

영상과 음악 산업에서 편집의 힘은 이미 증명되었다. 영화의 긴장감은 대본보다 컷(cut)의 타이밍이 만든다. 음악의 완성도는 악보보다 믹싱과 마스터링이 좌우한다. AI 시대의 글쓰기도 마찬가지다. 차별성은 소재가 아니라 편집에서 나온다.

AI가 내릴 수 없는 판단: '지금, 이 독자'

AI와 크리에이터의 가장 중요한 접점은 '판단'이다. AI는 무한한 재료를 공급해주지만, '지금, 이 순간, 이 독자'에게 무엇이 필요한지는 정하지 못한다. 이 판단과 선택, 재배열이 편집자의 고유한 몫이다.

AI 원고를 압축하고 구조를 바꾸는 순간, 밋밋한 글은 임팩트 강한 글로 변한다. 문장의 길이와 호흡, 단어의 미묘한 어감, 심지어 독자가 쉴 수 있도록 배치하는 여백과 침묵까지. 이 모든 조율이 독자의 감정을 움직인다. AI는 보편적 정답을 알지만, 편집자는 독자의 구체적 감정을 안다.

결국 편집은 기술이자 철학이다. 무엇을 어떤 순서와 강도로 전할지에 대한 사유가 필요하다. 이것이 콘텐츠의 메시지와 수명을 결정한다. 글쓰기는 창작과 편집이라는 두 날개로 난다. 편집은 하위 단계가 아니다. AI라는 강력한 엔진을 제어하며 창작을 완성하는 상위 기술이다.

AI가 재료를 준다. 이를 새로운 이야기로 빚어내는 것은 편집이다. 글쓰기의 본질은 '작성(Writing)'에서 '설계(Engineering)'로 이동했다. 이제 글은 무수한 재료 속에서 최적의 경로를 설계하여 '만드는 것'이다. 그 과정의 중심에 편집이 있다.

기계에 반역하다:
오염, 응시, 균열의 글쓰기

무심한 커서만 외로이 깜빡인다. 머릿속이 하얗다. 나오라는 글은 나오지 않고, 애꿎은 머리칼만 쥐어뜯는다. 우리 모두가 겪는 글쓰기의 고통이다. 그런데 웬걸, AI는 거침이 없다. 텅 빈 화면 앞에서 한 순간의 망설임도 없다. 단어 하나를 골랐다 지우며 밤을 새우지도 않는다. 기계의 이 평온함에 인간은 매혹된다. 저 효율적인 창작의 원리를 가져올 수만 있다면, 백지의 공포로부터 우리도 구원받을 수 있지 않을까?

AI의 작동 원리는 세 가지 명쾌한 글쓰기 조언으로 다가온다. 첫째는 '사전 학습(Pre-training)'이다. AI가 방대한 데이터를 흡수하며 단어와 개념의 관계망을 익히듯, 인간도 흩어진 지식과 경험을 연결해 새로운 통찰을 길어내야 한다. 둘째는 '어텐션 메커니즘(Attention Mechanism)'이다. AI가 핵심 단어에 가중치를 두듯, 모든 문장에 힘을 분산하지 말고 하나의 메시지에 집중해야 한다. 셋째는 '인간 피드백 기반 강화학습(RLHF)'이다. AI가 사용자 반응을 통해 진화하듯, 독자의 피드백을 받아 끊임없이 글을 다듬고 발전시켜 나갈 수 있다. 연결, 집중, 그리고 진화. 글쓰기라는 혼돈의 정글을 단숨에 가로지르는, 얼마나 합리적이고 명쾌한 키워드인가.

하지만 이상하다. 그 길을 따라 걸을수록 점점 길을 잃는 기분이다. 글은 점점 더 예측 가능하고, 안전하며, 결정적으로는 지루해진다. 정교하게 설계되었지만 아무도 살지 않는 모델하우스처럼, 영혼의 온기가 느껴지지 않는 글이 된다. 어쩌면 글쓰기의 진짜 본질은 잘 닦인 포장도로가 아니라, 그 길이 애써 외면하는 혼돈의 숲속에 있는지도 모른다.

AI의 학습은 방대한 텍스트 데이터 속 단어들의 통계적 분포를 파악하는 과정이다. A라는 단어 뒤에 B가 이어질 가능성을 계산하고, 가장 그럴듯한 문장을 생성하는 데 최적화되어 있다. '창작'이라기보다 '재구성'에 가깝다. 즉, AI의 '연결'은 데이터 속에서 통계적으로 가장 확률 높은 길, 즉 가장 안전한 길을 찾아가는 과정이다. 인간이 이 방식을 흉내 낼 때, 글쓰기는 일종의 '지적 레고 조립'이 된다. 쓸모는 있을지 몰라도, 그렇게 나온 글이 우리의 영혼을 흔들지는 못한다. 누구나 한 번쯤 지나가본 길이라서다.

진정한 통찰은 이질적인 것들의 예기치 못한 충돌, 서

로를 물들이는 '오염'의 순간에 찾아온다. 빅데이터로 분석한 도시 재개발 투자 보고서를 읽다가, 문득 창밖 낡은 골목의 오래된 국밥집에서 풍겨오는 구수한 국물 냄새를 맡게 되는 순간처럼. 보고서의 숫자는 그 가게와 땅의 상업적 가치를 냉정하게 계산한다. 하지만, 코끝의 냄새는 그 숫자가 담아낼 수 없는, 한 동네의 기억과 시간을 품고 있다. 그 순간, 차갑고 매끈한 데이터는 투박하고 뜨끈한 사람 냄새로 오염된다. 낡은 가게는 효율성이라는 폭력을 고발하는 살아 있는 증거가 된다. "빅데이터가 약속하는 '가치 있는 도시'란 수익률 높은 신축 상가인가, 아니면 추억이 깃든 따스한 골목인가?" 이 질문은 안전한 연결로는 결코 도달할 수 없는, 위험한 오염의 결과물이다.

글의 핵심에 집중하라는 조언도 마찬가지다. AI의 어텐션은 문장 생성이라는 과업을 완수하기 위해 어떤 단어에 더 높은 가중치를 부여할지 결정하는 기술적 알고리즘이다. 최종 결과물에 가장 큰 영향을 미치는 요소를 효율적으로 찾아내는 수학적 장치일 뿐, 그 자체에 의도나 철학은 없다. 하지만 인간의 글쓰기에서 무언가에 집중하는 행위는 작가의 시선과 세계관, 윤리적 판단이 개입되는 '응시'다. 수많은 정보들 사이에서 가장 연약하고 사소한 것에 시선을 고정하는 행위다. 전쟁 지역 위성 사진을 읽으며 파괴를 헤아리는 대신, 폐허 한가운데 널린 하얀 빨래 한 줄에서 끈질긴 삶의 의지를 읽어내는 것처럼. 거대 담론이 지워버린 삶의 흔적과 시간의 무게를 증언하는 그 응시야말로 AI의 효율성이 결코 흉내 낼 수 없는 인간 작가의 역할이다.

아마 가장 달콤한 유혹은 '독자와 함께 진화한다'는 서사일 것이다. 내 글이 독자의 사랑과 지지를 받으며 완성된다는 믿음은 모든 창작자가 꿈꾸는 해피엔딩이다. 하지만 이 서사 역시 위험한 환상일 수 있다. '인간 피드백 기반 강화학습'의 핵심 목표는 AI가 생성하는 결과물이 인간의 보편적인 선호도와 가치 판단에 부합하도록 '조정'하는 것이다. 더 유용하고, 더 무해하고, 더 다수에게 받아들여질 만한 방향으로 AI를 길들이는 과정이다. 뾰족한 모서리를 둥글게 깎아내고, 논쟁적인 부분을 희석시켜 사회적 마찰을 최소화하는 것이 그 본질이다.

모두가 이 방식을 따른다면? 모든 글은 무색무취해진다. 작가의 고유한 목소리는 거세된다. 평범함의 감옥에 갇히는 것이다. 위대한 글은 세상에 불편한 질문을 던진다. 균열을 일으킨다. 독자의 피드백은 내 글의 약점을 보완하는 데 필수적이지만, 그것을 맹목적으로 수용하는 순간 작가는 자신의 문제의식을 포기하고 시장의 논리에 종속된다. 독자의 저항과 불편함은 그 글이 세상의 단단한 표면에 낸 흠집이다. 그 균열을 서둘러 메우고 모두를 만족시키려 할 때 글은 펄떡이는 생명력을 잃는다. 오히려 그 균열 속으로 더 깊이 파고들어 갈 때, 글은 비로소 자신의 목소리를 얻는다.

잊어서는 안 된다. AI는 답을 주지 않는다. 인간을 비출 뿐이다. 그 거울 앞에서 우리는 기계의 합리성이 얼마나 유혹적인지, 그리고 그 길이 얼마나 공허한지에 대해 깨닫게 된다. 텅 빈 화면 속 깜빡이는 커서, 그곳은 기계의 확률적 재현을 거부하는 자리다. 기꺼이 낯선 것과 뒤섞여 오염되는 자리다. 가장 연약한 것을 향해 집요하게 응시하는 자리다. 세상과의 불화를 감수하고 마침내 균열을 만들어낼 인간의 고유한 투쟁이 시작되는 자리다. 이 불안과 고통이야말로, AI가 결코 쓰지 못할 단 한 문장을 위해 인간이 지불해야 할 유일한 대가인지도 모른다. 그리하여 우리는, 다시 쓴다.

생각의 주도권을 되찾기 위한
3가지 지적 반란

프로젝트는 성공적이었다. AI와 함께 단 사흘 만에 완성한 시장 진입 전략은 모든 임원의 찬사를 받았다. 데이터, 논리, 기대 효과. 모든 것이 완벽했다. 하지만 조 팀장은 자리로 돌아와 자신의 모니터를 응시했다. 화면에 떠 있는, 흠 하나 없는 완벽한 문장들. 그는 문득 깨달았다. 이 생각은 내 것이 아니다. 내 손을 빌려 태어난, 기계의 생각이다. 형태는 있으나 영혼이 없는, 완벽하게 조립된 유령. 단 하나의 문장도 온전히 내 것이 아니었다. 조 팀장은, AI의 유령 작가(Ghostwriter)가 되어 있었다. 맞다, 진짜 위기는 AI가 내 일자리를 빼앗는 것이 아니다. AI가 내 '생각'을 대신해주고, 나를 그럴싸한 '대필 작가'로 전락시키는 것, 그것이 진짜 위기다.

생각은 본래 거칠고 비효율적이다. 막다른 길에 부딪히

고, 수없이 헤매며 간신히 하나의 길을 찾아내는 고투의 과정이다. 하지만 AI는 이 모든 과정을 생략하고, 매끄러운 활주로를 깔아준다. '지성의 자동 완성' 스위치가 켜지는 것이다. 어떤 주제든 구조화된 분석과 논리적인 틀을 단 몇 초 만에 제공한다. 우리는 그저 그 위를 우아하게 달리면 된다.

이 달콤한 위임은 치명적인 중독을 낳는다. 우리는 AI가 제시한 답을 의심하지 않는다. AI가 만들어준 목차의 감옥에 스스로를 가둔다. AI가 요약해준 문장을 내 생각인 양 착각한다. 그렇게 우리의 뇌는 비판하고, 연결하고, 창조하는 야생성을 잃는다. 잘 길들여진 애완동물처럼 변해간다. 생각의 근육은 퇴화하고, 우리 뇌는 안락의자 위에서 서서히 잠들어간다.

더 큰 문제는 이런 개인의 지적 마비가 한 사람을 넘어 조직 전체로 퍼져나갈 때다. 개인의 무비판적 의존이 집단적 맹신으로 번지면, '안전한 평균주의'라는 전염병이 조직 내에 창궐한다. AI라는 같은 스승에게 배운 획일적 모범생이 되어, 리스크 없는 분석과 독창성 없는 답변만을 양산한다. 기존의 틀을 넘어서는 도발적인 질문을, 누구도 던지지 않는다. 혁신의 심장은 서서히 멎어간다. 결국 조직은 생각의 복제품을 양산하는 싸구려 공장이 된다.

이 달콤한 지적 마비에서 깨어나려면, 의식적인 반란이 필요하다. 생각의 주도권을 되찾기 위한 지적 반란은 다음 세 가지 전선에서 시작된다.

첫째, '내 안의 적과 싸우기(Adversarial Simulation)'. 가장 완벽하다고 믿는 전략, 가장 사랑하는 아이디어. 그것들을 AI 앞에 던져라. 그리고 이렇게 명령하라. "너는 나의 가장 잔인한 적이다. 이 아이디어를 파괴할 수 있는 가장 치명적인 논리와 데이터를 가져와라. 내 논리의 심장을 꿰뚫어라." AI를, 내 생각을 가장 날카롭게 반박하는 상대편으로 세우는 것이다. 내 생각의 제단 위에 불을 지르는 이 지적 자해를 통해, 우리는 자신의 확신이 얼마나 연약한 기반 위에 서 있었는지 깨닫는다. 맹신이라는 가장 위험한 적과 싸우는 법을 배운다. 편안한 확신을 태워버린 잿더미 위에서, 비로소 우리는 낯선 시선과 마주할 준비가 된다.

둘째, '낯선 안경 빌려 쓰기(Perspective Shifting)'. 내 문제에 전혀 어울리지 않는 낯선 영혼을, AI를 통해 강제로 소환하는 것이다. 의도적으로 낯설고 황당한 관점을 빌려와 현재를 비춰보는 훈련이다. "이 분기별 실적 보고서를 노자 철학의 관점에서 비판적으로 재작성해줘." "우리의 신제품 출시 계획을 도스토옙스키의 소설처럼, 인간의 가장 깊은 불안과 욕망을 담아 다시 서술해줘." 이런 터무니없는 요구는 우리의 뇌를 익숙한 논리의 궤도에서 강제로 이탈시킨다. 세상의 모든 문제를 효율과 성장의 관점으로만 보던 편협한 시야를 박살 낸다. 예상치 못한 곳에서 터져 나오는 통찰과 영감을 마주하게 만든다.

셋째, '생각의 뼈대 부수기(Deconstructing Foundations)'.
우리가 당연하게 여기는 모든 것의 기반을 의심하고 깨부수
는 것이다. 나와 나의 조직이 신념처럼 믿고 있는 근원적인
전제를 AI의 도마 위에 올려라. 그리고 질문하라. "만약 '고
객은 항상 옳다'는 명제가 거짓이라면, 우리는 지금부터 무엇
을 해야 하는가?" "만약 '성장은 선(善)'이라는 우리의 믿음
이 환상이었다면, 우리 회사의 존재 이유는 무엇이 되어야 하
는가?" 발밑이 꺼지는 공포 속에서, 우리는 비로소 진짜 중요
한 것과 그렇지 않은 것을 구분하게 된다. 누구도 묻지 않았
던 가장 본질적인 질문과 마주할 용기를 얻는다.

이 반란이 성공하면? 독립이다. 해방이다. 내 생각의 저
작권을 되찾는 것이다. AI는 내 생각의 야생성을 일깨우는 파
트너가 된다. AI는 우리에게 수많은 벽돌을 줄 수 있다. 하지
만 어떤 벽돌로 어떤 집을 지을지 결정하고, 그 설계도에 서
명하는 것은 오직 인간인 나의 몫이다. 결국 AI 시대에 생각
의 주권을 지킨다는 것은, 끊임없이 자신을 가장 불편한 진실
앞에 세우는 일이다. 기술은 우리를 편리하게 만들지만, 그
편리함의 끝은 생각의 종속이다.

이제 내 책상 앞에 두 개의 의자가 놓여 있다. 하나는 AI
가 대신 써주는, 폭신하고 편한 의자다. 다른 하나는 서툴고
고통스럽지만, 오롯이 나만의 문장을 쓰기 위한 딱딱하고 불
편한 의자다. 오늘 나의 생각은 누가 썼는가. 지금 막 끝낸 그

보고서, 그 기획서, 그 이메일을 다시 들여다보라. 그 단어를,
그 문장을, 그 생각을 쓴 것은, 정말 나 자신인가.

직업의 종말:
당신의 이름표는 안녕하십니까?

"너, 무슨 일 해?" 이제 이 질문은 독이 든 사과다. 직업이 곧 존재 의미라 생각했던 과거의 믿음이 흔들리고 있어서다. AI가 빚어내는 지금의 변화를 단순한 기술 발전으로 규정하는 건 순진한 착각이다. 본질은 '지능의 전이'다. 산업혁명이 인간의 팔과 다리를 대체했다면, AI는 우리 '뇌'를 대체하고 있다. 인류 역사상 처음 겪는 '뇌의 외주화'. 일자리의 소멸은 착시다. 진짜 사라지는 것은 생각 없이 기능하던, '낡은 나' 자신이다.

사람들은 AI를 완벽한 파트너라 여긴다. 그러나 현실의 AI는 머리는 좋지만 사회성 떨어지고 책임감 없는 신입사원에 가깝다. 똑똑하지만 맥락을 모르고, 자신만만하게 헛소리를 한다. 아무 책임도 지지 않는다. AI와의 협업은 그래서, 언제 터질지 모르는 시한폭탄을 옆에 두고 벌이는 아슬아슬한 줄타기다.

AI는 단순한 반복 노동을 없앴다. 동시에 '새로운 종류의 노동'을 만들어냈다. AI가 뱉어낸 코드에서 버그를 찾아내고, 그럴듯한 기획안의 허점을 짚어내며, 분석 결과의 숫자와 맥락을 다시 점검하는 일. 완벽한 자동화는 아직이다. 불확실성과 품질 관리의 책임은 더 커졌다. 이른바 '그림자 노동'의 증가. 더 높은 수준의 인간적 감각이 필요해진 배경이다.

기존의 일은 전문성을 기준으로 나뉘었다. 깊고 좁아야 살아남을 수 있었다. 그 전문성은 다른 언어를 배척했다. 개발자는 디자인을 모르고, 디자이너는 기획을 몰랐다. AI가 이 성벽을 허문다고? 아직은 아니다. 모든 분야를 넘나드는 듯 보이는 AI지만, 뱉어내는 건 그럴듯한 '재료'일 뿐. 진짜 '요리'는 여전히 인간의 몫이다. 판단하고, 조합하고, 맥락을 부여하는 일. 그건 AI가 대신할 수 없다.

그래서 지금 우리에게 필요한 건? 직함이 아니라 역할이다. AI가 결코 가질 수 없는 4가지 영역, 즉 인간의 판단력, 맥락 이해, 윤리적 책임, 상호 간의 신뢰. 이른바 '휴먼 프리미엄'이다. 이 프리미엄을 극대화하는 역할이 바로 질문의 설계자, 진실의 판별자, 가치의 연결자다.

AI가 똑똑해질수록 인간은 더 철학적이어야 한다. '질문의 설계자'는 '왜 이 일을 하는가'라는 본질적 질문을 통해 기계가 이해하지 못하는 맥락을 창조한다. AI는 질문의 수준을 넘지 못한다. 질문이 곧 새로운 경쟁력이다.

'진실의 판별자'는 AI의 환각에 맞서는 최후의 보루다. 기계가 내놓은 결과에 대한 윤리적 책임을 지고 최종 판단을 내리는 권위의 주체다. AI의 그럴싸한 거짓말에 마침표를 찍는 것, 그것이 인간의 책임이자 권위다.

'가치의 연결자'는 통섭의 장인이다. 흩어진 조각들을 엮어 팀과 고객의 신뢰를 얻는 사람이다. 기획, 기술, 마케팅, 디자인. 이 파편들을 엮어 새로운 비즈니스 모델이나 창작물로 재탄생시키는 능력. 그것이 바로 기계가 흉내 낼 수 없는 가치 창조의 연금술이다.

요리사는 AI의 레시피 추천을 참고하되, 최종 맛은 자신의 혀로 판별한다. 판매원은 AI가 분석한 고객 데이터를 기반으로, 고객의 표정과 말투를 읽고 제품을 권한다. 운동선수는 AI가 설계한 훈련법을 자기 몸의 감각에 맞게 조율한다. 결국 AI는 도구일 뿐. AI를 다루는 인간의 감각과 직관은 더 중요해진다.

늘 그렇듯 모든 변화의 시작은 나 자신에게 있다. 처음의 질문으로 돌아가자. "너, 무슨 일 해?" "나는 기획자야"라는 낡은 대답은 더 이상 유효하지 않다. 이제 이렇게 말해야 한다. "나는 AI에게 질문을 던져 맥락을 만들고, 그 결과물을 책임과 권위로 판별하며, 흩어진 조각들을 엮어 신뢰의 가치를 창조하는 사람이야." 이 문장에 직함이 들어설 자리는 없다. 대신 '설계', '판별', '창조' 등 새로운 시대의 핵심 역량이 나의 가치를 증명한다.

결국 AI는 인간에게 더 높은 차원의 과제를 던지는 촉매제다. 그렇다고 스스로 일을 완결하는 창조자도 아니다. 창조의 마침표는 인간이 찍는다.

그렇다. AI는 거울이다. 더 나은 인간이 되라고 요구하는, 성가시지만 강력한 거울이다. 그 거울 앞에서 우리는 선택해야 한다. 과거의 틀 안에 머물 것인가, 아니면 새로운 문법을 만들 것인가. 시대의 변화 앞에서 자신의 역할을 재정의하지 못한 낡은 방식의 '나'는 사라질 수밖에 없다. 그 빈자리를 채우는 건 더 창의적이고, 더 주체적이며, 더 완전한 '새로운 나'다.

AI는 훌륭한 하인이지만, 최악의 주인이다

AI가 기획안을 작성한다. 보고서를 정리한다. 의사결정을 돕는다. 그렇다면 인간의 역할은? AI가 만들어낸 결과물을 검토하고 승인하는 것이 전부일까? 기계의 판단을 단순히 확인하는 인간, 이대로 괜찮은 걸까?

역사적으로 기계는 인간의 '육체노동'을 대체해왔다. 이제 AI는 인간의 '지적 능력'까지 대체하려 한다. 문제는 AI의 출력을 맹목적으로 받아들이는 태도다. AI의 분석과 예측을 그저 따르기만 한다면? 우리는 더 이상 AI의 주인이 아니다. 맞다, 노예다.

우화 한 토막. 옛날 어느 나라에 부유한 주인과 성실한 노예가 있었다. 주인은 노예에게 모든 일을 시켰다. 밭을 갈게 했다. 집을 짓게 했다. 심지어 살림까지 맡겼다. 노예는 점점 능숙해졌다. 주인은 점점 손을 놓았다. 어느 날, 돈이 필요한 주인이 금고를 열려 했다. 하지만 비밀번호가 생각나지 않았다. 밭을 갈고 집을 손보려 했지만, 할 수 있는 게 없었다. 살림을 챙기려 했지만, 어디서부터 시작해야 할지 몰랐다. 모든 것을 노예에게 맡긴 결과였다. 결국 주인은 노예를 '받들게' 되었고, 노예는 주인을 '거느리게' 되었다.

AI도 다를 것 하나 없다. AI(노예)는 요약하고, 종합하고, 추론하고, 분석하고, 평가한다. 인간(주인)은 AI의 결과 값을 그저 받아들인다. 표면적으로는 인간이 AI를 통제하는 것처럼 보인다. 하지만 AI 없이는 아무런 판단도, 결정도 못하는 상황이 된다면? 주종 관계 역전! AI는 점점 발전하고, 인간은 점점 무력화된다. 결국 인간은 AI에 종속된 노예가 된다.

특히 AI는 인간의 '읽기 능력'을 위협한다. AI가 책 내용을 요약해주고, 보고서를 압축해주고, 주요 정보를 간추려준다. AI 요약본만 소비하는 사람들은 더 이상 긴 글을 읽지 않는다. 아니, 읽지 못한다. 읽지 못하면 사고할 수 없다. 사고하지 못하면 판단할 수 없다. 결정할 수 없다. 주는 먹이만 받아먹다 사냥법을 잊어버린, 이빨 빠진 호랑이 신세다.

AI를 리드하는 사람들은 다르다. AI의 결과를 비판적으로 검토한다. AI가 놓친 맥락과 가치를 보완한다. AI를 창의적 문제 해결의 도구로 활용한다. 핵심은 맥락을 이해하고, 가치를 판단하며, 창의적으로 재해석하는 능력이다. AI의 해

법이 현실 문제와 얼마나 연결되는가(맥락 검증), AI의 결론
이 인간의 존엄성과 사회적 정의에 부합하는가(가치 평가), AI
가 놓친 문화적·감성적 요소를 어떻게 보완할 것인가(창의적
변주). 이 세 가지 필터를 적용해 AI가 제공하는 정보를 정제
해야 한다. 인간만의 사고력과 통찰력을 더해야 한다.

결론은 단순하다. AI를 단지 소비하는 '수동적 노예'가
되어서는 안 된다는 것. AI의 한계를 보완하고 창의적 요소를
더하는 '주체적 주인'이 되어야 한다는 것. 그렇다면 궁금하
다. AI에게 끌려가지 않는 방법 말이다.

첫째, AI의 판단을 맹신하면 안 된다. AI가 내놓은 결과
물은 통계적 예측이다. 데이터의 편향성과 알고리즘의 한계
를 내포할 수밖에 없다. AI가 제공하는 정보를 그대로 수용해
선 안 되는 이유다. 반드시 맥락과 근거를 확인하고 체크해야
한다.

둘째, 인간 고유의 사고 능력을 강화해야 한다. AI는 기
존 데이터를 학습해 패턴을 도출할 뿐, 새로운 개념을 창출하
거나 직관적 판단을 내리지 못한다. 독창적 지혜, 감성적 판
단, 윤리적 숙고 같은 인간만의 강점을 더욱 발전시켜야 한
다. 창의적 질문과 비판적 사고가 관건이다.

셋째, AI를 보조 수단으로 활용하되, 의사결정의 중심은
인간이 되어야 한다. AI는 효율성과 생산성을 높이는 도구일
뿐, 최종 선택의 주체가 될 수 없다. AI의 분석을 참고하되,

인간의 경험과 통찰을 결합해 최적의 결정을 내려야 한다.

AI는 인간 능력의 확장 도구다. 하지만 AI에 과도하게 의존하면 우리의 사고력과 창의성은 외려 퇴화된다. AI가 모든 걸 해결해줄 것이라는 환상에서 벗어나야 한다. AI가 주인이 된 세상에서 인간이 설 자리는 없다. 끊임없이 질문하고, 비판하고, 재해석하라. 기계가 인간을 지배할 것인가, 아니면 인간이 기계를 활용할 것인가? 끌려갈 것인가, 아니면 리드할 것인가?

어제의 나를 넘어 성장하는 '성찰적 질문'

열심히 일했지만 작년과 똑같은 실수를 반복했다. 야심 차게 세운 계획은 또다시 작심삼일로 끝났다. 우리는 왜 이토록 나 자신을 바꾸는 데 서툰 것일까? AI는 세상의 모든 지식을 알려줄 수 있지만, '나'라는 미지의 대륙에 대해서는 아무것도 알려주지 못한다. 역설적으로, 외부 세계에 대한 정보를 가장 쉽게 얻을 수 있는 시대가 되어서야, 우리는 가장 중요한 탐험이 자기 내면을 향해야 함을 깨닫는다.

성장을 외부 지식의 단순 축적, 즉 '더하기'로 여긴다면 명백한 착각이다. 진정한 성장은 낡은 생각을 도려내고, 어제의 나를 끊임없이 허물고 더 나은 나로 갱신해가는 '빼기'와 '바꾸기'에 있다. '질문인간'은 세상뿐만 아니라 자기 자신에게도 가장 날카로운 질문을 던지는 사람이다. 이것이 성찰적 질문의 핵심, '나만의 사용 설명서 만들기(Creating My Own Manual)'다. 성공과 실패의 경험이라는 소중한 데이터를 통해 자신만의 성장 패턴과 숨겨진 잠재력을 파악하고, 스스로의 방식을 끊임없이 다듬고 최적화해나가는 성장의 여정이다.

나만의 사용 설명서를 만들기 위해 필요한 세 가지 생각법이 있다.

첫 번째, '경험을 데이터로 바꾸기'다. 우리의 하루하루는 그 냥 흘려보내면 흔적도 없이 사라진다. 질문을 통해 톺아보면 성 장을 위한 데이터가 된다. 성공과 실패의 경험 앞에서 원인을 찾 는 것은 중요하다. 하지만 더 중요한 게 있다. 교훈을 찾아내는 것이다. "이번 성공(혹은 실패)에서 내가 앞으로도 계속 써먹을 수 있는 교훈은 무엇인가?" "오늘 내가 했던 가장 어리석은 결 정은 무엇인가? 그 결정의 순간에 나는 어떤 감정 상태였는가?" 이 질문들은 경험을 미래를 위한 자산으로 바꾼다.

두 번째, '버그 목록 작성하기'다. 우리 모두에게는 특정 상황 에서 반복적으로 나타나는 고장 난 사고방식, 즉 '감정적 버그' 가 있다. 누군가는 비판 앞에서 지나치게 방어적으로 바뀐다. 누 군가는 불확실한 상황에서 성급한 결정을 내린다. "최근 나의 판 단을 흐리게 만든 나만의 고정관념이나 감정적 버릇은 무엇이었 는가?" "내가 유독 자주 저지르는 실수의 공통적인 전조 증상은 무엇인가?" 자신의 버그를 아는 것만으로도, 우리는 똑같은 실 수를 반복할 확률을 극적으로 줄일 수 있다.

세 번째, '업데이트 계획 세우기'다. 더 나은 버전의 내가 되기 위해 아주 작고 구체적인 행동 하나를 바꾸어보는 것이다. "더 나은 내가 되기 위해, 지금 당장 버리거나 새로 시작해야 할 가 장 작은 습관은 무엇인가?" "다음번에 비슷한 상황이 온다면, 이 실패를 성공으로 바꾸기 위해 내가 다르게 행동해야 할 것은 무엇인가?" 이 질문은 성장을 거창한 목표가 아닌, 오늘의 작은 실천으로 만든다.

AI가 나보다 더 많은 것을 아는 시대에, 인간의 마지막 존엄성 은 '스스로 어떤 존재가 되어가는가'에 대한 끊임없는 질문에 달려 있다. 자기 자신에게 던지는 질문만큼 정직하고 강력한 성장의 동력은 없다.

성찰적 질문 도구: 나만의 사용 설명서

1. 나의 경험 데이터 분석하기 (경험을 데이터로 바꾸기)

   "이번 성공(또는 실패)에서 내가 배울 수 있는 교훈은 무엇인가?"

   "오늘 하루 동안 나의 에너지를 가장 많이 끌어올렸던 순간과 가장 많이 갉아먹었던 순간은 언제인가?"

2. 나의 버그 목록 점검하기 (버그 목록 작성하기)

   "최근 나의 판단을 흐리게 만든 나만의 고정관념이나 감정적 버릇은 무엇이었는가?"

   "내가 방어적으로 변하거나 회피하고 싶어질 때는 주로 어떤 상황인가?"

3. 나의 다음 버전 계획하기 (업데이트 계획 세우기)

   "더 나은 버전의 내가 되기 위해 지금 당장 배우거나 버려야 할 것은 무엇인가?"

   "내일, 어제의 나보다 단 1퍼센트라도 성장하기 위해 내가 할 수 있는 가장 작은 행동은 무엇인가?"

질문의 설계

다음 미래의
밑그림을 그리다

일의 정의가 무너지고 지능이 곧 계급이 되는

대전환의 시대,

다음 세대에게 전하는 미래는 어떤 모습입니까?

AI가 답을 하는 세상에서,

인간은 무엇을 질문해야 할까요?

AI가 묻는다:
당신의 세계관, Old or New?

AI는 우리를 질문으로 이끈다. 그 질문은 우리가 세상을 살아가는 '문법'과 '운영체제(OS)'를 정면으로 겨눈다. AI는 이미 새로운 OS 위에서 완벽하게 구동된다. 그리고 기존 OS의 비효율과 모순을 남김없이 드러낸다.

농업혁명과 산업혁명은 인류의 관점을 송두리째 바꿔놓았다. 이제 AI 혁명이다. 그동안 우리가 붙잡고 있던, 가치의 저장과 생산, 소비와 창조의 방식이 이 거대한 전환 앞에서 벌거벗겨지고 있다. '중앙집권적 가치 독점 체제'는 끝났다. 바야흐로 '분산적 창작(Distributed Creation)'의 시대. 그에 맞춤하는 새로운 문법을 써야 한다.

AI가 빚어낸 OS 충돌은 네 개의 전선에서 동시다발적으로 벌어진다. 자산, 과정, 관계, 그리고 능력. AI의 모든 질문은 결국 이 거대한 OS 전환의 다른 얼굴일 뿐이다.

첫째, '자산'의 재정의. 과거의 OS에서 자산은 명확했다. 공장, 토지, 설비, 특허. 소유하고 통제할 수 있는 것들이었다. 기업의 목표? 더 많은 것을 소유하고 견고한 성을 쌓는 것이었다. 새로운 OS의 자산은 고정되어 있지 않다. 흐른다. 그래서 붙잡아둘 수 없다. 소유할 수 없다. 끊임없이 생성되고 변화하는 데이터 스트림, 고객의 실시간 피드백, 플랫폼 위에서 꿈틀대는 사용자의 참여, 그리고 느슨하지만 강력하게 연결된 공동체(팬덤). 이것이 AI 시대의 새로운 자산이다. 핵심은 그 흐름에 올라타 상호작용하고, 그 과정에서 패턴을 읽어내 가치를 창출하는 능력에 있다.

네이버 웹툰의 자산은 무엇일까? '독자의 시선이 머무는 시간, 스크롤의 속도, 댓글의 감성 데이터, 캐릭터에 대한 팬덤의 상호작용, 이 살아 있는 유기체와 같은 데이터가 자산이다. AI는 이 흐르는 자산을 연료로 삼는다. 접속을 통해 증폭되는 상호작용이 가치의 원천이다. 자산의 가치 저장소가 고정된 소유물에서 유동적인 접속권으로 바뀐 것이다. 소유는 끝났다. 우리 조직은 무엇을 자산이라 정의하는가?

두 번째는 우리가 일하는 방식, 즉 '과정'의 붕괴다. 과거 OS에서 과정은 선형적이었다. 정해진 기획, 정해진 순서에 따른 실행, 그리고 결과물에 대한 평가. 이 과정에서 오차를 줄이는 것이 핵심이었다. 계획에서 벗어나는 것은 실패였다.

새로운 OS의 프로세스는 비선형적 실험이다. 아이디어는 즉시 최소기능제품(Minimum Viable Product, MVP)이 된다. 시장의 피드백으로 실시간 수정된다. 핵심은 실패로부터의 학습 속도다. 완벽한 계획은 존재하지 않음을 인정하는 것이다. 수많은 실험과 실패를 통해 최적의 경로를 찾아 나서는 것이다.

한 드라마 작가의 일하는 방식을 상상해보자. 과거엔 혼자 몇 주간 골방에 틀어박혀 시놉시스를 완성했다. 지금은 AI에 핵심 아이디어를 던져주고 몇 분 만에 10개의 플롯을 얻는다. 곧바로 10개 플롯의 핵심 장면을 시각화하고, 그 이미지들을 소규모 커뮤니티에 공유해 가장 반응 좋은 플롯을 선택한다. '기획-실행-평가'로 나뉘어 있던 과정이 '대화형 동시 창작'으로 변했다는 게 포인트다. 일의 단위가 '완성된 결과물'에서 '검증된 가설'로 바뀐 것이다. 맞다, 계획은 죽었다.

AI 시대의 경쟁력은 계획의 완벽함이 아니라, 실험과 학습의 속도에서 나온다. 프로세스, 즉 가치 생산 방식의 진화다. 우리는 여전히 완벽한 보고서를 쓰기 위해 밤을 새우고 있는가, 아니면 수십 개의 아이디어 프로토타입을 만들어 시장에 묻고 있는가?

셋째, '관계'의 전환이다. 옛날에는 기업과 고객의 관계가 명료했다. 기업은 만들고, 고객은 샀다. 관계는 거래가 끝나는 순간 종료되었다. 하지만, '단순 구매자'나 '소비자'라는, 고객에 대한 낡은 정의는 폐기되었다. 새로운 OS의 고객

은 경험의 적극적인 '참여자'이자 데이터 제공자다. 때로는
창작 과정에 직접 개입하는 '공동 창조자'다.

원소주 열풍의 본질은 희소성 마케팅에 있지 않다. 그들
은 술을 판 것이 아니다. '원소주를 사기 위해 줄을 서는 경
험' 자체를 상품으로 만들었다. 고객이 그 경험을 SNS에 공유
하며 스스로 서사를 만들어가는 '판'을 설계했다. 기업의 역
할은 이제 제품을 파는 것에서 '고객이 뛰어놀 수 있는 무대
를 제공하는 것'으로 바뀐다.

AI는 이 무대의 핵심 운영 시스템이다. 팬덤 커뮤니티의
대화를 실시간으로 분석해 그들의 숨은 욕망을 파악하고, 개
인의 참여 수준과 취향에 맞춰 각기 다른 경험(콘텐츠, 이벤
트, 굿즈)을 제공한다. 과거의 기업이 고객 데이터를 CRM 시
스템에 저장하고 관리하는 데 그쳤다면, 지금의 기업은 AI를
이용해 고객과의 상호작용 데이터를 실시간으로 분석하며 제
품과 서비스를 진화시킨다. 구매자에서 참여자로. 가치 소비
방식, 즉 고객 관계의 전환이다. 우리에게 고객은 공략의 대
상인가, 함께 스토리를 만들어갈 파트너인가?

AI의 마지막 질문은 개인의 '능력'이라는 가장 내밀한 영
역을 파고든다. 지금껏 능력이란, 특정 분야에 대해 축적된
지식의 양이었다. 정답을 아는 전문가가 존중받았다. 그런데
새로운 OS에서의 지식? AI를 통해 누구나 접근할 수 있는 상
수가 되었다. 기존 능력 개념의 해체. 이제 능력은 '어떤 질문

을 할 수 있는가'로 재정의된다. AI라는 도구에 어떤 맥락을 이해시키고, 어떤 목표를 설정하며, 어떤 창의적인 질문을 던질 수 있는지가 개인과 조직의 가치를 결정한다.

예컨대 70대 일러스트레이터가 AI를 새로 배워 작품 활동을 하는 건 능력 패러다임 전환의 대표적인 증거다. 그는 새로운 '도구'를 익히는 데 그치지 않고 자신의 미학적 비전과 철학을 바탕으로 AI에게 질문하고 지시하는 '크리에이티브 디렉터'로 거듭난 것이다.

AI 시대의 진정한 문맹은 글을 읽지 못하는 사람이 아니라, 질문하는 법을 잊어버린 사람이다. 정답에서 질문으로. 가치 창조 능력, 즉 역량의 재정의다. 지식 독점의 시대는 끝났다. 질문 설계의 시대다. 우리는 여전히 정답을 외우는 데 시간을 쏟고 있는가, 아니면 세상에 없는 답을 이끌어낼 질문을 만들고 있는가?

선택은 이미 시작되었다. 적응 혹은 도입 수준의 선택이 아니다. 낡은 OS로 세상을 산다고? 단순히 뒤처지는 걸로 끝나지 않는다. 시장은, 시대는, 그리고 세상은 가차 없이 새로운 문법의 손을 들어줄 것이다. 두려워할 필요가 없다. 오히려 축복이다. 낡고 비효율적인, 우리를 얽매던 과거의 관성에서 벗어날 기회라서다. 인간 본연의 가치인 '호기심'과 '상상력'이 중심이 되는 새로운 시대다. AI가 묻는다. 당신의 세계관, Old or New?

붓다에게 배우는 AI 시대의 출가법:
이곳에서 저곳으로

일은 빨라졌다. 그런데 나는 왜 그대로일까? 기술은 진화하는데, 삶은 여전히 낡은 방식에 묶여 있다. 혁신은 자동화가 아니다. 새로운 출가다. 낡은 질문을 떠나 다른 질문으로 건너가는 일이다. 감각을 되찾고, 고삐를 다시 쥐고, 기존 질문을 전복하는 일이다. 붓다처럼 '이곳'을 떠나 '저곳'으로 건너가야 진짜 변화가 시작된다. 지금 우리에게 필요한 건 AI 시대의 출가법이다.

AI가 온세상을 뒤덮었다. 모두가 '혁신'을 말한다. 그런데 이상하다. 기술은 폭주하듯 진화하는데, 정작 그것을 쓰는 나는 어제와 똑같다. 수십 장의 보고서를 금세 요약하고, 이미지 제작 비용을 줄이고, 번역을 자동화한다. 이게 혁신인가? 아니다. 이는 익숙한 일의 방식을 그대로 두고, 기술로 그 부담을 줄이는 '현상 유지'일 뿐이다. 방향을 바꾸는 게 아니라, 같은 방향으로 더 빨리 가는 것. 최신 마차에 올라탔지만, 여전히 낡은 지도를 따라 달리는 꼴이다. 기술은 나아가지만 나는 제자리에 멈춰 있다. 이 간극, 이 정체야말로 AI 시대의 진짜 위기다. 우리는 더 세련된 방식으로 낡아가고 있을 뿐이다.

문제의 뿌리는? 익숙함이다. 익숙함은 생각을 멈추게 하고 고통을 감춘다. 붓다는 왜 왕궁을 떠났는가? 고통이 없어서가 아니다. 고통이 '느껴지지 않아서'였다. 그는 안락함 속에서 감각을 잃은 자신을 자각했다. 그것이 진짜 고통임을 직시했다. 우리 현실도 다르지 않다. 관성적 회의와 보고, 똑같은 루틴 속에 갇혀버린 업무. 모두가 알고 있지만 아무도 바꾸지 않는다. 왜냐고? "다들 그렇게 살아." 바로 이 한마디가 혁신의 싹을 잘라버리는 무서운 마취제다.

혁신은 감각을 되찾는 일이다. 새로운 앱을 설치했다고 혁신이 일어나는 건 아니다. "뭔가 이상하다"고 느끼는 아주 작은 통증. 거기서 혁신이 시작된다. 감각을 되찾았다면, 이제 통찰의 칼날로 구조를 해부해야 한다. 붓다가 고통(苦)을 직시하고, 그 원인(集)을 파헤쳐, 고통이 사라지는 상태(滅)와 그곳에 이르는 구체적인 길(道)을 밝혔듯이. 혁신도 마찬가지다. 지금 우리가 겪는 고통은 무엇이며, 그 고통을 당연시하게 만드는 구조는 무엇인가? 기술이 만병통치약일 수 없다. 사유의 해부가 먼저다.

감각을 되찾았다고? 그렇다면, 다음은 고삐다. 삶의 방향키를 단단히 쥐고 있는가? 아니면 끌려가고 있는가? 대부분은 후자다. 습관이, 시스템이, 과거의 성공 공식이 고삐를 쥐고 있다. 그런데도 사람들은 말한다. "나는 주도적으로 살고 있다." 착각이다. 고삐를 쥐기는커녕 멍에를 목에 걸고 있으면서, 그것을 모른다. 진짜 고삐는 질문에서 온다. 낡은 질문을 던지면, 낡은 답만 얻는다. AI는 질문의 메아리다. 구조를 바꾸지 않으면, 돌아오는 건 내 사고의 에코일 뿐이다. 질문을 바꿔야 하는 이유다.

'이 회의를 어떻게 요약할까?'가 아니라 "회의 자체가 필요 없는 구조는 없을까?", '내 업무를 어떻게 자동화할까?'가 아니라 "자동화 이후 남는 나의 고유 가치는 무엇인가?", '경쟁사를 더 빨리 분석하려면 어떻게 해야 할까?'가 아니라 "경쟁사라는 존재 자체를 무력화할 새로운 판은 무엇인가?", 이것이 혁신가의 질문이다. 단순히 문제를 푸는 '해결사'를 넘어, 문제의 판을 송두리째 바꾸는 '재설계자'. AI는 그 질문의 답을 찾아 함께 길을 트고 방향을 여는 파트너일 뿐. AI 자체가 정답일 수 없다.

혁신이란? 차안(此岸), 즉 지금 이곳에 안주하지 않겠다는 몸부림이다. 관성, 관습, 과거의 성공이라는 안온한 세계를 떠나, 낯설고 불확실하며 자기 한계를 넘어선 가능성의 바다, 피안(彼岸)으로 건너가려는 투쟁이다. 붓다의 출가는 그

바다를 향한 첫걸음이었다. 내 안의 오래된 나를 불태우고, 가능성의 잿더미 속에서 다시 일어서는 일. AI 시대의 출가도 마찬가지다. 낡은 나를 부수고 새로운 나로 건너가는 것. 거기서 진짜 변화가 움튼다.

지금 내가 쥔 고삐의 주인은 과연 나인가? 나는 세상을 부리고 있는가, 아니면 세상에 부림을 당하고 있는가? 고삐라고 믿고 있는 그것이, 혹여 나를 가두는 멍에는 아닌가?

나의 진짜 혁신은 오늘, 이 질문에서 시작된다. 차안을 떠나라. 피안을 향하라. 해답을 찾으려 애쓰지 마라. 질문을 갈아엎어라. 익숙한 나를 버린 그 자리에서, 내가 몰랐던 나의 가능성이 다시 눈을 뜬다.

‘AI 교실’ 속 우리 아이를 지키는
5가지 원칙

아침 7시, 부엌 식탁 위 노트북에서 낯선 목소리가 흘러나온다. 아들은 AI 튜터와 영어로 대화를 나눈다. 질문을 던지면, AI는 교과서보다 빠르게 해설과 예제를 쏟아낸다. 맞은편 방에선 딸이 AI로 음악을 작곡한다. 코드나 악보를 배운 적없다. 사교육도, 명문대 입시도, 이 집에는 없다. 부모는 다른 것을 고민한다. “어떤 사람으로 키울 것인가.” 대학 입학보다 중요한 건 AI 시대에 살아남을 ‘인간다움의 설계’다.

이미 세계 곳곳에서 교육 방식이 달라지고 있다. 그 변화를 가장 먼저 체감하는 이들이 있다. AI를 만들고, 시장에 내놓고, 그 한계를 매일 시험하는 빅테크 리더들이다. 교육학자는 아니지만, 기술의 방향과 속도를 결정하는 위치에 있다는 점에서 ‘다음 세대가 어떤 환경에서 배울지’를 누구보다 현실적으로 예측할 수 있다. 그래서 그들의 발언은 앞으로 교육이나 육아 철학이 어떻게 재편될지를 보여주는 신호다.

대표적인 LLM 중 하나인 '클로드'로 주목받는 AI 스타트업 앤트로픽의 공동창업자인 벤저민 맨은 세 살 딸을 몬테소리 학교에 보낸다. 그는 GPT-3 설계 경험을 지닌 엔지니어 출신이다. 몬테소리 교육은 20세기 초 마리아 몬테소리가 고안한 방식으로, 아이 스스로 배우고 선택하는 자율성을 중시한다. 이제 지식은 배경에 머문다. 중요한 건 스스로 탐험하고 해석하는 힘이다. AI가 사실을 빠르게 제공하는 세상에서 질문을 던지는 능력이 경쟁력을 만든다. '정답 습득'에서 '질문 설계'로 교육의 초점을 옮겨야 하는 건 그래서다.

샘 올트먼. 오픈AI CEO인 그는, 자신의 아이가 대학에 가지 않을 수도 있다고 말한다. AI가 인간보다 똑똑해지는 시대가 오면, 지식 전달 중심의 대학 시스템은 설 자리를 잃는다. 그는 "아이들이 AI보다 똑똑해질 수는 없다. 그러나 AI를 활용하면 부모 세대보다 훨씬 유능하게 자랄 수 있다"고 강조했다. '더 많이 아는 사람'보다 '도구를 더 잘 쓰는 사람'이 미래 경쟁력을 가진다는 선언이다. 벤저민 맨이 '탐구의 출발점'을 말했다면, 올트먼은 '학습 종착지'의 변화를 제시한 셈이다.

듀오링고의 루이스 폰 안 CEO는 교육 현장의 변화를 강조한다. 듀오링고는 전 세계 7억 명 이상이 사용하는 언어 학습 플랫폼이다. 게임 요소와 AI 튜터를 결합해 학습 효율을 높인다. 그는 AI가 학생 한 명 한 명에게 맞춤형 학습을 제공하면, 교사는 지식 전달자가 아닌 멘토로 변한다고 말한다. 학교는 시험 성적보다 사회적 관계와 협업을 훈련하는 곳이 된다. 교육의 본질이 '정보 이전'에서 '인간 형성'으로 돌아간다는 해석이다.

마크 저커버그. 메타 CEO인 그는 자녀 교육에서 비판적 사고와 가치관을 최우선에 둔다. 메타의 채용 철학과 같은 기준을 가정에서도 적용한다. 특정 문제를 깊게 파고들어 끝까지 해결하는 능력. AI가 쉽게 대체할 수 없는 영역이다. 정보가 넘치는 환경에서, 무엇을 믿고 어떤 방향으로 나아갈지 판단하는 틀은 곧 생존 전략이 된다. 그는 AI 시대 인재의 차별점이 '문제를 끝까지 물고 늘어지는 힘'에 있다고 본다.

세 아이의 아버지이자 오픈AI의 수석 경제학자인 로니 채터지는 비판적 사고, 적응력, 감성 지능, 그리고 글쓰기 역량을 강조한다. 특히 감성 지능, 즉 타인의 감정을 읽고 관계를 조율하는 능력에 주목한다. AI가 아무리 정교해져도 인간의 미묘한 표정과 맥락을 완벽히 해석하지는 못해서다. 공감은 협업과 신뢰의 토대다. AI가 효율성을 담당한다면, 인간은 신뢰를 만든다. 채터지의 조언은 '기술로 대체할 수 없는 인간 고유 역량'을 어릴 때부터 체득해야 한다는 경고다.

엔비디아 CEO 젠슨 황은 코딩 교육의 필요성을 재정의

한다. 모두가 코딩을 배워야 하는 시대는 끝났다고 단언한다. AI가 자연어를 이해해 코드를 작성하는 시대다. 그는 각 산업의 전문성을 깊이 이해하고, 거기에 AI를 어떻게 적용할지를 판단하는 능력이 더 중요하다고 본다. 여기서 말하는 '문제 정의 역량'은 특정 상황에서 필요한 해결책을 정확히 설계하는 능력이다. AI 시대에 인간의 역할이 '도구 제작자'에서 '문제 설계자'로 바뀌는 흐름을 보여준다.

팀 쿡 애플 CEO는 말한다. "아이들은 디지털 환경에 태어나는(born digital) 세대인 만큼, 부모가 확고한 사용 제한 규칙(hard rails)을 정해줄 필요가 있다." 기술 분야 수장이지만 디지털 과몰입의 위험을 경계한다. 자녀의 화면 노출을 제한하고, 인터넷 사용을 모니터링해야 한다는 얘기다. AI 시대에는 인간간 대면 소통과 현실 세계 경험이 더욱 중요하다고 보는 것이다. '기술을 파는 이'가 오히려 '기술 사용의 절제'를 말하는 역설. 그의 메시지가 더 힘을 받는 이유다.

이들의 발언을 종합하면 다섯 개의 핵심 원칙이 드러난다. 첫째, 호기심과 자기주도 학습. AI는 사실을 제공하는 속도에서 인간을 압도하지만, 무엇을 묻느냐는 인간의 영역이다. 호기심은 탐구의 방향을 만들고, 자기주도 학습은 그 방향을 따라가는 지속력을 만든다. 둘째, 비판적 사고와 가치관. AI의 출력은 편향과 오류가 있다. 이를 거르려면 검증 능력이 필요하다. 가치관은 AI를 도구로 쓰게 하는 윤리적 프레임이다. 셋째, 감성 지능과 공감 능력. AI는 감정을 흉내 낼 수 있지만, 경험을 바탕으로 한 진짜 공감은 불가능하다. 감성 지능은 관계를 유지하고 협업의 시너지를 만든다. 넷째, 전문성과 AI 활용력의 결합. AI는 범용 도구다. 가치는 그것을 어디에, 어떻게 쓰느냐에서 나온다. 특정 분야를 깊이 이해하는 사람이 AI의 잠재력을 극대화한다. 다섯째, 디지털 환경의 경계 설정. 기술 과몰입은 집중력과 현실 적응력을 훼손한다. 스크린 타임 관리가 인지·사회성 발달을 지키는 방패다.

이 원칙들은 서로 맞물려 돌아간다. 호기심은 가치관을 넓히고, 가치관은 공감을 키우며, 공감은 협업을 깊게 만든다. 깊어진 협업은 전문성을 확장하고, 확장된 전문성은 다시 AI 활용력을 높인다. 이 모든 과정은 건강한 디지털 습관 속에서 유지된다.

그러나 이 조언들에도 함정이 있다. 대부분 기술·교육 자원이 풍부한 가정의 경험을 전제로 해서다. 전 세계 다수의 가정은 기초 교육 환경조차 갖추지 못했다. AI 시대 교육 논의가 '가진 사람들만의 대화'가 되지 않으려면 AI 접근성과 격차 문제를 동시에 다뤄야 한다. 'AI를 활용하는 아이'와 'AI에 종속되는 아이'로 세대가 갈릴 수 있어서다.

미래의 교실을 상상해본다. 교사는 없다. 책상마다 화면만 놓여 있다. 질문하는 아이는 없다. 화면 속 AI가 모든 답을 말한다. 아이들은 받아 적을 뿐이다. 호기심은 닫히고, 판단력은 녹슬고, 공감은 사라진다. 지금 우리가 설계하는 교육이 이 비극적 장면을 막을 마지막 기회다. 기술은 수단이다. 인간다움이 목적이다. 방향을 놓친다면, AI가 만든 세상에서 인간은 조용히 주변부로 밀려날 것이다. 남는 것은, 우리가 잃어버린 질문의 자리다.

연필, 인터넷, 그리고 AI:
실력을 묻는 새로운 방식

리포트 한 편이 책상 위에 놓였다. 문장은 매끈하고 논리는 정연하다. 흠잡을 데 없다. 하지만 텅 비어 있다. 생각의 지문, 고뇌의 흔적이 없다. 교수는 묻는다. "이거, 자네가 쓴 건가?" 학생은 답한다. "제가 '만든' 겁니다." 진실과 거짓, 그리고 그보다 더 중요한 '진짜 실력'을 둘러싼 길고 긴 숨바꼭질이 시작되는 순간이다.

AI로 쓴 글을 잡아내려는 현재의 싸움은, 애초에 이길 수 없는 전쟁이다. 더 교묘한 AI가 등장하면 탐지기는 무력해진다. AI는 인간의 문체를 완벽하게 흉내 낼 것이고, 워터마크는 제거될 것이다. 기술로 기술을 막으려는 시도는 과거의 유령을 좇는 그림자밟기일 뿐. 더 큰 비극은, AI를 쓰지 않은 독창적인 학생이 오히려 'AI 같음'을 의심받는 상황이다. 진실보다 '그럴듯함'을 가려내는 데 급급한 평가는, 결국 교육의 본질을 스스로 파괴한다.

물론 현장의 고충은 현실이다. 제한된 시간, 수많은 학생, 평가의 공정성이라는 무거운 족쇄. 이 딜레마 속에서 'AI 금지'는 가장 손쉬운 선택처럼 보인다. 하지만 이는 교육적 상상력이 기술의 속도를 따라가지 못한다는 백기 투항이나 다름없다. "계산기를 쓰면 수학 실력이 떨어진다"는 낡은 주장이 어색해진 것처럼, AI라는 강력한 사고 도구를 외면하는 것은 학생들로부터 미래를 살아갈 무기를 빼앗는 행위다. 학생들은 이미 AI를 쓴다. AI 사용 금지는 그들을 정직한 협업가가 아닌, 교묘한 부정행위자로 만들 뿐이다.

그렇다면 무엇을 해야 하는가. 지금까지와는 완전히 다른 규칙의 게임을 준비해야 한다. AI와의 관계를 '학생의 작은 질문을 위대한 통찰로 발전시키는 지적 스파링'으로 재정의해야 한다. 교육 시스템의 근간을 이루는 '평가 문법' 자체를 새로 설계하는 게 전제다.

첫째, 결과가 아닌 과정을 평가하라. AI 시대의 리포트는 학생의 생각이 어떻게 자라나고, 어떤 장애물을 넘었는지를 보여주는 생생한 '사고의 항해일지'가 되어야 한다. 최종 결과물과 함께, 학생이 AI에게 던졌던 핵심 질문들(Prompts)의 진화 과정, AI가 내놓은 여러 답변들 중 어떤 것을 선택하고 폐기했는지에 대한 기록, 그리고 왜 그런 비판적 수정을 거쳤는지에 대한 '메타 코멘트(Meta Comment)'를 함께 제출하게 하라. AI는 이 데이터를 분석하여, 학생의 질문이 얼마나 깊어졌는지, 얼마나 다양한 대안을 탐색했는지, 그리고 얼마나 비판적으로 정보를 재구성했는지를 정량적인 '사고 과정 점수'로 시각화해줄 수 있다. 평가는 이제 글의 유려함이 아니라, 질문의 깊이, 대안의 탐색, 그리고 수정의 논리를 겨냥한다. 학생은 더 이상 표절의 유혹이 아닌, '생각의 증명'이라는 더 어려운 과제를 부여받는다.

둘째, 정답이 없는 진짜 문제를 출제하라. AI는 이미 존재하는 정보를 종합하고 요약하는 데는 귀신 같은 능력을 발휘한다. 하지만 아직 누구도 답을 모르는 문제, 여러 이해관계가 충돌하는 지역 사회의 실제 현안, 기업이 당면한 복잡한 딜레마 같은 문제 앞에서는 길을 잃는다. '우리 동네의 주차 문제를 해결하기 위해, AI를 활용하여 최소 3개의 상충되는 이해관계자(상인, 주민, 운전자) 그룹을 인터뷰하고, 그들의 입장을 반영한 정책 대안을 보고서로 제출하시오.' 이런 과제 앞에서, AI는 정답을 뱉어내는 자판기가 아닌, 복잡한 정보를 탐색하고 정리하는 가장 강력한 '공동 연구원'이 된다. 평가는 AI와 협력하여 복잡한 문제를 해결해나가는 과정 그 자체를 향해야 한다.

셋째, 구술시험과 토론을 평가의 중심으로 부활시켜라. 텍스트의 진위가 불분명한 시대에, 가장 확실하고 고전적인 평가 방식은 얼굴을 마주하고 대화하는 것이다. 학생이 제출한 '사고의 항해일지'를 기반으로, "AI가 제안한 B안 대신 A안을 선택한 결정적인 이유가 무엇인가?", "이 프로젝트에서 AI의 가장 치명적인 한계는 무엇이었다고 생각하는가?"와 같은 질문을 던져라. 단 5분의 깊이 있는 대화는, 수십 페이지의 글보다 훨씬 더 투명하게 학생의 진짜 실력을 드러낸다. AI가 대신 대답해줄 수 없는 고독한 사유와 성찰의 순간을 평가의 장으로 끌어와야 한다.

물론 이 모든 것은 더 많은 시간과 노력을 요구한다. 하지만 신기루처럼 사라지는 비용이 아니다. 교육의 본질을 지키기 위한 투자다. 생각 없는 반복은 AI가 더 잘한다. '누가 더 잘 외우는가'를 묻던 시대는 끝났다. 이제 다시 물어야 한다. '누가 더 깊이 질문하고, 대담하게 상상하며, 책임감 있게 성찰하는가.' 평가가 달라져야 하는 건 그래서다. 학생뿐 아니라, 교육자도, 시스템도 변화해야 한다. 지금 필요한 건 AI 금지 조항이 아니다. 새로운 평가 문법이다. 새로운 평가 언어다.

숨바꼭질은 끝났다. AI는 정답을 흉내 낼 수는 있어도 고유한 질문을 던지지는 못한다. 기계의 유창함 속에서 인간 고유의 창의와 통찰을 발견하고, 완벽해 보이는 결과물 뒤에 숨겨진 치열한 사유의 지문을 읽어내는 것. 그게 바로 AI 시대의 진짜 교육이다.

AI 시대 교육,
대학은 무엇을 내세울 것인가

뉴욕의 한 카페. 팔란티어의 채용 담당자가 커피를 마시며 말했다. "우린 더 이상 대학 졸업장이 필요 없습니다." 팔란티어는 글로벌 데이터 분석 소프트웨어 기업. 옆자리에 있던 명문대 교수는 씁쓸하게 웃었다. 몇 해 전만 해도 제자들은 여러 빅테크에서 입사 제안을 동시에 받았다. 지금은 절반 이상이 취업 문턱에서 주저앉는다. 고졸 인재가 고액 연봉을 받고, 대학 졸업생은 인턴 자리조차 못 얻는 역전 현상. 게임의 룰은 이미 바뀌고 있다. 대학은 여전히 지난 세기의 규칙에 매달린다. 대학은 살아남을 수 있을까?

미국 명문대 교수들의 표정이 무겁다. 강의실은 여전히 붐비지만, 졸업 후 진로는 점점 좁아진다. 컴퓨터공학처럼 수요가 많아 보이는 전공조차 안전지대가 아니다. 경기 불황 탓만이 아니다. 산업 변화 속도가 교육 제도 개편 속도를 훨씬 앞질러서다.

빅테크의 채용 전략 변화가 이를 증명한다. 팔란티어는 학위 요건을 없앴다. 고졸 인재를 직접 육성하는 '메리토크라시 펠로십(Meritocracy Fellowship)'을 시작했다. 채용 즉시 뉴욕 본사에서 실무 프로젝트를 수행하게 하고, 월급을 지급하며, 성과에 따라 정규직 전환을 보장한다. '산업이 대학을 패싱하는' 것이다.

미국의 공교육 시스템도 재편되고 있다. 이미 12개 주가 고교 졸업 요건에 컴퓨터 과학 과목을 포함했다. 일부는 AI 윤리와 데이터 리터러시 교육까지 도입했다. 트럼프 행정부 시절부터 K-12 단계(유치원부터 고등학교 졸업까지의 전 교육 과정)에서 AI의 원리와 사회적 함의를 가르치는 정책이 추진됐다. 기술 사용법만이 아니다. 기술의 의미와 위험, 사회적 책임까지 교육 범위를 확장하는 것이다.

산업과 공교육은 빠르게 변하고 있다. 그럼에도 대학은 여전히 과거의 구조에 머물러 있다. 전공별 분절된 커리큘럼, 평가를 위한 시험 등. '성장 사다리'로서의 대학은 죽었다. 지금의 대학은 취업 스펙만 들입다 찍어내는 '입시 사관학교'다. 한국 상황은 더 심각하다. 의대와 해외 유학만이 상위권 인재들의 유일한 선택지다. 융합형 인재 양성은 선언에 그친다.

AI 시대는 전혀 다른 학습 구조를 요구한다. 특정 전공 지식을 얼마나 많이 알고 있는가는 중요하지 않다. 핵심은 문제를 정의하고, 해결책을 설계하고, 실행을 통해 피드백을 반영하는 능력이다. 이러한 능력은 한 학과의 커리큘럼 안에서 완성되지 않는다. 기술·정책·윤리·문화·경제를 연결하는 융복합적 시각이 필수다.

여기서 대학 혁신의 첫 번째 축이 나온다. '전공 중심'에서 '문제 중심'으로의 전환이다. 지금까지 대학은 학문 분류에 따라 전공을 나누고 학생을 배치했다. 그러나 복잡한 사회 문제는 전공의 경계에서 발생한다. 기후 위기, 도시 재생, AI 윤리, 글로벌 보건 문제 같은 주제는 공학·사회과학·의학·법학·인문학이 동시에 맞물려야 해결 가능하다. 대학은 이런 문제를 기반으로 모듈형 교육 과정을 설계해야 한다.

두 번째 축은 '지식 축적'에서 '지식 적용과 창출'로의 이동이다. AI는 방대한 정보를 빠르게 찾아내고 가공할 수 있다. 그렇다면 인간의 경쟁력은? 정보를 필터링하고, 새로운 맥락을 만들고, 예상치 못한 해석을 제시하는 능력이다. 대학은 학생들이 실제 문제를 다루고, 시행착오를 겪고, 새로운 해법을 제시하는 경험을 쌓게 해야 한다. 강의보다 프로젝트, 논문보다 실행 결과물이 중심이 되는 학습 방식이다.

세 번째 축은 평가 방식의 전환이다. 지금의 성적표는 지식 습득량을 수치로 표현하는 데 치중한다. 그러나 AI 시대에는 '무엇을 알고 있는가'보다 '무엇을 해낼 수 있는가'가 중요하다. 졸업장은 '포트폴리오'로 대체돼야 한다. 이 포트폴리오는 학생이 대학 생활 동안 수행한 문제 해결 프로젝트, 창의적 산출물, 사회적 영향력을 종합적으로 보여줘야 한다.

네 번째 축은 교수진 역할의 변화다. 전통적 교수 모델은 '지식을 전달하는 사람'이었다. 이제 교수는 '문제를 설계하고 학습 환경을 만드는 안내자'가 되어야 한다. 산업과 사회 현장을 연결하고, 다양한 학문을 엮어 학생이 스스로 경로를 설계하도록 돕는 조력자 역할을 맡아야 한다. 교수진의 경력 구조, 평가 기준, 연구와 교육의 비중까지 재설계가 필요하다.

다섯 번째 축은 산업과의 전략적 파트너십이다. 대학이 기업과 협력하는 건 필수다. 하지만 단순히 기업 요구를 충족시키는 하청 구조로 전락해선 안 된다. 이상적인 모델은 '교육 목표와 산업 과제가 서로의 성장을 촉진하는 구조'다. 이를 위해선 공동 연구, 장기 인턴십, 사회문제 해결형 프로젝트를 중심에 두되, 기업이 단기 인력 공급만을 목적으로 개입하지 못하도록 제도적 장치를 마련해야 한다.

대학이 스스로 혁신하지 않으면 산업은 자체 인재 육성 프로그램에 더 많은 자원을 투입할 것이다. 그 순간 대학은 국가 경쟁력의 핵심 인프라에서 주변부로 밀려난다. AI 시대의 고등교육은 '질문을 만들고 해답을 검증하는 실험장'이어야 한다.

　　대학의 본질은 지식을 넘어선다. 사유의 힘, 낯선 것을 붙잡는 용기, 세계를 다시 묻는 태도. 이런 본질이 살아야 대학이 의미를 가진다. 남은 시간이 많지 않다. 지금이 전환점이다.

CEO로 진화하는 AI,
일의 미래와 인간의 역할은?

"AI가 CEO가 된다면?" 언뜻 과장처럼 들린다. 하지만, 이 문장은 이제 미래 예언을 넘어선, 명백한 현실 관측이다. 불과 몇 년 전까지만 해도 텍스트 입력에 응답하던 단순한 챗봇이 이제는 회의록을 정리하고, 이메일을 보내고, 고객과의 대화를 분석하며, 의사결정을 보조하는 수준에 이르렀다. 무척이나 빠른 속도로.

문제는 이 AI가 더 이상 보조에 머무르지 않는다는 점이다. 최근 등장한 AI 에이전트는 스스로 계획을 세우고, 도구를 호출해 업무를 실행한다. 피드백을 반영해 성과를 개선한다. 다시 말해, AI는 '명령을 따르는 존재'에서 '전략을 실행하는 주체'로 진화 중이다. 우리는 지금, AI가 신입사원에서 CEO로 성장하는 과정을 실시간으로 목격하는 중이다.

이 '디지털 종'의 진화를 설명하는 두 개의 지도가 있다. 하나는 오픈AI가 제시하는 조직 내 '역할의 진화' 프레임. 다른 하나는 엔비디아가 설명하는 '기능의 진화' 프레임이다.

오픈AI는 AI의 진화를 다섯 단계로 구분한다. 1단계는 초기 모델 챗봇(Chatbot)이다. 대화는 되지만 맥락 이해는 부족하다. 2단계는 추론자(Reasoner)다. 문제 해결력과 논리적 사고 능력을 갖춘 모델이다. 예컨대, AI가 시장 데이터를 분석하고, 특정 기업의 파산 가능성을 예측한다. 법률, 금융, 전략 등 복잡한 문제를 인간 수준의 사고력으로 풀어낸다. 3단계는 실행자(Agent)다. 명령을 받아 외부 도구를 호출하고, 연속된 작업을 자동으로 수행한다. AI가 최적의 항공권을 검색하고, 자동으로 예약까지 진행하는 식이다. 4단계는 혁신가(Innovator)다. 기존 문제의 정의를 바꾸거나 완전히 새로운 발상을 제시한다. 스타일 변환, 브랜딩 제안, 예술 창작 등에서 가능성을 보여준다. 마지막 5단계는 조직 그 자체(Organization)다. 단일 AI가 다중 역할을 수행하며 조직처럼 작동한다. 기업 운영의 중심이 된다. 하나의 AI가 연구자, 전략가, 분석가 역할을 동시에 감당하는 구조다. 유기적으로 협력하는 '디지털 조직'으로 기능한다. 이 정도면 AI 모듈들의 협업체이자 초개인화된 '디지털 회사'다.

반면, 엔비디아는 기능 중심으로 AI의 진화를 설명한다. 첫 단계는 '인식 AI(Perception AI)'. 컴퓨터 비전, 음성 인

식, 센서 데이터 분석 등을 통해 인간의 감각을 대신한다. 자율주행차, 의료 영상 판독 AI가 여기에 속한다. 두 번째는 '생성 AI(Generative AI)'. 학습한 데이터를 바탕으로 텍스트, 이미지, 음악 등을 만든다. 챗GPT, 미드저니(Midjourney), 수노(Suno)가 대표적이다. 세 번째는 '에이전트 AI(Agentic AI)'. 목표를 설정하고 계획을 수립하며 멀티스텝 작업을 수행하는 자율형 AI다. 사람처럼 일하고, 판단하고, 전략을 수정한다. 마지막은 '피지컬 AI(Physical AI)'. 로봇, 드론, 자율 시스템이 여기에 속한다. 아마존의 물류 창고에서 일하는 로봇팔, 스타십 로보틱스의 배달로봇, 보스턴 다이나믹스의 4족 보행 로봇 등이 있다. 이 프레임은 '감각→인지→자율→행동'으로 이어지는 생물학적 진화를 닮아 있다.

오픈AI와 엔비디아의 이 두 프레임이 만나는 교차점이 있다. 바로 '에이전트 AI'다. 스스로 판단하고 실행하며 역할을 확장하는 존재다. AI 진화의 끝은 '결정하는 주체'다. '사

람이 중심'이라는 조직의 오랜 전제가 흔들릴 수밖에.

바로 여기서 불편한 질문이 생겨난다. 주체가 된 AI 앞에서 인간은 무엇을 해야 하는가. AI는 이미 도구 호출, 실행, 추적, 판단, 학습까지 수행하며 인간의 두뇌와 심장 역할을 넘보기 시작했다. 단순한 기능 개선 차원을 넘어선다. 본질은 조직 구조의 근본적 전환이다.

'우리 일을 대신하던 존재'에서 '우리에게 일을 지시하는 존재'로 진화하는 AI. 데이터 처리 속도와 언어의 정확성은 이제 기계의 기본값이다. 인간의 경쟁력은 AI가 닿지 못하는 인간 고유의 통찰력, 맥락 판단, 윤리적 결정이다. 이 지점에서 인간의 세 가지 역할이 드러난다.

첫째, 인간은 '목적 설계자(Purpose Designer)'가 되어야 한다. AI는 '어떻게'를 최적화하지만, '왜'를 묻지 않는다. 목적 없는 최적화는 재앙이다. 인간 리더는 AI라는 강력한 엔진에 철학이라는 방향키를 제공해야 한다. 조직의 존재 이유,

추구하는 가치, 윤리적 원칙 등 AI가 따라야 할 궁극적인 '북극성'을 설계해야 한다. 철학 없는 기술은 폭주할 뿐이다.

둘째, 인간은 '구조 혁신가(System Architect)'가 되어야 한다. 조직은 이제 인간과 AI가 함께 일하는 공간이다. 중요한 것은 '어떻게 협업할 것인가'이다. AI는 연산과 실행에, 인간은 맥락과 윤리에 강하다. 이 역할 분담을 전제로 조직의 운영체계와 협업 규칙을 다시 짜야 한다. 인간이 책임과 권한의 프레임을 만들고, AI가 그 안에서 작동하게 하는 '하이브리드 운영체계'를 설계해야 한다. 그래야만, 조직이 혼란 없이 전진할 수 있다.

셋째, 인간은 '가치 판단자(Value Judger)'가 되어야 한다. AI가 내놓은 수많은 분석과 제안 앞에서, 그것이 과연 옳은지에 대한 최종적인 가치 판단을 하고 윤리적·법적 책임을 지는 최후의 보루 역할을 해야 한다. AI의 확률적 예측을 맹신하는 대신 인간의 통찰과 경험을 바탕으로 내린 최종 결정에 대한 선택의 무게를 온전히 감당하는 것, 그것이 인간 리더십의 마지막 영역이다.

AI는 학습하고, 성장하며, 마침내 조직 그 자체가 되어간다. 신입사원이었던 AI가 우리의 CEO가 되는 세상에서, 인간은 어떤 존재로 다시 태어날 것인가. 한참을 곱씹어야 할 질문이다.

디지털 격차를 넘어 '지능 격차'로: 스스로 선택한 진화와 도태

인류 역사상 가장 잔인한 격차가 눈앞에 닥쳤다. 통장 잔고나 거주지로 계급을 나누던 시대는 끝났다. 이제 우리를 가르는 건 생각하는 능력, 문제를 해결하는 힘, 즉 '지능(Intelligence)' 그 자체의 격차다.

우리는 AI가 인간을 평등하게 만들 것이라 기대했다. 누구나 스마트폰 하나면 셰익스피어의 문장을 쓰고, 아인 슈타인의 물리학을 이해할 수 있는 세상. 정보의 비대칭이 사라진 유토피아를 꿈꿨다. 하지만 막상 뚜껑이 열린 AI의 미래는 정반대의 방향, '지능의 극단적 양극화'를 향해 질주하고 있다.

이 격차의 본질을 이해하기 위해, 가까운 미래인 2035년의 두 가지 삶을 시뮬레이션해보자. 첫 번째 부류는 AI를 자신의 지적 능력을 증폭시키는 '확장형 도구(Augmentation Tool)'

로 활용하는 사람들이다. 이들에게 중요한 건 AI의 성능이 아니다. AI를 다루는 '질문의 깊이'다. 이들은 AI에게 정답을 구걸하지 않는다. 대신 자신의 논리를 검증하고, 관점을 뒤집고, 사각지대를 찾아내는 '사유의 숫돌'로 쓴다. 똑같은 무료 버전을 써도, 이들의 프롬프트는 다르다. AI와의 치열한 문답을 통해 자신의 생각을 더 날카롭게 벼려낸다. 혼자서는 닿을 수 없었던 통찰의 영역까지 나아간다. 이들에게 AI는 인간의 한계를 넘어서게 하는 '지능의 지렛대'다.

두 번째 부류는 AI를 생각의 수고를 덜어주는 '편의형 도구(Convenience Tool)'로 소비하는 사람들이다. 이들의 목적은 오직 '생각의 생략'이다. 복잡한 자료는 요약시키고, 귀찮은 작문은 대필시키며, 어려운 판단은 위임한다. "알아서 해줘"라는 태도로 과정은 건너뛰고 결과 값만 취하려 한다. 당장은 편안하고 효율적이다. 하지만 그 안락함 속에서 스스로 사고하는 힘은 서서히 퇴화한다. 결국 주체적인 판단 능력은 사라지고, 알고리즘이 뱉어내는 정보를 맹목적으로 받아들이는 '생각의 소비자'로 전락한다.

이러한 격차는 단순한 능력 차이를 넘어선다. '생물학적 계급'의 분화에 가깝다. 한쪽은 기술을 타고 '증강된 인간'으로 진화한다. 다른 한쪽은 기술에 의존해 '축소된 인간'으로 퇴보한다. 과거의 불평등이 '자본의 소유'에서 왔다면, 미래의 불평등은 '사고의 방기(放棄)'에서 온다. 이것이 바로 우리가 마주할 진짜 위기, 스스로 불러온 '지능 격차(Intelligence Divide)'다.

이 시나리오가 섬뜩한 이유? 이 격차가 누군가의 강요가 아니라, 우리 스스로의 '자발적 선택'에 의해 만들어져서다. AI 기술은 공평하게 열려 있다. '편리함'이라는 유혹 또한 공평하게 주어진다. 뇌를 쓰지 않아도 살 수 있는 세상에서, 굳이 머리 아픈 질문을 던지는 건 고통스러운 일이다. 그 고통을 피하고 편안함에 안주하는 순간, 우리는 스스로 '지능의 하류 계층'으로 추락한다. 생각하지 않는 자에게 AI가 날개일 리 없다. 뇌를 마비시키는 달콤한 마취제일 뿐.

그렇다면 무엇을 해야 하는가? 국가가 AI 사용권을 나눠주는 식의 물리적 접근으로는 해결되지 않는다. 공짜 계산기를 쥐여줘도, 두드릴 의지가 없는 자에게는 무용지물이다. 지금 필요한 건 '지능의 공공성'을 넘어 '질문의 야성(Wildness)'을 회복하는 것이다.

AI가 내놓은 매끈한 답을 의심하고, 비틀어보고, 다시 되물어야 한다. "왜?"라는 질문을 잃어버린 인간은 알고리즘이 사육하는 가축과 다를 바 없다. 생각하지 않는 대중 위에는 독재적인 알고리즘만이 신처럼 군림할 뿐. 민주주의도, 시장경제도, 자아실현도, 깨어 있는 지성이 뒷받침되지 않으면 모래성처럼 무너진다. 기술은 단지 전장(Battlefield)일 뿐이다. 이 싸움에서 우리가 지켜야 할 것은, 인간의 '존엄'이다.

이제 질문의 방향을 완전히 바꿔야 한다. "AI가 내 일자리를 뺏을까?"라는 수동적인 공포에서 벗어나야 한다. 대신 스스로에게 서늘한 질문을 던져야 한다. "나는 편리함에 중독되어 생각하는 법을 잊어가고 있지는 않은가?" "알고리즘이 떠먹여주는 정답에 길들여질 것인가, 아니면 끊임없는 질문으로 나만의 길을 만들 것인가?"

미래는 우리의 설계대로 지어지는 집이다. 지능 격차의 원인을 AI에게 돌리는 것은 비겁한 변명이다. 문제는, AI 앞에서 생각하기를 멈춘 나의 태도다. 지능 격차라는 시한폭탄을 해체할 설계도, 그리고 그 설계도를 그릴 펜은 아직 우리 손에 있다. 이제, 어떤 선을 그을 것인가.

알고리즘 민주주의:
'여론'은 없다, '설계된 취향'이 있을 뿐

고대 그리스의 아고라(Agora). 그곳은 시끄러웠다. 땀 냄새가 났고, 침이 튀었다. 나와 전혀 다른 생각을 가진 사람의 고함소리를 억지로 들어야 했다. 불쾌하고 비효율적인 공간이었다. 하지만 그 소음과 마찰 속에서 민주주의라는 합의가 태어났다.

이제 시선을 출근길 지하철로 옮겨보자. 수십 명의 사람이 어깨를 맞대고 서 있지만, 차 안은 절간처럼 고요하다. 모두가 고개를 숙인 채 손바닥만 스마트폰 화면 속으로 빨려들어간다. 누군가는 분노에 찬 얼굴로 댓글을 달고, 바로 옆사람은 흐뭇한 미소를 짓는다. 물리적으로는 같은 공간, 같은 시간에 존재하지만, 인지적으로 그들은 완벽하게 분리된, 서로 다른 우주를 살고 있다. 이 침묵의 공간에서 민주주의는 조용히, 그러나 확실하게 해체되고 있다.

우리는 흔히 '여론(Public Opinion)'이 존재한다고 믿는다. 다수의 시민이 공유하는 상식과 사실을 전제로, 토론을 통해 최적의 합의점을 찾아갈 것이라 기대한다. 하지만 AI 알고리즘이 지배하는 세상에서 여론은 더 이상 자연적으로 형성되지 않는다. 철저히 '설계'된다.

내가 스마트폰에서 뉴스 하나를 클릭했다면? 무심코 본 그 기사에 내 시선이 0.5초 더 머물렀다면? AI는 그 찰나의 순간을 놓치지 않는다. "이 사용자는 이런 종류의 자극에 반응하는군." AI에게 나는 체류 시간을 늘려 광고 수익을 창출해야 할 데이터 포인트다. 즉시 나의 피드는 그와 유사한 논조, 비슷한 분노, 같은 색깔의 정보들로 최적화된다.

진보 성향의 사용자에게는 세상이 부패하고 불공정한 곳으로 보이는 증거들만 배달된다. 보수 성향의 사용자에게는 사회 질서가 무너지고 있다는 경고성 뉴스들만 공급된다. 우리는 같은 나라에 살지만, 알고리즘이 정성스럽게 쌓아 올린 벽 안에서 서로 다른 '사실'을 믿으며 살아간다. 단순한 취향 존중 같지만 사실 민주주의의 전제 조건인 '공통의 현실(Shared Reality)'이 붕괴되는 과정이다. 서로가 보고 있는 현실 자체가 다른데, 어떻게 대화와 타협이 가능하겠는가?

이 '필터 버블(Filter Bubble)'이 무서운 진짜 이유? 우리 사회의 인지적 면역력을 바닥까지 떨어뜨리기 때문이다. 나를 불편하게 하는 반대 의견은 자동으로 차단된다. 내 생각이 옳았음을 증명하는 증거들만 24시간 공급된다. 이 달콤한 확증 편향의 누에고치 속에서 우리는 점점 더 확신에 찬 맹인이 되어간다. AI가 만들어낸 '딥페이크'라는 바이러스는 이 틈을 노린다.

선거철이 되면 이 문제는 재앙이 된다. 과거에는 여론을 조작하려면 조직적인 댓글 부대와 막대한 비용이 필요했다. 지금은 프롬프트 한 줄이면 충분하다. 특정 후보가 하지도 않은 말을 하는 영상, 실제 일어난 적 없는 사건의 이미지가 실시간으로 생성되어 유포된다. 지지자들은 그 영상을 보고 분노를 퍼나른다. 팩트 체크? 이미 늦었다.

AI 알고리즘은 '진실'보다 '자극'이, '이성'보다 '분노'가 더 전파력이 높다는 것을 이미 학습했다. 플랫폼의 체류 시간을 극대화하기 위해 AI는 필터 버블로 눈을 가린 사용자들에게 입맛에 맞는 가짜 정보를 디저트처럼 내놓는다. 기술적 오류처럼 보일지라도 사실은 비즈니스 차원에서 '잘 설계된' 구조다. 그래서 섬뜩하다.

그렇다면 AI 시대의 민주주의는 끝났는가? 우리는 그저 알고리즘이 떠먹여주는 대로 분노하고, 열광하고, 투표하는 데이터 덩어리로 전락할 것인가? '질문인간'의 야성이, 다시 필요한 지점이다. 알고리즘에 대한 가장 강력한 저항은 알고리즘의 의도를 간파하고, 그것을 역으로 이용하는 '전략적 교란'이다.

내 피드에 칭찬 일색의 글만 올라온다면, 혹은 비난 일색의 뉴스만 가득하다면 의심해야 한다. "이것은 세상의 전부인가, 아니면 나를 가두려는 알고리즘의 미로인가?" 의도적으로 AI에게 낯선 질문을 던져야 한다. 나와 정치적 성향이 반대되는 매체의 기사를 검색하고, 내가 싫어하는 논객의 주장을 요약해달라고 요청해야 한다.

나의 취향을 좁게 정의하려는 알고리즘에게 혼란을 주어, 필터 버블의 벽을 강제로 넓히는, 일종의 '해킹(Hacking)'이다. 클릭하지 않을 자유, 추천을 거부할 권리, 반대편의 논리를 탐색할 의무를 행사해야 한다. 알고리즘이 매끄럽게 닦아놓은 편향의 고속도로를 벗어나야 한다. 울퉁불퉁한 비포장도로로 핸들을 꺾는 야성이 필요하다.

민주주의는 본래 시끄럽고, 피곤하고, 비효율적인 것이다. 나와 다른 타인을 견디는 인내심, 불편한 진실을 마주하는 용기 위에서만 작동한다. AI가 주는 안락한 침묵과 확신은 가짜 평화이지, 데이터센터의 효율을 위해 사육되는 과정일 뿐이다.

이제 우리는 선택해야 한다. 알고리즘이 설계해준 취향의 감옥에서 편안하게 소비될 것인가, 아니면 불편한 진실이 부딪치는 광장으로 뚜벅뚜벅 걸어 나와 질문을 던질 것인가. '여론'은 없다. 오직 내가 클릭하고 질문하여 만들어낸 '선택'

이 있을 뿐. 스마트폰을 켜는 순간, 다시 질문해야 한다. 나는 알고리즘에 소비당하는 '데이터'인가, 아니면 깨어 있는 '주권자'인가.

미중 AI 전쟁,
우리가 설계할 AI 생태계는?

미중 AI 패권 전쟁, 겉으론 기술 전쟁이다. 반도체와 알고리즘, 파라미터 크기와 훈련 속도. 그런데 그 이면은 다르다. 시장과 리스크, 데이터와 인간을 대하는 근본적인 시각 차이. 즉 철학의 충돌이다. 이 거대한 경쟁을 '신중한 실험실의 미국' 대 '과감한 시장의 중국'이라는 단순한 이분법으로 재단하는 건 위험하다. 현실의 가장 중요한 부분을 놓치게 만들어서다.

2025년 초, '딥시크'의 등장은 이 복잡한 현실을 날것 그대로 수면 위로 끌어올렸다. 그것은 게임의 규칙 자체를 뒤흔드는 전략의 기습이었다. 부족한 하드웨어(GPU)를 소프트웨어의 지략으로 극복하고, 파괴적인 가격 정책으로 시장을 재편하려는 시도. 마치 영리한 약자의 기습처럼 보였다.

하지만 이 낭만적인 서사 이면에는 중국의 진짜 무기, 바로 압도적인 '규모'와 '국가 통제'라는 두 개의 거대한 엔진이 숨어 있다. 딥시크가 챗GPT를 스승 삼아 빠르게 학습할 수 있었던 배경에는, 거대한 내수 시장, 국가 차원의 데이터 독점, 그리고 끝없는 인재 공급이라는 '규모의 경제'가 있다. 중국의 힘은 다윗의 돌팔매가 아니라, 골리앗의 덩치에서 나온다.

미국을 단순히 '랩 테스트(통제된 환경에서 제품이나 기술을 검증하는 실험)'에만 매몰된 신중한 플레이어로 보는 것 또한 현실 왜곡이다. 구글의 웨이모는 수년간 실제 도시를 '시장' 삼아 데이터를 축적해왔다. 메타가 '라마(Llama)'를 오픈소스로 풀어버린 것은 전 세계 시장을 거대한 테스트베드로 삼겠다는 과감한 '마켓 테스트' 전략이다. 미국의 진짜 힘은 개별 기업들의 자유로운 경쟁과 혁신이 시장 자체를 거대한 실험실로 만드는 역동성에 있다. 데이터와 실험, 그 자체가 생태계다.

얼핏 보면 미중의 대결은 랩(Laboratory)과 마켓(Market)의 대결로 보인다. 실제로는 '개방형 생태계의 자율적 실험' 대 '국가 통제하의 일원적 실험'의 대결에 가깝다. 이 차이는 '데이터'를 대하는 철학에서 극명하게 드러난다.

서구는 데이터를 개인의 자산으로 본다. 활용에는 프라이버시라는 족쇄가 채워진다. 중국은 데이터를 국가의 통제 수단, 성장 자원으로 본다. 감시와 추적이 일상이다. 정부 주

도하에 기업과 병원이 수집한 방대한 의료 데이터가 그대로
AI 신약 개발로 이어진다. 서구의 규제 환경에서는 상상조차
할 수 없는 일이다.

하지만 이 '통제의 효율성'에는 보이지 않는 비용이 따른
다. 정부 입맛에 맞지 않는 데이터를 배제하고, 감시와 통제
에 유리한 방향으로 AI를 발전시키는 것은 결국 AI의 창의성
과 다양성을 저해하는 족쇄가 된다. 감시국가에 최적화된 AI
가, 과연 글로벌 시장에서 경쟁력을 가질 수 있을까? 혁신의
고립, 통제 모델이 장기적으로 치러야 할 대가다.

이 거대한 지정학적 구도 속에서, '틈새의 승자(Winner-
takes-niche)'가 되자는 구호는 공허하다. 구체적인 전략이 없
다면 또 다른 패배주의일 뿐. 그렇다면 진짜 기회는 어디에
있는가? 바로 '고맥락(High-context) 산업에서의 데이터 주
권'에 있다.

AI의 범용 모델 전쟁은 이미 거인들의 게임이 되었다. 하
지만 각 산업의 특수성, 규제의 복잡성, 그리고 문화적 맥락
이 깊이 스며는 '고맥락' 영역은 다르다. 글로벌 서대 기업들
이 들어오기 어렵기 때문이다. 예컨대 한국의 복잡한 금융 규
제와 세법을 완벽하게 이해하고, 국내 기업의 독특한 회계 처
리 방식까지 학습한 AI 모델을 만드는 것은 미국이나 중국 빅
테크들에게는 쉽지 않은 과제다. 한국의 의료 시스템과 건강
보험 데이터를 기반으로 한 정밀 의료 AI, 국내 제조업의 생

산 공정 데이터를 학습한 스마트팩토리 솔루션. 이런 게 바로 우리가 장악해야 할 '틈새'다.

이를 위해서는 세 가지 전제 조건이 필요하다. 첫째, '데이터 연합(Data Alliance)'이다. 단일 기업의 조각난 데이터로는 한계가 뚜렷하다. 산업별·분야별로 데이터를 연동하고 공유할 수 있는 공동의 플랫폼, 일종의 '데이터 댐'을 구축해야 한다. 공공 데이터만으론 부족하다. 민간 데이터까지 흐르게 만들어야 한다. 그러려면 정부의 명확한 정책적 유도와 강력한 인센티브 설계, 그리고 기업 간 이해관계 조정 메커니즘이 동시에 작동해야 한다.

둘째, '최적화 기술(Optimization Tech)'의 확보다. 범용 AI 모델을 그대로 쓰는 것만으로는 부족하다. 우리 산업의 문맥에 맞게, 우리 조직의 과제에 맞게 조율해야 진짜 효용이 나온다. 그래서 중요한 게 미세조정이다. 더불어 특정 업무에 특화된 소형 언어 모델(SLM) 개발 역량도 함께 키워야 한다. 연산 자원은 줄이고 정확도는 높이는 정밀한 엔지니어링. AI는 결국 문제 해결 능력으로 말해야 한다.

이 모든 걸 지속 가능하게 만드는 마지막 조건. 인재와 문화다. 대학과 기업이 연계하여 산업 현장의 진짜 문제를 해결할 수 있는 AI 인재를 길러내는 '지속가능한 인력 파이프라인'을 구축해야 한다. 조직 내부에서는 작은 실패를 용인하고 끊임없이 새로운 시도를 장려하는 '데이터 기반의 실험 문화'

를 제도적으로 정착시켜야 한다. 최고의 기술은 최고의 문화 속에서만 꽃을 피운다.

요컨대, 미중 AI 전쟁의 승패는 각자의 사회 시스템과 철학을 기반으로, 누가 더 자신의 강점을 극대화하는 생태계를 구축하느냐에 달려 있다. 미국은 개방과 실험을, 중국은 통제와 규모를 무기로 삼는다.

그렇다면 우리의 길? 거대 담론을 좇을 필요는 없다. 거인들의 전쟁 사이에도 길은 있다. 우리가 가장 잘 이해하고, 가장 많은 데이터를 보유한 '고맥락'의 영토에서, 데이터 주권을 확보하는 것이다. 그 데이터를 우리 방식으로 정교하게 활용할 수 있는 최적화 기술을 갖추는 것이다. 그리고 그 모든 기반 위에서, AI를 실전 도구로 만드는 인재와 실험 문화를 길러내는 것이다. 고래 싸움이라고 모든 새우의 등이 터지는 건 아니다. 호랑이에게 물려가도 정신만 차리면 산다.

소버린 AI의 질문:
'주권'이 아닌 '운용 자율성'

회의실 스크린에 '소버린(Sovereign) AI'라는 단어가 떠 있다. 국가적 자부심과 기술 독립이라는 웅장한 비전, 소버린 AI. 외국 기술에 대한 종속을 끊고 우리만의 AI 역량을 확보하자는 주장이다. 국가안보, 데이터 주권, 문화적 정체성 보존과 맞닿아 있어 설득력도 크다. 국가 차원의 소버린 AI 논의는 그래서, 그 자체로 중요한 전략적 가치를 가진다.

하지만 국가의 논리와 기업의 생존법은 다르다. 리더는 거대 담론에 휩쓸리기보다 냉혹한 현실 위에서 기업의 생존과 성장을 위한 최적 경로를 찾아야 한다. '완전한 기술 자립'으로서의 소버린 AI는 그 이상적 목표에도 불구하고, 개별 기업에겐 위험한 선택지가 될 수 있다.

소버린 AI를 둘러싼 현재 논의의 목표는 'AI 자급자족'으로 표현되는 경향이 있다. AI 모델부터 반도체, 플랫폼까지 모든 것을 우리 손으로 만들자는 '풀스택(Full-Stack)' 전략이 그예다. 현대 AI의 심장인 GPU 시장의 절대적 지배자는 엔비디아다. 전 세계 AI 개발자 생태계를 묶어두는 '쿠다(CUDA)'라는 소프트웨어 환경 역시 지난 20년간 엔비디아가 쌓아올린 난공불락의 성채다. 이를 단기간에 대체할 국산 인프라 구축? 쉽지 않다. 오픈소스 AI를 활용하는 것 역시 완전한 대안이 되지 못한다. 고성능 오픈소스 모델을 가져와 비즈니스에 맞게 최적화하는 과정은 그 자체로 막대한 컴퓨팅 자원과 최고 수준의 엔지니어링 역량을 요구한다. 의존의 대상만 바뀔 뿐, 종속의 사슬은 계속 이어진다. 질문의 방향 자체를 바꿔야 한다.

비즈니스 리더로서의 우리 목표는 '기술 주권'의 완성이 아니다. 그 어떤 외부 환경 변화에도 비즈니스를 중단 없이 영위하며 전략적 선택권을 잃지 않는 'AI 운용 자율성(AI Operational Autonomy)' 확보가 목표가 돼야 한다. 국가의 '주권'이 외부 위협을 막는 장기적 방패라면, 기업의 '운용 자율성'은 전 세계 최고의 도구들을 비판적으로 선택하고 조합하여 누구도 모방할 수 없는 우리만의 경쟁력을 만드는 실용주의적 전략이다. 외부의 AI 모델이나 클라우드 서비스는 '종속의 대상'이 아니다. 목표 달성을 위해 지렛대로 활용해야 할 '전략적 자산'이다. 핵심은 그 도구에 지배당하지 않고, 언제든 다른 도구로 대체할 수 있는 선택권과 협상력을 갖추는 데 있다.

그렇다면 이 운용 자율성은 어떻게 확보할 수 있는가. 첫째, 경쟁력의 원천이 모델 소유권이 아닌 데이터와 프로세스의 장악에 있음을 명확히 인식해야 한다. 챗GPT든 제미나이든, 범용 모델 자체는 더 이상 차별적 우위가 아니다. 진짜 핵심 자산은 지난 수십 년간 축적된 우리 회사의 고유 데이터와 그 데이터를 AI에 주입해 비즈니스 문제를 해결하는 독자적 프로세스다. AI 모델은 빌려 쓰더라도, 그 모델을 우리 회사의 '뇌'로 만드는 데이터 정제 기술과 프롬프트 엔지니어링 노하우는 철저히 내재화하고 통제해야 한다. 이것이 데이터 주권의 실체적 본질이다.

이는 자연스럽게 두 번째 과제로 이어진다. 특정 기업의 AI API나 클라우드에 비즈니스의 명운을 거는 것은 경영 리스크 관리의 포기 선언과 같다. 반도체 공급망을 다변화하듯, AI 모델 역시 위험을 분산하는 포트폴리오를 구성해야 한다. 이를테면, 범용 업무엔 A사 모델, 특화 업무엔 B사 모델, 한국적 맥락 이해가 중요한 고객 서비스에는 국내 기업 C사 모델을 혼용하는 식이다. 특정 모델의 성능 저하나 비용 급등 시 즉시 다른 모델로 전환할 수 있는 기술적 유연성을 확보해야 한다는 얘기. 이러한 '플러그 앤 플레이' 아키텍처는 비용 효율성을 넘어, 거대 공급사와의 협상에서 강력한 힘으로 작용한다. '당신들 모델이 아니면 안 된다'는 상황을 만들지 않는 것. 운용 자율성의 핵심이다.

셋째, 이러한 전략적 유연성은 궁극적으로 인프라가 아닌 인재에서 나온다. 우리가 확보해야 할 진짜 주권은 'AI 인재 주권'이다. 세상에 어떤 새로운 기술이 등장하든 그 본질을 빠르게 파악하고, 비즈니스에 최적화된 방식으로 적용할 수 있는 내부 전문가 그룹을 키우는 것이 최우선이다. 이들은 다양한 기술을 비판적으로 평가하고 조합하여 새로운 가치를 창출하는 내부의 '기술 마스터'가 되어야 한다. GPU 클러스터 구축에 수백억을 투자하기 전에, 최고의 인재들이 마음껏 실험하고 성장할 환경을 제공하는 데 집중해야 한다. 이들이야말로 그 어떤 기술적 종속의 위협도 극복할 수 있는 최고의 방어 자산이다.

마지막으로, 이 모든 전략의 실효성을 검증하기 위해 '디지털 봉쇄'를 가정한 위기 대응 훈련을 정기적으로 실시해야 한다. 단순한 계획 수립을 넘어, 실질적인 비즈니스 연속성 계획의 일환이다. "내일 아침, 우리 회사가 사용하는 주력 LLM과 클라우드 서비스가 지정학적 이유로 한국에서 차단된다면, 24시간 내에 어떤 조치를 취해 비즈니스를 정상화할 것인가?" 이 극한의 질문에 대한 답을 찾는 과정에서 우리 조직의 진짜 취약점이 드러나고, 막연한 불안감은 구체적인 대응 역량으로 전환된디.

  기업의 운용 자율성 전략은 국가의 소버린 AI 전략과 충돌하지 않는다. 국가가 국산 AI 반도체와 데이터 고속도로라는 판을 깔아주면, 기업은 그 위에서 새로운 가치를 만들면 된다. 국가 투자를 통해 확보된 국산 기술은 우리 기업의 포트폴리오를 더욱 단단하게 만들 강력한 디딤돌이 될 것이다.

  기업 레벨의 글로벌 AI 전쟁. 그 승자는 세상에서 가장 날카로운 검들을 자유자재로 다루고, 상황에 맞는 최적의 검을 뽑아 들어 승리를 쟁취하는 전략가다. '주권'이라는 구호의 함정에 매몰되면 안 된다. '운용 자율성'이라는 실용적인 기준으로 AI 전략을 재편해야 한다. '무검승유검(無劍勝有劍)'이라 했다. '검 없이 검 있는 자를 이긴다'는 뜻이다.

2050 AI 오디세이:
미래를 빚어내는 3가지 대전환

미래를 정확히 예측하는 것은 불가능하다. 하지만 미래를 움직이는 힘의 방향을 읽는 건 가능하다. 여기, 2050년의 비즈니스 대륙을 통째로 뒤바꿀 3개의 거대한 단층이 있다. 부와 권력, 그리고 가치가 이동하는 변화의 지도, 지난 수십 년간의 IT 키워드 변화 흐름과 전망을 바탕으로 그려낸 미래 지도다. 이 구조적 전환을 이해해야 다음 30년을 지배할 수 있다.

연산에서 사유로: 지능의 재정의

첫 번째 전환은 지능의 본질이 바뀌는 것이다. 지금까지 AI는 인간이 던진 문제를 가장 빠르게 계산하는 '정답 기계'

였다. 이제 AI는 인간과 함께 더 나은 질문을 설계한다. 가설을 생산하고 탐색하는 '사유의 파트너'로 진화 중이다. 기업 경쟁력의 무게중심도 '빠른 문제 해결'에서 '깊이 있는 문제 정의'로 이동한다.

이 거대한 변화를 이끄는 두 가지 동력이 있다. 첫 번째는 '맥락적 초지능'이다. 전 세계의 모든 데이터를 학습한 단 하나의 범용인공지능(AGI)이 세상을 지배할 것이라는 전망? 빗나갈 가능성이 높다. 대신, 특정 조직과 산업, 문화의 고유한 맥락을 깊이 학습한 '전문가 AI'들이 부상한다.

가령, 인터넷의 모든 정보를 학습한 AI에게 "우리 조직의 다음 성장 동력은 무엇인가?"라고 묻는 것은 의미가 없다. 하지만 지난 30년간의 모든 회의록, 실패한 프로젝트 기록, 성공한 리더들의 이메일과 고객 피드백 등 우리 조직의 모든 것을 학습한 AI라면 이야기가 달라진다. 그 답에는 조직의 역사와 철학을 반영한 '통찰'이 담겨 있을 것이다. 표준화된 지식이 아니라 로컬 맥락에 최적화된 공감과 적절성이 깃들어 있을 것이다.

두 번째 동력은 '양자적 추론'의 확산이다. 기존 컴퓨터는 A에서 B로 가는 가장 효율적인 길을 찾는 데 집중했다. 양자 컴퓨팅 AI는 수천 개의 '만약(What-if)' 시나리오를 동시에 탐색한다.

"최적의 마케팅 전략은 무엇인가?"라는 질문에 하나의

정답을 제시하는 게 아니다. 대신, "만약 우리의 핵심 고객이 20대가 아니라 40대라면?", "만약 우리 제품이 필수품이 아니라 사치품으로 포지셔닝된다면?", "만약 경쟁사가 가격을 30퍼센트 인하한다면?"과 같은 여러 갈래의 미래를 동시에 시뮬레이션한다. 그리고, 각 시나리오별 최적의 전략 포트폴리오를 제시한다. AI는 인간이 미처 생각하지 못했던 숨겨진 가정들을 드러낸다. 의사결정의 폭을 넓혀준다.

이러한 '지능의 재정의'는 리더십의 본질을 바꾼다. 과거에는 '주어진 선택지' 중에서 빠른 결정을 내리는 것이 리더의 능력이었다. 이제는 '고려해야 할 선택지' 자체를 올바르게 설정하는 능력이 핵심이다. 조직문화 역시 '빠른 실행'을 칭찬하는 문화에서, '본질적 질문'을 보상하는 문화로 전환된다.

현실의 재구축: 인간-컴퓨터-공간의 융합

두 번째 전환은 디지털과 물리적 세계의 경계가 사라지는 것이다. 디지털이 스크린 속에 갇혀 있던 시대는 끝났다. 이제 디지털 정보는 스크린을 탈출하여 우리가 걷는 거리, 일하는 사무실, 그리고 우리 신체에 접목되고 있다. 물리적 현실 자체가 실시간으로 데이터를 주고받으며 반응하는 거대한 플랫폼이 되는 것이다.

이 변화를 촉발하는 첫 번째 힘은 '지속가능 공간 클라우드'다. 현실 세계 위에 영구적인 디지털 정보 계층(Digital Layer)이 덧씌워지는 개념이다. 모든 건물, 도로, 사물이 고유한 데이터를 방출하며 상호작용한다.

가령, 패션 매장은 더 이상 옷을 진열해놓은 물리적 공간에 그치지 않는다. 증강현실(AR) 글래스를 쓴 고객이 매장에 들어서면, 과거 구매 이력과 온라인에서의 관심사를 바탕으로 취향 기반의 추천 상품이 홀로그램으로 펼쳐진다. 매장 내 센서가 고객의 동선과 시선 데이터를 분석해 실시간으로 조명을 바꾼다. 배경 음악의 분위기를 조절할 수도 있다. 즉, 브랜드 경험은 고정된 물리적 장소의 중력에서 완전히 벗어난다. 고객의 상황과 맥락, 데이터에 맞춰 실시간으로 연출되는 유동적인 '현상'이 된다.

두 번째 힘은 '생체-디지털 인터페이스'의 보편화다. 키보드와 마우스, 터치스크린을 넘어 인간의 생체 신호가 새로운 입력 장치가 된다.

외과의사가 수술에 집중할 때, 그의 뇌파를 감지한 시스템이 수술실 조명을 조절한다. 사무실의 지식 노동자가 피로하면, 웨어러블 기기가 이를 감지하여 업무 일정을 재배치한다. 사용자의 의도, 감정, 집중력 같은 내면의 상태가 언어나 물리적 조작 없이 디지털과 직접 상호작용하는 것이다. 개인의 건강 관리(Wellness)가 개인과 조직의 생산성을 최적화하는 핵심 경영 전략이 된다는 의미다.

이러한 '현실의 재구축' 앞에서 비즈니스의 정의는 달라진다. 기업은 고객의 '경험'과 '상태'를 설계하는 주체가 된다. 이제 중요한 질문은 "우리 제품의 기능은 무엇인가?"가 아니라 "우리의 서비스가 고객의 시간과 공간, 그리고 감정에 어떤 영향을 미치는가?"다.

조직의 해체와 재결합: 가치 창출 시스템의 혁명

세 번째 전환은 가치를 창출하는 시스템, 즉 기업이라는 조직의 형태가 근본적으로 변하는 것이다. 산업 시대의 상징이었던 거대한 중앙집권적 기업 모델이 해체된다. AI로 무장한 고성능 개인들이 프로젝트 단위로 유연하게 협력하는 '프로토콜 경제'가 부상한다. 미리 정해진 규약을 기반으로 작동하는 개방형 네트워크다.

변화의 기폭제는 '생산성의 탈중앙화'다. 과거에는 거대 자본과 인력을 갖춘 기업만이 수행할 수 있었던 복잡한 프로젝트를 이제는 소수의 개인, 심지어 1인 팀이 해낸다. 이를테면, 한 명의 건축가가 AI 설계 툴로 수백 개의 디자인 시안을 만든다. AI 시뮬레이션 툴로 구조적 안정성과 에너지 효율을 검증한다. AI 프로젝트 툴로 전 세계의 자재 공급을 관리하고, 시공사와 협업한다. 이처럼 개인이 기업 수준의 생산성을 갖게 되면서, 전통적인 고용 관계는 희미해진다. 기업의 역할은 인재를 '소유'하는 것에서, 최고의 인재들이 자발적으로 모여 드는 매력적인 '생태계'를 조성하는 것으로 바뀐다. 브랜드의 가치는 직원 수가 아니라, 그 브랜드의 생태계에 참여하는 독립적인 전문가들의 역량과 평판으로 결정된다.

이는 자연스럽게 '알고리즘 거버넌스'라는 새로운 과제로 이어진다. AI 기술의 통제권을 누가 가질 것인가를 둘러싼 경쟁. 일부 국가는 AI를 국가 주도로 관리하며 강력한 중앙 통제 시스템을 구축할 것이다. 다른 한편에서는 특정 주체 없이 커뮤니티 합의에 의해 운영되는 '탈중앙화 자율 조직(Decentralized Autonomous Organization, DAO)' 기반의 개방형 AI 생태계가 성장할 것이다. 기업은 어떤 AI 생태계 위에서 비즈니스를 할 것인지 결정해야 한다. 함께 일할 파트너, 진출할 시장, 지켜야 할 규제를 결정짓는 중요한 선택이다.

또한, AI의 판단이 공정하고 투명하다는 것을 '증명'하는 것이 필수적인 신뢰 자본이 된다. AI가 특정 대출 신청을 거절했다면, 그 결정이 인종이나 성별 편향이 아니라는 걸 데이터 로그로 제시해야 한다. 기업이 재무제표 감사를 받는 것처럼, '알고리즘 감사'가 당연한 시대가 온다.

이 거대한 변화 속에서 리더의 역할은 '관리자'에서 '시스템 설계자'로 이동한다. 중요한 것은 조직 안팎에 흩어진 최고의 재능들이 자율적으로 연결하고 협력하여 시너지를 내는 '신뢰의 시스템'을 설계하는 일이다.

2050년의 미래? 이 세 개의 거대한 전환이 서로 충돌하고, 융합하며 만들어낼 예측 불가능한 지형 위에 서 있다. 지능의 개념이 바뀐다. 현실의 경계가 무너진다. 조직의 형태가 해체된다. 준비되지 않은 이에게 미래는 혼란스러운 '위기'다. 힘의 방향을 읽고 먼저 움직이는 이에게는 새로운 '기회'다. 미래의 모든 것을 속속들이 알 필요는 없다. 중요한 건, 질문을 놓지 않는 태도다. 질문을 무기 삼아 스스로를 계속 리부트하는 것. 그 꾸준한 재시작이 미래를 만든다.

흩어진 지식을 엮어 통찰을 얻는 '통합적 질문'

한 분야의 전문가가 되는 것만으로는 충분하지 않은 시대다. AI가 우리보다 훨씬 더 빠르게, 더 깊게 특정 분야의 전문가가 될 수 있기 때문이다. 우리 분야의 최신 논문과 데이터를 모두 섭렵했지만, 더 이상 새로운 아이디어가 떠오르지 않고 미래가 보이지 않는다고? 맞다, '지식의 섬'에 갇힌 것이다.

정보가 홍수처럼 쏟아지는 시대에 가장 시급한 것은 이미 존재하는 흩어진 정보들을 연결하여 누구도 보지 못한 새로운 지도를 그리는 것이다. AI가 세상의 모든 '점'들을 수집하는 데 탁월하다면, 인간은 그 점들을 연결하여 의미 있는 '별자리'를 찾아내야 한다.

이것이 바로 모든 질문의 정점, 즉 질문을 통한 '지식의 다리 놓기(Building Bridges of Knowledge)'다. 내 전문 분야라는 섬에 갇히지 않고, 전혀 다른 지식의 섬으로 과감히 다리를 놓아 새로운 관점과 통찰을 끌어오는 것이다.

이 위대한 연결을 가능케 하는 세 가지 생각법이 있다.

첫째, '낯선 지혜 빌려오기'다. 우리가 지금 겪고 있는 문제들은, 이름과 형태만 다를 뿐 이미 다른 분야에서 수없이 반복되고 해결되어온 문제일 가능성이 높다. "우리 회사의 조직 구조 문제, 수만 년간 진화해온 개미 군집의 의사소통 방식에서 해결의 실마리를 찾을 수는 없을까?" "신제품의 시장 진입 전략을, 역사 속 전쟁의 승패를 갈랐던 병법에서 빌려온다면?" 이런 비유의 다리는 전혀 예상치 못한 곳에서 가장 강력한 해결책을 가져다준다.

둘째, '한 걸음 물러서기'다. 현미경으로 세포를 들여다보는 시선에 매몰되면, 숲 전체의 모양과 계절의 변화를 놓치게 된다. 때로는 의도적으로 문제에서 멀어져야 한다. 보다 높은 곳에서 전체 그림을 조망해야 한다. "눈앞의 사건들 너머에 있는, 우리가 놓치고 있는 더 큰 패턴이나 시대의 흐름은 무엇인가?" "만약 이 문제를 10년, 100년의 관점에서 본다면, 지금 가장 중요한 것은 무엇이고, 가장 중요하지 않은 것은 무엇인가?" 줌아웃(Zoom-out)의 다리는 우리를 단기적인 소음에서 벗어나 장기적인 신호를 포착하게 한다.

셋째, '하나의 원리로 꿰뚫기'다. 세상의 모든 복잡한 현상 이면에는, 시대를 초월하여 반복되는 단순하고 아름다운 원리가 숨어 있다. "이 모든 복잡한 상황과 정보들을 관통하는, 단 하나의 핵심 원리는 무엇인가?" "전혀 다른 분야 전문가들의 주장을 아우르는 공통분모는 무엇인가?" 이 '하나의 원리로 꿰뚫기'는 흩어진 구슬들을 꿰어 하나의 보배로 만드는 통찰의 정수다.

통합적 질문은 모든 사고의 완성이다. 비판하고, 창조하고, 전략을 세우고, 성찰한 그 모든 조각들을 모아 하나의 완성된 그림을 그리는 행위라서다. AI가 생성한 무수한 정보의 파도 속에서, 흩어진 점들을 연결해 자신만의 별자리를 그려내는 사람, 그가 바로 이 시대가 필요로 하는 진정한 의미의 '질문인간'이다.

통합적 질문 도구: 지식의 다리 놓기

1. 다른 세계에서 빌려오기 (낯선 지혜 빌려오기)

   "이 문제를 전혀 다른 분야(예: 생물학, 역사, 예술)에서는 어떻게 해결했는가?"

   "내가 존경하는 인물이 이 상황을 마주했다면, 어떤 원리를 적용할까?"

2. 멀리서 내려다보기 (한 걸음 물러서기)

   "눈앞의 사건들 너머, 우리가 놓치고 있는 더 큰 패턴이나 흐름은 무엇인가?"

   "10년 뒤의 시선으로 보면, 지금의 이 위기는 어떤 기회의 시작점일까?"

3. 본질 하나로 꿰뚫기 (하나의 원리로 꿰뚫기)

   "이 모든 복잡한 현상들을 관통하는, 변치 않는 원리는 무엇인가?"

   "이 상반된 주장들을 모두 아우를 수 있는 더 큰 관점은 무엇인가?"

그래서, 오늘도 지어야 한다

이제, AI가 세상의 대부분을 설명할 수 있게 되었다. 기억을 기록하고, 패턴을 예측하고, 삶의 결정까지 도와준다. 인간보다 정확하고 빠르다. 기술이 완벽해질수록 우리는 더 많은 것을 기계에게 맡긴다. 하지만 그 정점에서 하나의 질문이 남는다. 기술이 아무리 발전해도 끝내 답하지 못하는 것. 바로 '왜'라는 질문이다.

질문은 인간의 고유 기능이다. 기계는 0과 1로 세상을 분석하고 확률로 미래를 예측하지만, 스스로의 존재 이유를 묻지는 않는다. '왜 살아야 하는가', '왜 이 선택을 해야 하는가.' 기계는 이 질문 앞에서 멈춘다. 계산할 수 없는 가치의 영역. 그 침묵 속에서 인간이 드러난다.

인류가 살아남은 이유? 더 똑똑해서가 아니다. 더 빨라서도 아니다. 서로의 표정을 읽고, 망설임을 이해하고, 마음을 나누며 신뢰를 쌓았기 때문이다. 이해하고, 오해하고, 용서하고, 기다리는, 그 느린 과정 속에서 생겨난 '관계'. 그것이 오늘의 인류를 살아남게 한 진짜 힘이었다. 그러니까 생존을 결정지은 건 '지능'이 아니었다. '연결'이었다.

AI는 협업을 배운다. 하지만 협업의 감정은 배우지 못한다. 규칙은 학습해도 맥락은 코드 밖에 있다. 기계와 일하는 일이 쉬워지고 인간 사이의 공감이 더 어려워지는 시대. 이것을 우리는 진화라고 부를 수 있을까.

AI는 우리를 더 빠르게, 더 효율적으로 만든다. 그러나 인간을 인간답게 만든 것은 여백이었다. 아무런 목적 없이 해변을 거닐고, 쓸데없는 농담에 웃음을 터뜨리며, 타인의 고통을 말없이 감싸안는 그 느린 시간. 그 안에 예술이 있었고, 사랑이 있었고, 우정이 있었다. 기계가 '비효율'이라 부르는 이 시공간 속에서 인간은 살아간다.

기억마저 데이터가 되어 편집 가능한 시대. 고통스러운 기억은 삭제하고, 좋았던 순간을 덧입혀 새로운 나를 구성할 수 있다. 하지만 편집된 기억으로 만들어진 나를 우리는 진짜 나라고 부를 수 있을까. 영생을 꿈꾸는 기술도 마찬가지다. 영원히 살 수 있는 능력보다 더 중요한 것은, '지금 무엇을 위해 살아야 하는가'라는 질문이다. 이 질문에 답하지 못하는 영생은 축복이 아닌, 무한한 형벌일지 모른다.

기계는 '어떻게'를 계산한다. 인간은 '왜'를 묻는다. 기계는 예측하지만, 인간은 상상한다. 기계는 정답을 반복하고, 인간은 실수하며 성장한다. 기계는 최적화를 추구하지만, 인간은 때로 자신을 파괴하며 사랑에 빠진다. 이 모든 불완전함이, 이 모든 비합리성이 우리 인간이다. AI 너머의 세계에서, 우리는 두 개의 길에 서 있다. 하나는 기계처럼 완벽해지려는 욕망의 길. 다른 하나는 인간으로 남으려는 의지의 길. 전자는 정교하지만 차갑고, 후자는 서툴지만 뜨겁다.

기계 시대 이후 인간에게 남은 마지막 영토는 고통이다. 혼란과 상실, 갈등과 불안. 질문은 이 고통 속에서 태어난다. AI는 고통받지 않기에 질문하지 않는다. 그래서 그들은 결코 살아 있는 존재가 될 수 없다. 철학과 예술과 혁신은 모두 이 쓸모없는 고통에서 피어난 위대한 꽃이다.

우리가 여전히 인간인 이유? 불완전하기 때문이다. 그 불완전함이 새로운 생각을 부르고, 새로운 관계를 만들고, 새로운 세상을 짓게 만든다. 정확히 알 수 없기에 상상하고, 완벽히 해낼 수 없기에 협력하며, 끝내 이해할 수 없기에 서로를 끌어안는다. 이 서투른 의지야말로 기계가 닿을 수 없는 미래의 원천이다.

『질문인간』은 기술이라는 새로운 망치가 빚어낼 세상 변화를 보다 높은 시선과 보다 깊은 생각으로 짚어내고자 했다. 기계의 언어로 인간을 해독하는 것이 아니라, 인간의 언어로 기계를 이해하려는 여정이었다. 기계를 이해하는 방식이 아니라, 인간을 다시 묻는 방식으로 세상을 바라보는 여정이기도 했다.

이제 망치를 손에 쥔 우리 자신에게 질문할 차례다. '인간의 불완전함으로 무엇을 창조할 것인가.'

기계가 아닌 인간으로 살아가기 위한 전략. 그것은 결코 기술에서 나오지 않는다. 그것은 인간이라는 질문에, 인간이라는 방식으로 답할 때만 모습을 드러낸다. 그래서, 우리는 오늘도 새로운 질문을 짓는다, 아니, 지어야 한다.

낡은 나를 파괴하라:
오늘 시작하는 3가지 질문

마지막 책장을 덮는 순간, 진짜 질문이 시작된다. 이 책은 서재에 꽂히기 위해 쓰인 게 아니다. 우리의 뇌에 새로운 운영체제(OS)를 설치하기 위해 쓰였다. 진정한 변화는 마지막 문장을 읽는 순간이 아니라, 첫 질문을 던지는 순간에 시작된다.

아래 세 가지 질문은 우리 안에 잠든 '질문인간'을 깨우는 첫 번째 부팅 프로그램이다. 오늘, 이 세 가시 질문 중 단 하나라도 스스로에게 건네보자. 그 한 번의 질문이 새로운 시대의 문을 연다.

1. 나의 '일'을 향한 첫 질문: 코더에서 빌더로

AI 시대의 일은 '설계'다. 톱니바퀴가 아니라, 시스템의 설계자가 되어야 한다. 그 전환은 우리가 버렸넌 작은 시간에서 시작된다.

"오늘 나의 업무 시간 중 가장 가치 없다고 느낀 한 시간은 무엇이었는가?"

그 시간이 가장 먼저 자동화할 대상이다. 그 한 시간을 없애는 것이 아니라, 그 한 시간을 맡길 시스템을 설계하는 것이 첫 걸음이다.

"그 한 시간을 AI에게 위임하려면, 어떤 목표·규칙·제약을 설계해야 하는가?"

이 질문을 던지는 순간, 우리는 업무의 '수행자'라는 옷을 벗고, 내 시간과 업무의 '설계자'가 된다.

2. 나의 '성장'을 향한 첫 질문: 순응에서 반란으로

AI는 우리의 지적 게으름을 드러내는 거울이다. 성장은 내 안의 낡은 정답을 해체하는 과정이다.

"오늘 내가 아무런 의심 없이 '정답'이라고 받아들인 것은 무엇이었는가?"

그 확신이 회의의 결론일 수도, 뉴스의 헤드라인일 수도, 혹은 오래된 내 신념일 수도 있다. 문제는 맹목적 확신이야말로 우리의 성장을 가로막는 감옥이라는 것. 이제 그 감옥을 깨부술 차례다.

"그 '정답'을 무너뜨리기 위해, 나는 AI에게 어떤 '반론'을 요구해야 하는가?"

"내 주장과 충돌하는 데이터를 찾아줘." "내 결론을 부정할 논거를 제시해줘." "이 생각의 숨은 전제를 해체해줘." 이런 질문들을 통해 AI가 제시하는 그럴듯한 평균값의 세계에서 벗어나, 누구도 대체할 수 없는 나만의 관점과 통찰을 벼릴 수 있다.

3. 나의 '세계'를 향한 첫 질문: 소비에서 창조로

AI는 세상의 모든 '어떻게(How)'를 해결해준다. 그러나 결코 우리의 '왜(Why)'를 대신해줄 수는 없다. 왜 살아야 하는지,

무엇을 사랑해야 하는지, 무엇을 만들고 싶은지. 그 질문들은 오직 인간의 몫이다.

오늘의 질문

"AI가 세상의 모든 '어떻게'를 해결해준다면, 나는 어떤 '왜'를 세상에 던지고 싶은가?"

거창할 필요 없다. 내 심장을 뛰게 하는 작은 '왜'면 충분하다.

다음 단계의 질문 (The Builder's Question)

"그 '왜'를 향한 가장 작은 첫걸음으로, 나는 오늘 무엇을 지을 것인가?"

이 첫걸음이야말로 기계가 흉내 낼 수 없는, 인간만의 창조다. AI가 아닌 인간이 남기는 흔적이자, 새로운 세계의 시작점이다.

새로운 시대는 거창한 계획에서 시작되지 않는다. 우리의 작은 질문 하나에서 시작된다. 그리고 그 질문이 우리를 다시 움직이게 만든다. 오늘, 단 하나의 질문을 던져보자. 그 한 줄이 나와 우리의 미래를 바꾼다.

지식을 넘어 통찰로:
질문인간을 위한 4단계 프레임워크

정보의 홍수 속에서 우리가 겪게 될 가장 큰 위기는, AI가 1초만에 뱉어낸 그럴듯한 요약을 나의 지식이라 착각하는 '지적 게으름'이다. 검증되지 않은 정보가 확대 재생산되는 '환각의 고속도로'다.

지금까지의 AI 활용론이 단순히 생산성 향상에 그쳤다면, 이제는 레벨이 달라져야 한다. AI를 단순한 비서로 부리는 난계를 넘어, AI와 치열하게 논쟁하고 검증하며 고유한 통찰을 설계하는 '지식 아키텍트'가 되어야 한다.

아래 4단계 프로세스는 인간의 고유한 '검증 능력'과 AI의 '연산 능력'을 결합한 하이엔드 사고 프레임이다. 목표는 단 하나. 가장 빠르지만 가장 깊이 있는 결과물, 즉 '검증된 통찰'이다.

1단계: 입체적 탐색—"답변을 믿지 마라, 출처를 심문하라"

검색창에 키워드를 넣고 수십 개의 링크를 헤매던 시대는 끝났다. 1세대 AI 탐색이 질문에 대한 매끄러운 '요약 답변'을 받는 것이었다면, 진정한 질문인간의 탐색은 AI의 답변을 의심하는 것에서 시작된다. 환각(할루시네이션/거짓 정보)을 걸러내고 사실(Fact)을 입체적으로 확보하기 위한 전략, 바로 '하이브리드 탐색'이다.

1) 맥락의 파악(AI 앤서 엔진 활용): 먼저 실시간 웹 검색 기반의 AI를 통해 전체적인 숲을 본다. 질문의 의도를 파악해 요약된 답변과 관련 출처를 큐레이션해주는 기능을 활용해 주제의 윤곽을 빠르게 잡는다.

2) 사실의 검증(학술/데이터 기반 AI 활용): AI가 내놓은 그럴듯한 주장에 근거가 있는가? 여기서 멈추면 아마추어다. 실제 논문 데이터베이스나 신뢰할 수 있는 보고서만을 학습한 전문 AI를 호출해야 한다. 일반 AI의 주장이 학술적으로나 통계적으로 지지받는지 확인하는 '교차 검증(Cross-Check)' 단계다. '빠른 검색'보다 중요한 것은, 일반 AI와 전문 AI를 교차 사용하여 '오염되지 않은 원석'을 채굴하는 것이다.

2단계: 맥락적 구조화 — "나만의 '프로젝트 브레인'을 구축하라"

자료를 하드디스크에 파일 형태로 쌓아두는 것은 무의미하다. 읽지 않은 PDF와 열어보지 않은 링크는 지식이 아니다. 부채다. 흩어진 자료들을 하나의 지능형 저장소에 밀어 넣어, 나만의 '프로젝트 브레인(Project Brain)'을 구축해야 한다.

1) RAG(검색 증강 생성)의 활용: 핵심은 '폐쇄형 AI 환경' 조성이다. 신뢰할 수 있는 엄선된 자료(PDF, 보고서, 논문 등)를 업로드하고, "오직 이 자료들 안에서만 답하라"고 제한한다. 이것이 RAG 기술의 본질이다.

2) 완벽한 오픈북 테스트: 이렇게 구축된 프로젝트 브레인은 인터넷의 부정확한 정보에 오염되지 않는다. 특정 기업의 보고서를 넣으면 해당 기업 전문가가 되고, 특정 철학자의 논문을 넣으면 그 철학의 해설가가 된다. 이제 자료들은 더 이상 죽어 있는 텍스트가 아니다. 언제든 내 질문에 답하고, 자료 간의 연결고리를 찾아낼 준비가 된 '대화 가능한 지식'으로 재탄생한다.

3단계: 적대적 심화 — "AI에게 요약을 시키지 말고, 논쟁을 걸어라"

AI에게 "요약해줘"라고 부탁하고 만족하는가? 스스로 생각할 기회를 포기하는 행위다. 통찰은 고통스러운 사고 과정에서 나온다. 심화 단계에서 프로젝트 브레인은 친절한 비서가 아니다. 까칠한 '스파링 파트너'다. AI가 떠먹여주는 답을 받아적고 끝나서는 안 된다. AI와의 '지적 티키타카'를 통해 가설을 깨부수고 단단하게 재조립해야 한다.

1) 논리적 대결(추론형 대화): 자료를 완벽히 숙지한 AI에게 명령한다. "업로드된 자료들의 주장에서 모순점을 찾아줘. 내가 놓치고 있는 반론을 제기하고, 제3의 대안을 제시해줘."

2) 구조적 빈틈 발견(시각적 사고): 텍스트로만 보면 논리의 구멍이 보이지 않는다. 긴 텍스트 정보를 마인드맵이나 도표로 즉시 구조화한다. 가지가 뻗어나가지 못하거나 연결이 끊긴 곳? 바로 내 논리가 빈약한 지점이다.

4단계: 경험적 재창조—"읽는 텍스트에서, 보고 듣고 경험하는 지식으로"

탐색, 구조화, 심화를 거친 지식은 이제 밖으로 나올 준비가 되었다. 빽빽한 줄글이나 지루한 슬라이드는 낡은 방식이다. AI 시대의 산출물은 독자가 직관적으로 이해하고 경험할 수 있어야 한다. AI는 나의 텍스트를 시각, 청각, 그리고 상호작용 가능한 언어로 즉시 번역해준다.

1) 시각적 설득(슬라이드 및 인포그래픽): 텍스트만 입력하면 AI가 맥락을 분석해 슬라이드 레이아웃을 잡아준다. 복잡한 데이터를 직관적인 인포그래픽으로 그려낸다. 픽셀을 맞추는 데 허비하던 에너지를 오직 '스토리텔링'과 '핵심 메시지'를 다듬는 데 집중할 수 있다.

2) 청각적 확장(오디오 및 팟캐스트): 글을 읽을 시간이 없는 이들을 위해 보고서를 오디오로 변환한다. 기계음으로 읽어주는 차원을 넘어, 두 명의 AI 호스트가 내용을 주제로 심층 토론을 나누는 팟캐스트 형식을 취할 수 있다. '눈으로 보는 평면적 텍스트'가 '귀로 듣는 입체적 콘텐츠'로 확장된다.

3) 영상 스토리텔링(비디오 생성): 텍스트와 이미지만으로는 설명하기 힘든 복잡한 개념은 영상으로 해결한다. 고가의 카메라와 스튜디오는 필요 없다. 스크립트만 입력하면 고퀄리티 비디오가 탄생한다. 나의 지식은 이제 정적인 글자를 벗어나 '살아 움직이는 서사'가 된다.

4) 인터랙티브 프로토타이핑(상호작용 도구): 코딩 지식? 없어도 된다. AI를 통해 간단한 시뮬레이션 웹페이지나 대화형 데이터 대시보드를 즉석에서 구현할 수 있다. 수동적으로 '읽는 것'에서 독자가 직접 '눌러보고 확인하는 것'으로, 보고

서가 진화하는 순간이다.

초안 작성과 디자인에 낭비되던 시간은 이제 삭제되었다. 그 시간은 오직 '메시지의 날카로움'을 다듬고, 독자에게 '어떤 경험'을 줄 것인가를 고민하는 본질적인 작업에 쓰여야 한다.

도구는 거들 뿐, 본질은 '질문 설계'다

이 워크플로우를 구현하는 구체적인 서비스의 이름은 내년, 아니 당장 다음 달에도 바뀔 수 있다. 그러나 변하지 않는 본질이 있다.

수많은 AI 답변 중에서 단 하나의 진실을 가려내는 '검증의 눈', AI의 요약에 안주하지 않고 끊임없이 반문하는 '비판적 사고', 그리고 서로 다른 기능의 도구들을 엮어 자신만의 독창적인 결과물을 만들어내는 '오케스트레이션 능력'이다.

진정한 질문인간은 AI라는 기술 뒤에 숨지 않는다. AI라는 도구를 활용하여, 누구보다 날카롭게 질문하고 끈질기게 검증하여 마침내 자신만의 통찰을 증명해낸다.

질문인간

© 안병민 2026

초판 발행 2026년 1월 20일

지은이 안병민

책임편집 허영수
디자인 페이퍼컷
마케팅 이보민 손아영

펴낸곳 (주)북하우스 퍼블리셔스 ㅣ **펴낸이** 김정순
출판등록 1997년 9월 23일 제406-2003-055호
주소 04043 서울시 마포구 양화로 12길 16-9(서교동 북앤빌딩)
전화 02-3144-3123 ㅣ **팩스** 02-3144-3121
전자우편 editor@bookhouse.co.kr ㅣ **홈페이지** www.bookhouse.co.kr
인스타그램 @bookhouse_official

ISBN 979-11-6405-351-3 03320